AF828482

„Alkohol-Interlock“- Einsatzmöglichkeiten für alkoholauffällige Kraftfahrer

Schriften zum Verkehrsstrafrecht

Herausgegeben von Jan Zopfs

BAND 5

Michael Kärcher

„Alkohol-Interlock“-Einsatzmöglichkeiten für alkoholauffällige Kraftfahrer

PETER LANG
Berlin · Bruxelles · Chennai · Lausanne · New York · Oxford

Bibliografische Information der Deutschen Nationalbibliothek
Die Deutsche Nationalbibliothek verzeichnet diese Publikation in der Deutschen Nationalbibliografie; detaillierte bibliografische Daten sind im Internet über http://dnb.d-nb.de abrufbar.
Zugl.: Mainz, Univ., Diss., 2025

Diese Arbeit wurde durch ein Stipendium der Prof. Dr. Dietrich Lang-Hinrichsen Stiftung gefördert.

DE-77
ISSN 1861-2229
ISBN 978-3-631-93946-8 (Print)
ISBN 978-3-631-93960-4 (ePDF)
ISBN 978-3-631-93961-1 (ePUB)
DOI 10.3726/b23006

© 2026 Peter Lang Group AG, Lausanne (Schweiz)
Verlegt durch Peter Lang GmbH, Berlin (Deutschland)

info@peterlang.com

Alle Rechte vorbehalten.

Das Werk einschließlich aller seiner Teile ist urheberrechtlich geschützt. Jede Verwertung außerhalb der engen Grenzen des Urheberrechtsgesetzes ist ohne Zustimmung des Verlages unzulässig und strafbar. Das gilt insbesondere für Vervielfältigungen, Übersetzungen, Mikroverfilmungen und die Einspeicherung und Verarbeitung in elektronischen Systemen.

www.peterlang.com

Inhaltsverzeichnis

Vorwort

Die vorliegende Arbeit wurde im Wintersemester 2024/2025 vom Fachbereich Rechts- und Wirtschaftswissenschaften der Johannes Gutenberg-Universität Mainz als Dissertation angenommen.

Der Beginn der Arbeit wurde einerseits durch Herrn Prof. Dr. Jan Zopfs angeregt und andererseits durch ein Stipendium der Prof. Dr. Dietrich Lang-Hinrichsen-Stiftung gefördert. Für die Aufnahme in den Kreis der förderungswürdigen „fähigen Strafrechtler" bin ich überaus dankbar.

Die Betreuung der Arbeit durch Herrn Prof. Dr. Jan Zopfs und die Tätigkeit an seinem Lehrstuhl empfand ich nicht nur fachlich, sondern auch menschlich stets angenehm und zielführend. Herrn Prof. Dr. Jan Zopfs, der mich hervorragend angeleitet hat und immer ein offenes Ohr für mich hatte, danke ich, für die jahrelange Unterstützung, die stets bereichernden Gespräche und die Einbindung in die Arbeit am Lehrstuhl. Ebenso danke ich Herrn Prof. Dr. Dr. Hauke Brettel für die Erstellung des Zweitgutachtens. Abschließend möchte ich meinen Eltern, Geschwistern und meiner Partnerin, Elena, danken, die in dieser Zeit eine tragende Stütze für mich waren.

Mainz, im Februar 2025
Michael Kärcher

Abkürzungsverzeichnis

AAK	Atemalkoholkonzentration
Abs.	Absatz
ADAC	Allgemeiner Deutscher Automobil-Club
allg.	allgemein
BA	Blutalkohol
BAK	Blutalkoholkonzentration
BASt	Bundesanstalt für Straßenwesen
BGB	Bürgerliches Gesetzbuch
BKatV	Bußgeldkatalog-Verordnung
BVerfG	Bundesverfassungsgesetz
bzgl.	bezüglich
DAR	Deutsches Autorecht
d.h.	das heißt
DVR	Deutscher Verkehrssicherheitsrat
f.	folgend
ff.	fortfolgend
FeV	Fahrerlaubnis-Verordnung
FZV	Fahrzeug-Zulassungsverordnung
gem.	gemäß
GG	Grundgesetz
GVG	Gerichtsverfahrensgesetz
i.d.R.	in der Regel
i.S.d.	im Sinne des
i.S.e.	im Sinne einer/s

i.V.m.	in Verbindung mit
JR	Juristische Rundschau
Kap.	Kapitel
MPU	Medizinisch-Psychologische Untersuchung
NJW	Neue Juristische Wochenschrift
NK	Neue Kriminalpolitik
Nr.	Nummer
NZV	Neue Zeitschrift für Verkehrsrecht
OWiG	Ordnungswidrigkeitenrecht
ÖPNV	Öffentlicher Personennahverkehr
Rn.	Randnummer
StGB	Strafgesetzbuch
StPO	Strafprozessordnung
StVO	Straßenverkehrs-Ordnung
StVZO	Straßenverkehrs-Zulassungs-Ordnung
StVG	Straßenverkehrsgesetz
sub.	subjektiv
SVR	Straßenverkehrsrecht
u.a.	unter anderem
u.U.	unter Umständen
vgl.	vergleiche
ZVS	Zeitschrift für Verkehrssicherheit
zzgl.	zuzüglich

Alkohol im Straßenverkehr

Diese Arbeit befasst sich mit dem Problem der alkoholisierten Verkehrsteilnahme mit einer nicht mehr zulässigen Blutalkoholkonzentration.[1]

Im Mittelpunkt steht dabei die Verbesserung bzw. Ergänzung des geltenden Maßnahmensystems im Falle alkoholisierter Zuwiderhandlungen[2] im Straßenverkehr. Diese Verbesserung könnte unter Umständen der *Alkohol-Interlock* leisten, eine atemalkoholsensitive Wegfahrsperre für Kraftfahrzeuge, die einen alkoholisierten Fahrer von der Verkehrsteilnahme abhalten kann. Die Untersuchung beschäftigt sich zunächst mit der allgemeinen Wirkweise des Geräts und den möglichen Anwendungsbereichen. Nach der technischen Funktionsweise wird die Wirksamkeit des *Alkohol-Interlocks* anhand internationaler Erfahrungswerte beurteilt. Sodann wird die Ausgestaltung einer verkehrsrechtlichen Maßnahme behandelt, die den Einsatz der atemalkoholsensitiven Wegfahrsperre beinhaltet. Der Hauptteil der Untersuchung befasst sich mit den rechtlichen Möglichkeiten einer gesetzlichen Implementierung in das deutsche Verkehrsrecht.

Dieses Kapitel veranschaulicht daher zunächst den Einfluss von Alkohol auf den Straßenverkehr in Deutschland. Die Darstellung erfolgt anhand statistischer Erhebungen der Verkehrsforschung. Im Anschluss wird das rechtsstaatliche Maßnahmenbündel im Falle einer alkoholisierten Verkehrsteilnahme vorgestellt. Sodann folgt im nächsten Kapitel eine erste Einführung

---

1 Ab einer Blutalkoholkonzentration (BAK) von 0,3 bzw. 0,5 ‰ wird eine Trunkenheitsfahrt im Straf oder Ordnungswidrigkeitenverfahren verfolgt.

2 Straftaten und Ordnungswidrigkeiten.

in den Wirkmechanismus des *Alkohol-Interlocks* und seine potenziellen Anwendungsgebiete.

A. Alkohol im Straßenverkehr

Diese Übersicht möchte den Leser für eine effektivere Gestaltung des verkehrsrechtlichen Maßnahmensystems sensibilisieren, mit dem Ziel einer nachhaltigen Reduktion von Alkoholfahrten. Dafür zeigen Statistiken den Umfang und die Tragweite alkoholisierter Verkehrsteilnahmen auf. Die aktuelle Alkoholauffälligkeit im deutschen Straßenverkehr ist anschließend in den historischen Kontext zu setzen.

I. Der Status quo

In Deutschland ist der Alkoholkonsum innerhalb der Bevölkerung weit verbreitet und gesellschaftlich akzeptiert. Auch wenn der Konsum generell rückläufig ist,[3] so wirkt er sich auch auf das hohe Verkehrsaufkommen (über 50 Mio. gemeldete Kraftfahrzeuge[4]) auf den Straßen der Bundesrepublik aus.

1. Alkoholverstöße

Zunächst ist zu klären, wie häufig Alkoholverstöße im Straßenverkehr vorkommen.

Gemeint ist dabei eine Verkehrsteilnahme trotz einer Alkoholisierung mit einer nicht mehr zulässigen Blutalkoholkonzentration.

Das Fahreignungsregister zählte für das Jahr 2021 ungefähr 4,3 Mio. Zuwiderhandlungen[5] im Straßenverkehr. Davon gehen ca. 100.000 Zuwiderhandlungen auf Alkoholverstöße zurück.[6] Alkoholverstöße haben somit einen Anteil von 2,3 % an allen registrierten Zuwiderhandlungen im Straßenverkehr. Im Vergleich zu anderen Verkehrsdelikten kommen Alkoholverstößen in ihrer Häufigkeit also keine gewichtige Rolle zu. Diese Aussage ist allerdings

---

3 „Best Practice Alkohol-Interlock"-*Stewin/Schubert*, S. 22.

4 *Statistisches Bundesamt*, „Bestand an Kraftfahrzeugen und Schienenfahrzeugen für die Jahre 2019–2023", Stand 30.03.2023.

5 Zuwiderhandlungen umfassen sowohl Straftaten als auch Ordnungswidrigkeiten.

6 Vgl. dazu im Ganzen: https://t1p.de/25280, abgerufen am 18.09.2025.

zu relativieren, da von einer gewichtigen Anzahl an nicht entdeckten Alkoholfahrten auszugehen ist.[7]

2. Alkoholunfälle

Die Gefährlichkeit von Alkohol im Straßenverkehr könnte sich anhand von Verkehrsunfällen[8] abbilden lassen, da die leistungsmindernde Wirkung des Alkohols sich insbesondere bei Unfällen realisieren dürfte. Bei entdeckten Verkehrsunfällen erfolgt zudem in den meisten Fällen auch die Überprüfung einer möglichen Blutalkoholkonzentration.[9] Dadurch wird ein zu vermutendes Dunkelfeld an unentdeckten Alkoholisierungen eingegrenzt.

Im Jahr 2021 wurden etwa 2,3 Mio. Verkehrsunfälle polizeilich festgestellt. Davon stand in 32.453 Fällen[10] zumindest ein Unfallbeteiligter unter dem Einfluss von Alkohol.[11] Alkoholunfälle haben somit 2021 einen Anteil von 1,4 % am Gesamtaufkommen aller Verkehrsunfälle. Auch die Betrachtung der Unfälle zeigt, dass, obwohl im Falle eines Verkehrsunfalls von einer Verdichtung der Gefahren auszugehen ist, Alkohol auf den Straßenverkehr anscheinend wenig Einfluss nimmt.

Diese Annahme bestätigt auch die Untersuchung der personenbezogenen[12] Unfallursachen: So stellen Fahrvorgänge wie Abbiegen, Wenden, Ein- und Anfahren, sowie die Missachtung der Vorfahrt oder Abstandsfehler deutlich häufiger eine Unfallursache[13] dar als eine Alkoholisierung.[14] Natürlich können bei einem Unfall immer mehrere Ursachen für das Zustandekommen verantwortlich sein. Somit kann die Alkoholisierung trotzdem mitursächlich

---

7 *Janker*, DAR 2009, 1 (1).

8 Unter einem Verkehrsunfall versteht man ein plötzliches, zumindest von einem der Beteiligten nicht gewolltes Ereignis, das im ursächlichen Zusammenhang mit dem öffentlichen Straßenverkehr und seinen Gefahren steht und zu einem nicht gänzlich belanglosen fremden Sach oder Körperschaden führt (BGHSt 12, 253 ff., [256]).

9 *Reimann/Schubert*, DAR 2016, 16 (17).

10 Sog. Alkoholunfälle. Hierzu zählen alle Unfälle, bei denen mindestens ein Unfallbeteiligter unter Alkoholeinfluss stand (*Reimann/Schubert*, DAR 2016, 16 [16]).

11 *Statistisches Bundesamt*, „Statistischer Bericht – Verkehrsunfälle Zeitreihen – 2013–2022“, S. 24.

12 Fehlverhalten der Beteiligten.

13 Bei Unfällen mit Personenschaden.

14 Zu den personenbezogenen Unfallursachen im Ganzen: *Statistisches Bundesamt*, „Statistischer Bericht – Verkehrsunfälle Zeitreihen – 2013–2022“, S. 23.

für den letztlich kausalen Fahrvorgang gewesen sein. Dennoch lassen die Zahlen den Eindruck zu, dass Alkoholeinfluss unter den sonstigen Gefahren des Straßenverkehrs eher zu vernachlässigen ist.

3. Blutalkoholkonzentrationen

Ein anderes Bild ergibt sich jedoch bei genauerer Untersuchung der Alkoholunfälle, angefangen bei den dabei ermittelten Blutalkoholkonzentrationen.

So wurde bei 70,4 % der Verkehrsteilnehmer mit Angaben zum BAK-Wert, welche bei einem Alkoholunfall mit Personenschaden[15] involviert waren, eine BAK von mindestens 1,1 ‰[16] festgestellt. Jedem Fünften konnte sogar eine BAK von mehr als 2,0 ‰ nachgewiesen werden.[17] Eine derartige Alkoholisierung im Straßenverkehr ist in der Regel keine einmalige Entgleisung, sondern Resultat eines langjährigen, problematischen Trinkverhaltens. Diese Personen verfügen über eine gewisse Gewöhnung, Toleranz und Übung. Möglicherweise wurde bereits mehrfach und unentdeckt alkoholisiert am Straßenverkehr teilgenommen. Vielleicht konnten diese Personen sogar polizeilichen Kontrollen entgehen, da sie aufgrund ihrer Gewöhnung keine Ausfallerscheinungen zeigten oder diese verbergen konnten. Dies lässt an einer ausreichenden Überwachung und Sicherung des Straßenverkehrs durch Polizeikontrollen zweifeln und zeigt zumindest auf, dass gerade hohe Blutalkoholkonzentrationen einen besonders starken Einfluss auf die Fahrsicherheit haben und somit vor allem „Problemtrinker" eine erhebliche Gefahr für den Straßenverkehr darstellen.[18]

4. Unfallkategorien

Besonders deutlich wird die Tragweite einer alkoholisierten Verkehrsteilnahme mit Blick auf bestimmte Unfallkategorien. In der jeweiligen Unfallkategorie

---

[15] Unfälle mit Personenschaden sind solche, bei denen unabhängig von der Höhe des Sachschadens Personen verletzt oder getötet wurden (*Statistisches Bundesamt*, „Unfälle unter dem Einfluss von Alkohol oder anderen berauschenden Mitteln im Straßenverkehr 2021", S. 16).

[16] Absolute Fahruntauglichkeit i.S.d. § 316 StGB.

[17] Zu den Blutalkoholkonzentration im Ganzen: *Statistisches Bundesamt*, „Unfälle unter dem Einfluss von Alkohol oder anderen berauschenden Mitteln im Straßenverkehr 2021", S. 13.

[18] Im Ganzen: *BASt Bericht*, „Alkohol-Interlocks für alkoholauffällige Kraftfahrer", S. 8 und P/Q/R/D-*DeVol*, §21 Rn. 154.

ergibt sich ein Anteil an Alkoholunfällen, welcher zum Gesamtaufkommen aller Verkehrsunfälle in der jeweiligen Kategorie ins Verhältnis gesetzt wird.

Unter allen Verkehrsunfällen mit Personenschaden war in 5,1 % der Fälle mindestens eine alkoholisierte Person unfallbeteiligt. In der Kategorie der Unfälle mit Schwerverletzten[19] steigt der Anteil an alkoholisierten Beteiligten auf 7,4 %. Der prozentuale Anteil der infolge eines Alkoholunfalls tödlich Verletzten beträgt 6,4 % am Gesamtaufkommen aller tödlich verletzten Verkehrsteilnehmer. Im Jahr 2021 starb daher jeder 16. verunglückte Verkehrsteilnehmer bei einem Alkoholunfall. Schwerwiegende[20] Alkoholunfälle mit Sachschaden haben sogar einen Anteil von 11 % am Gesamtaufkommen der schwerwiegenden Unfälle mit Sachschaden. Vergleichend lässt sich daher Folgendes festhalten: Im Jahr 2021 kamen auf 1.000 Unfälle mit Personenschaden 10 Getötete und 213 Schwerverletzte. Hingegen wurden bei 1.000 Alkoholunfällen mit Personenschaden 12 Getötete und 313 Schwerverletzte registriert.[21]

5. Bewertung

Somit lässt sich erst auf den zweiten Blick feststellen, dass die Alkoholisierung gerade bei den Unfallfolgen bzw. der Schwere des Unfalls eine erhebliche Bedeutung hat.

Sollte es bei einer Alkoholfahrt zu einem Unfall kommen, so ist dieser zumeist von überdurchschnittlich schweren Folgen geprägt. Dies lässt sich anhand des hohen prozentualen Aufkommens an alkoholisierten

---

19 Schwerverletzte sind Personen, die unmittelbar zur stationären Behandlung (mindestens 24 Stunden) in einem Krankenhaus aufgenommen wurden (*Statistisches Bundesamt*, „Unfälle unter dem Einfluss von Alkohol oder anderen berauschenden Mitteln im Straßenverkehr 2021", S. 17).

20 Schwerwiegende Unfälle mit nur Sachschaden umfassen Unfälle bei denen als Unfallursache eine Ordnungswidrigkeit (Bußgeld) oder Straftat im Zusammenhang mit der Teilnahme am Straßenverkehr vorliegt, und bei denen gleichzeitig ein Kraftfahrzeug aufgrund eines Unfallschadens von der Unfallstelle abgeschleppt werden muss (Kfz nicht fahrbereit), dies betrifft auch Fälle unter dem Einfluss berauschender Mittel (*Statistisches Bundesamt*, „Unfälle unter dem Einfluss von Alkohol oder anderen berauschenden Mitteln im Straßenverkehr 2021", S. 16).

21 Vgl. dazu im Ganzen: *Statistisches Bundesamt*, „Unfälle unter dem Einfluss von Alkohol oder anderen berauschenden Mitteln im Straßenverkehr 2021", S. 6; *Statistisches Bundesamt*, „Statistischer Bericht – Verkehrsunfälle Zeitreihen – 2013–2022", S. 2 und 24.

Unfallbeteiligten in der jeweiligen Unfallklassifikation ablesen. Verallgemeinert steigt mit der Schwere der Unfallfolge auch der Anteil an alkoholisierten Beteiligten.[22] Letztlich muss im Spektrum der vermeintlich leichten Unfälle zudem von einer bedeutenden Dunkelziffer ausgegangen werden. Gerade unter den nicht zu ermittelnden Unfallflüchtigen dürfte ein überdurchschnittlich hoher Anteil unter dem Einfluss von Alkohol gestanden haben. Zudem entziehen sich Alleinunfälle meist der polizeilichen Feststellung, da außer dem verunfallten und möglicherweise alkoholisierten Fahrer keine weitere Person beteiligt ist. Aus dem gleichen Grund wird eine bedeutend große Zahl an Trunkenheitsfahrten unentdeckt bleiben.[23]

Abschließend ist festzuhalten, dass Trunkenheitsfahrer ein erhöhtes Risiko für einen Unfall mit überdurchschnittlich schweren Folgen darstellen. Die meist schwerwiegenden Folgen solcher Unfälle unterstreichen das Bedürfnis nach einer Erweiterung der verkehrsrechtlichen Maßnahmen, um zukünftige Trunkenheitsfahrten zu verhindern. Möglicherweise kann der *Alkohol-Interlock* ein Instrument sein, um dem gesetzten Ziel – der „*Vision Zero*"[24] – im Bereich der Alkoholunfälle näher zu kommen.

II. Die historische Entwicklung

Seit 1975 werden Unfälle mit Personenschäden unter dem Einfluss berauschender Substanzen statistisch festgehalten.

Bis zum Jahr 1987 ist diese Zahl fast kontinuierlich gesunken. Erst in den Jahren von 1988 bis 1990 kam es zu einem leichten Anstieg. Im Jahr 1991 wurde sodann der bislang stärkste Anstieg verzeichnet. Mitursächlich dafür ist eine unterschiedliche Entwicklung nach der deutschen Wiedervereinigung. Im früheren Bundesgebiet veränderte sich der Wert nämlich nur unwesentlich, während er in den neuen Bundesländern deutlich anstieg. Seit 1992 sind Alkoholunfälle mit Personenschäden mit wenigen Ausnahmen wieder rückläufig. Im Jahr 2021 sind die Unfälle im Vergleich zum Vorjahr jedoch wieder um 4,8 % angestiegen. Nach dem Tiefstand von 2020 sind

---

22 P/Q/R/D-*DeVol*, § 19 Rn. 146.

23 Vgl. dazu im Ganzen: *Reimann/Schubert*, DAR 2016, 16 (16 und 17); „Best Practice Alkohol-Interlock"-*Stewin/Schubert*, S. 37; *Schleinitz/Bräutigam/Gehlert*, „Literaturreview", S. 4.

24 Ziel der Vision Zero sind keine Toten und Schwerverletzen im Straßenverkehr (https://www.dvr.de/ueber-uns/vision-zero, abgerufen am 18.09.2025).

die Alkoholunfälle im Jahr 2021 gleichwohl noch auf dem zweitniedrigsten Stand seit 1975. Seit Beginn der Erhebung ist die Zahl an Alkoholunfällen mit Personenschaden bis 2021 um 73 % gesunken. Hervorzuheben ist ebenfalls eine Reduzierung von 95,5 % der bei Alkoholunfällen getöteten Personen in diesem Zeitraum.[25]

Einen maßgeblichen Beitrag für diese Entwicklung dürfte die Novellierung des § 24a StVG im Jahr 1998 geleistet haben. Der bis dahin sanktionsbewehrte Promillegrenzwert von 0,8 ‰ wurde auf 0,5 ‰ abgesenkt.[26] In diesem Zusammenhang ist auch die Einführung eines absoluten Alkoholverbots für Fahranfänger im Jahr 2007 zu nennen. § 24c StVG knüpft dabei – anders als § 24a StVG – nicht an einen festen Promillegrenzwert an.[27] Dadurch werden insbesondere junge und unerfahrene Fahrer geschützt. Aufgrund der Unerfahrenheit in Kombination mit Alkohol ergibt sich für diese Fahrer nämlich ein weitaus höheres Unfallrisiko.[28] Außerdem wird so früh ein Signal gesetzt, dass Fahren und Trinken nicht vereinbar sind. Für einen weiteren Sicherheitsgewinn im Straßenverkehr wurde außerdem der Bußgeldkatalog über die Jahre immer wieder reformiert und verschärft.[29]

B. Reaktion

Im Folgenden sollten die rechtlich bindenden Aktions- bzw. Reaktionsmöglichkeiten der staatlichen Gewalten im Falle einer Verkehrsteilnahme unter Alkoholeinfluss aufgezeigt werden. Sodann wird geprüft, ob der *Alkohol-Interlock* möglicherweise das bestehende Maßnahmensystem ergänzen und gesetzlich implementiert werden könnte.

Vorab ist zu beachten, dass eine hoheitliche Maßnahme zur Gefahrenabwehr erst dann gerechtfertigt ist, wenn ein Anlass im Einzelfall – ein

---

[25] Zur historischen Entwicklung im Ganzen: *Statistisches Bundesamt*, „Unfälle unter dem Einfluss von Alkohol oder anderen berauschenden Mitteln im Straßenverkehr 2021", S. 7.

[26] MüKoStVR-*Funke*, § 24a StVG Rn. 4 und 5.

[27] B/H/H/J-*Hühnermann*, § 24c StVG Rn. 1 ff.

[28] B/H/H/J-*Hühnermann*, § 2a StVG Rn. 2a.

[29] B/H/H/J-Hühnermann, § 26a StVG Rn. 1 ff.; Eine mögliche Ursache für diese Entwicklung ist auch der technische Fortschritt bei der Optimierung der Fahrzeugsicherheit.

auslösendes Ereignis in der Vergangenheit – vorliegt. Es bedarf deshalb tatsächlich, objektiv vorliegende Umstände in der Person des Normadressaten, welche einen zukünftigen Schadenseintritt mit hinreichender Wahrscheinlichkeit vermuten lassen. Den staatlichen Gewalten wird somit ein Maßnahmenbündel gewährt, welches an das Vorliegen einer dem Beweis zugänglichen Tatbestandsverwirklichung anknüpft. Die repressive Strafverfolgung von Trunkenheitsfahrten fordert daher objektiv vorliegende Umstände in der Person des Normadressaten, welche zumindest einen Verdacht bzgl. einer alkoholisierten Verkehrsteilnahme zulassen.[30] Ein präventives (prophylaktisches) Handeln – ohne jegliche Verknüpfung zu einem auslösenden Ereignis im Einzelfall – ist nur im Falle einer wissenschaftlich erwiesenen *abstrakten* Gefahr zulässig.[31]

Diese Grundsätze der Gefahrenabwehr beruhen vor allem auf der grundrechtlichen Relevanz staatlicher Maßnahmen mit Eingriffsqualität. Das rechtsstaatliche Verhältnismäßigkeitsgebot bzw. das Übermaßverbot beschränkt das staatliche Handeln hinsichtlich Anordnung, Vollzug und Dauer der Maßnahme. Der Eingriff muss zur Erreichung des angestrebten Ziels geeignet, aber auch erforderlich sein; das Ziel darf nicht auf eine andere, den Einzelnen weniger belastende Weise ebenso gut erreichbar sein. Die zu ergreifende Maßnahme muss in einem vernünftigen Verhältnis zu den für den Betroffenen entstehenden Belastungen und den der Allgemeinheit erwachsenden Vorteilen stehen.[32]

Die Wirkung von Alkohol auf das zentrale Nervensystem und die damit resultierende Leistungsminderung ist wissenschaftlich erwiesen. Daher wurden toxikologische Grenzwerte entwickelt, ab denen eine durchschnittliche Person den Anforderungen des Straßenverkehrs aufgrund ihrer Alkoholisierung nicht mehr gewachsen ist und damit eine Gefahr für die Verkehrsteilnehmer darstellt. Ein Verkehrsteilnehmer mit einer nicht mehr zulässigen Alkoholisierung stellt deshalb eine *abstrakte* Gefahr für den Straßenverkehr dar. Die *abstrakte* Gefahr durch alkoholisierte Verkehrsteilnehmer eröffnet den staatlichen Gewalten deshalb ein Maßnahmenbündel, welches nicht auf die

---

30 L/D-*Graulich*, E. Rn. 123.

31 Vgl. zum folgenden Text: Paul/Egbert, NK 2019, 93 (101 f.); L/D-Graulich, E. Rn. 131 ff.

32 KaKoStPO-*Fischer*, Rn. 129 f.; L/D-*Graulich*, E. Rn. 33 ff.

Abwehr eines unmittelbaren Schadenseintritts im Einzelfall (*konkrete* Gefahr) beschränkt ist. Dieses Maßnahmenbündel wird im Folgenden dargestellt.

I. Verkehrsstrafrecht

Die strafrechtlichen Sanktionsmöglichkeiten im Falle einer Alkoholfahrt lassen sich in der Systematik des Strafgesetzbuchs wie folgt einordnen: An vorderster Stelle stehen die materiellen Straftatbestände aus dem Besonderen Teil des Strafgesetzbuchs. Bei rechtswidriger und schuldhafter Begehung lassen sie die Verhängung einer Hauptstrafe (Geld oder Freiheitsstrafe) zu.

Neben den Hauptstrafen obliegt es dem Richter, zur Sicherung und Besserung des Täters eine Maßregel anzuordnen. Dies kann den Entzug einer erteilten Fahrerlaubnis bedeuten. Weniger einschneidend ist das bloße Fahrverbot, welches als Nebenstrafe erteilt werden kann.

1. Straftatbestände

Die Verkehrsstraftaten finden sich im 28. Abschnitt des Strafgesetzbuchs unter den gemeingefährlichen Straftaten.

a. § 316 StGB

§ 316 StGB bildet als abstraktes Gefährdungsdelikt die Ausgangsnorm aller strafbaren Trunkenheitsfahrten. Bereits die *abstrakte* Gefährlichkeit eines fahruntauglichen Verkehrsteilnehmers für die Sicherheit des öffentlichen Verkehrs wird durch die Norm unter Strafe gestellt.[33]

Tatbestandsvoraussetzung ist, dass der Täter ein Fahrzeug im Verkehr (der Anwendungsbereich erstreckt sich auch auf den Schienenbahn-, Schiffs- und Luftverkehr) trotz Fahrunsicherheit führt. Die Fahrunsicherheit muss auf einen Alkohol oder anderen Rauschmitteleinfluss zurückzuführen sein. Im Falle alkoholbedingter Fahrunsicherheit ist der Anwendungsbereich des § 316 StGB i.d.R. ab einer Blutalkoholkonzentration von 0,3 ‰ eröffnet. Wobei erst aufgrund zusätzlicher, alkoholbedingter Ausfallerscheinungen auf eine tatbestandliche Fahrunsicherheit (sog. *relative Fahrunsicherheit*) geschlossen werden darf. Hingegen wird beim Führen eines Kraftfahrzeugs ab einer Alkoholisierung von 1,1 ‰ unwiderleglich von einer sogenannte

[33] H/K/D-*König*, § 316 StGB Rn. 1; MüKoStVR-*Hagemeier*, § 316 StGB Rn. 1.

absoluten Fahrunsicherheit gesprochen. Aufgrund fundierter Ergebnisse der psychologischen, statistischen und experimentellen Alkoholforschung wird nämlich angenommen, dass in diesem Zustand jeder Kraftfahrzeugführer aufgrund der starken Leistungsminderung den Anforderungen des Verkehrs nicht mehr gewachsen ist. Die Feststellung weiterer Ausfallerscheinungen ist in diesen Fällen somit entbehrlich.[34]

b. § 315c I Nr. 1 a StGB

§ 315c I Nr. 1 a StGB sanktioniert ebenfalls das unsichere Führen eines Fahrzeugs im öffentlichen Straßenverkehr.

Neben der Fahrunsicherheit (i.S.d. § 316 StGB) fordert der Tatbestand eine konkrete Gefährdung von Leib oder Leben eines anderen Menschen oder Sachen von bedeutendem Wert. Das konkrete Gefährdungsdelikt schützt nach wohl überwiegender Auffassung neben der Sicherheit des Straßenverkehrs auch die betroffenen Individualrechtsgüter. Zwischen der Fahrunsicherheit (abstrakte Gefahr) und der – *konkreten* – Gefahr für die geschützten Rechtsgüter bedarf es eines Zurechnungszusammenhangs. Die kausal gewordene Ursache des Gefahrenerfolgs muss deshalb in dem pflichtwidrigen Fehlverhalten (Verkehrsteilnahme trotz Fahrunsicherheit) liegen.[35]

Rückblickend fungiert § 316 StGB deshalb als Auffangtatbestand für alle strafbaren Trunkenheitsfahrten, da – im Gegensatz zu § 315c I Nr. 1 a StGB – kein darüberhinausgehender Gefährdungserfolg erforderlich ist. Für alle strafbewehrten Trunkenheitsfahrten kommt § 316 StGB daher eine hohe praktische Relevanz zu.[36]

2. Entziehung der Fahrerlaubnis

Kommt es zu einer strafbewehrten Trunkenheitsfahrt, so regelt das Strafrecht selbst – nicht das Verwaltungsrecht – den Entzug der Fahrerlaubnis

---

[34] Zu § 316 StGB vgl. im Ganzen: H/K/D-*König*, § 316 StGB Rn. 12 und 13; Blum-*Huppertz/ Baldarelli*, Rn. 68; H/K/Q-*Quarch*, § 316 StGB Rn. 6 und MüKoStVR-*Hagemeier*, § 316 StGB Rn. 2 und 4.

[35] Zu § 315c StGB vgl. im Ganzen: H/K/D-*König*, § 315c StGB Rn. 39; MüKoStGB-*Pegel*, § 315c Rn. 3 und 4; H/K/Q-*Quarch*, § 315c StGB Rn. 1; MüKoStVR-*Hagemeier*, § 315c StGB Rn. 3; B/H/H/J-*Niehaus*, § 315c StGB Rn. 1.

[36] Vgl. dazu: MüKoStVR-*Hagemeier*, § 316 StGB Rn. 1; H/K/Q-*Quarch*, § 316 StGB Rn. 1.

(sog. *strafrechtliche Lösung*).[37] Die gerichtliche Anordnung der Maßregel gemäß § 69 I StGB führt zum Verlust der verwaltungsrechtlich erteilten Fahrerlaubnis. Als spezialpräventive Maßnahme zur Sicherung und Besserung des Täters dient die Entziehung dem Schutz der Allgemeinheit und der Verkehrssicherheit.[38]

a. Voraussetzungen

Allgemeine Voraussetzung des § 69 StGB ist das Vorliegen einer rechtswidrigen Anlasstat, sofern der Täter wegen dieser Tat verurteilt oder bei Vorliegen von Schuldunfähigkeit nicht verurteilt wurde.

Diese Tat muss beim oder im Zusammenhang mit dem Führen eines Kfz oder unter Verletzung der obliegenden Pflichten als Kraftfahrzeugführer begangen worden sein. Auf Basis dieser Anlasstat (Symptomtat) hat sich der Täter bei einer Gesamtwürdigung als ungeeignet zum Führen eines Kraftfahrzeugs gezeigt. Die Gesamtwürdigung prognostiziert insoweit die künftige Gefährlichkeit des Täters für die Sicherheit des Straßenverkehrs. Um dem Strafrichter die Begründung der Ungeeignetheit zu erleichtern, sieht § 69 II StGB sog. Regelfälle der Ungeeignetheit des Täters vor. Die Verwirklichung des Tatbestands gemäß § 316 StGB oder gemäß § 315c I Nr. 1 a StGB stellt einen solchen Regelfall dar. Liegen die Voraussetzungen des § 69 I StGB vor, so ist die Fahrerlaubnis zwingend – ohne richterliches Ermessen – zu entziehen.[39]

b. Sperrfrist

Neben dem Entzug der Fahrerlaubnis ordnet das Gericht auch eine Sperrfrist gemäß § 69a I StGB an. Während dieser Frist ist die Neuerteilung einer Fahrerlaubnis durch die Verwaltungsbehörden ausgeschlossen. Die Dauer der Sperrfrist beträgt dabei mindestens sechs Monate bis zu fünf Jahren (in Ausnahmefällen auf Lebenszeit). Maßgeblich für die Bemessung der Frist ist die Dauer der prognostizierten Ungeeignetheit des Täters. Für die Prognose ist die Schwere der Tat unter Berücksichtigung der Täterpersönlichkeit

[37] *Schöch*, BA 2005 Sup. I, 20 (21).

[38] Vgl. im Ganzen: H/K/D-*König*, § 69 StGB Rn. 1; Blum-*Huppertz/Baldarelli*, Rn. 598.

[39] Vgl. dazu im Ganzen: MüKoStVR-*Kretschmer*, § 69 StGB Rn. 38, 42 und 62 f.; H/K/D-*König*, § 69 StGB Rn. 2, 3 und 11.

ausschlaggebend. Auch wenn der Täter nicht im Besitz einer Fahrerlaubnis ist, kann das erkennende Gericht gemäß § 69a I 3 StGB eine sog. isolierte Sperrfrist anordnen.[40]

§ 69a II StGB ermöglicht es dem Richter, bestimmte Arten von Kraftfahrzeugen von der Sperrfrist auszunehmen. Besondere Umstände müssen dabei die Annahme rechtfertigen, dass der Sinn und Zweck der Maßnahme dadurch nicht gefährdet wird. Außerdem obliegt es dem Richter nach § 69a VII StGB, die Sperre bereits vorzeitig aufzuheben. Dafür müssen hinzugetretene Umstände die Annahme rechtfertigen, dass der Täter zum Führen von Kraftfahrzeugen nicht mehr ungeeignet ist.[41]

3. Fahrverbot

Die Regelung des § 44 StGB eröffnet dem Gericht die Möglichkeit, straffällig gewordenen Verkehrsteilnehmern die weitere Teilnahme am Straßenverkehr zu untersagen.

Als Nebenstrafe dient das Fahrverbot als weiteres Sanktionsinstrument neben den bekannten Hauptstrafen dem Schuldausgleich. Von der Denkzettelfunktion der Nebenstrafe verspricht man sich die Besinnung und Erziehung des Täters. Im Bereich der kleineren bis mittleren Kriminalität ermöglicht das Fahrverbot den Gerichten, in Kombination mit den Hauptstrafen eine zielgenauere und schuldangemessene Einwirkung auf den Täter.[42]

Voraussetzung für die Erteilung eines Fahrverbots ist das Vorliegen einer rechtswidrigen und schuldhaften Anlasstat. Seit der Gesetzesänderung[43] vom 17.08.2017 muss diese Anlasstat nicht mehr zwingend im Zusammenhang mit der Teilnahme am Straßenverkehr stehen. Die Regelbeispiele gemäß § 44 I 3 StGB sehen in gewissen Fällen die Indizierung eines sogenannten Regelfahrverbots vor. Stellt die Anlasstat eine Tat nach § 315c I Nr. 1 a StGB bzw. § 316 StGB dar und unterbleibt die Entziehung der Fahrerlaubnis,

---

40 MüKoStVR-*Kretschmer*, § 69a StGB Rn. 5; B/H/H/J-*Niehaus*, § 69a StGB Rn. 1.

41 MüKoStVR-*Kretschmer*, § 69a StGB Rn. 19 und 23; Blum-*Huppertz/Baldarelli*, Rn. 598 f.; *DVR*, BA 2021, 69 (73).

42 Vgl. dazu im Ganzen: MüKoStGB-*v. Heintschel-Heinegg/Huber*, § 44 Rn. 1; MüKoStVR-*Schwerdtfeger*, § 44 StGB Rn. 1 und 2.

43 Gesetz zur effektiveren und praxistauglicheren Ausgestaltung des Strafverfahrens.

so ist i.d.R. ein Fahrverbot anzuordnen. Die Anwendung des Fahrverbots beschränkt sich dabei auf Inhaber einer Fahrerlaubnis.[44]

Ein Fahrverbot kann mit einer Frist von einem bis zu sechs Monaten verhängt werden. Wie im Falle der strafrechtlichen Sperrfristfestsetzung lässt sich auch das Fahrverbot auf bestimmte Kraftfahrzeuge beschränken. Gemäß § 44 I 1 StGB kann das Verbot nur das Führen bestimmter Kraftfahrzeuge erfassen.[45]

II. Ordnungswidrigkeitenrecht

Die mildere Eingriffsstufe im Falle einer alkoholisierten Verkehrsteilnahme stellt das Ordnungswidrigkeitenrecht dar. Hier stehen bußgeldbewehrte Tatbestände des speziellen StVG im Vordergrund. Auch das Ordnungswidrigkeitenrecht kennt die Anordnung eines Fahrverbots.

1. Verkehrsordnungswidrigkeiten

In Abgrenzung zu den Straftaten definieren sich die Ordnungswidrigkeiten nach § 1 I OWiG als eine rechtswidrige und vorwerfbare Verwirklichung eines gesetzlichen Tatbestands, welcher die Ahndung mit einer Geldbuße zulässt.

Das speziellere StVG regelt in diesem Zusammenhang die Verkehrsordnungswidrigkeiten.[46]

Die wohl praktisch relevanteste Norm der Verkehrsordnungswidrigkeiten stellt § 24 StVG dar. Die Norm regelt grundlegend die Ahndung von Verstößen gegen Verkehrsvorschriften. Das Blankettgesetz setzt dabei selbst keine Rechtsfolge, sondern verweist hierfür auf Rechtsverordnungen wie zum Beispiel die StVO, StVZO, FeV und die FZV. Für alle Verkehrsordnungswidrigkeiten konkretisiert sodann die BKatV auf der Rechtsfolgenseite die zur Verfügung stehenden Sanktionsmaßnahmen.[47]

---

[44] Vgl. dazu im Ganzen: B/H/H/J-Niehaus, § 44 StGB Rn. 1 und 6 ff.; MüKoStVR-Schwerdtfeger, § 44 StGB Rn. 33; H/K/D-König, § 44 StGB Rn. 1.

[45] Vgl. dazu: B/H/H/J-*Niehaus*, § 44 StGB Rn. 10 f.; H/K/D-*König*, § 44 StGB Rn. 12a.

[46] B/H/H/J-*Hühnermann*, § 24 StVG Rn. 2.

[47] Vgl. insofern: B/H/H/J-*Hühnermann*, § 24 StVG Rn. 1 und 10; H/K/Q-*Krumm*, § 24 StVG Rn. 1, 2.

a. § 24a StVG

Speziell § 24a StVG sanktioniert das Führen eines Kfz im Straßenverkehr unter nicht mehr völlig unerheblichem Alkoholeinfluss.

Tatbestandlich ist das Erreichen einer Blutalkoholkonzentration von 0,5 ‰ oder einer Atemalkoholkonzentration (AAK) von 0,25 mg/l. Die Differenzierung ist notwendig, da die AAK nicht unmittelbar in eine BAK – und umgekehrt – umgerechnet werden kann.[48] Der Gefahrengrenzwert rechtfertigt sich aus der wissenschaftlichen Erkenntnis, dass die erforderliche Fahrsicherheit eines Kraftfahrzeugführers ab diesem Wert nicht mehr gewährleistet ist. Das Erreichen des Gefahrengrenzwerts ist dabei ausreichend, unabhängig von einer tatsächlich noch bestehenden Fahrsicherheit oder Ausfallerscheinungen. Darüber hinaus bedarf es auch nicht einer konkreten Gefährdung anderer Verkehrsteilnehmer oder geschützter Rechtsgüter. Auf der Rechtsfolgenseite droht bei einem erstmaligen Verstoß gegen § 24a StVG gemäß Nr. 241 BKatV ein Bußgeld von 500 Euro. Zudem wird in der Regel ein Fahrverbot von einem Monat angeordnet. Im Fahreignungsregister werden zwei Punkte eingetragen.[49]

In Abgrenzung zu den Verkehrsdelikten des materiellen Strafrechts – insbesondere zu § 316 StGB – ergibt sich für § 24a StVG daher ein Anwendungsfeld für Trunkenheitsfahrten ohne besondere Ausfallerscheinungen mit einer BAK von 0,5 bis unter 1,1 ‰.[50]

b. § 24c StVG

Flankiert wird § 24a StVG durch das generelle Alkoholverbot für Fahranfänger in der Probezeit bzw. junge Kraftfahrer vor Vollendung des 21. Lebensjahrs. Der Regelsatz für einen Verstoß gegen § 24c StVG beträgt 250 Euro gemäß Nr. 243 BKatV. Zu einem Fahrverbot kommt es in diesem Fall zwar nicht, jedoch wird in das Fahreignungsregister ein Punkt eingetragen. Da es sich dabei um eine schwerwiegende Zuwiderhandlung gemäß § 2a II Nr. 1 StVG handelt, wird der Fahrer außerdem verpflichtet, an einem Aufbauseminar

---

48 *BGH*, NZV 2001, 267.

49 H/K/Q-*Krumm*, § 24a StVG Rn. 1, 2; B/H/H/J-*Hühnermann*, § 24a StVG Rn. 6 und 9.

50 MüKoStVR-*Funke*, § 24a StVG Rn. 1.

teilzunehmen. Dies hat gemäß § 2a IIa StVG zur Folge, dass sich die Probezeit um weitere zwei Jahre verlängert.[51]

2. Fahrverbot

Vom strafrechtlichen Fahrverbot gemäß § 44 StGB gilt es das Fahrverbot im Ordnungswidrigkeitenverfahren gemäß § 25 StVG abzugrenzen. § 25 StVG ist § 44 StGB unter Einschränkung des sachlichen Anwendungsbereichs nachgebildet. Als Nebenfolge kann das Fahrverbot – ähnlich wie die Nebenstrafe – nur neben einer Geldbuße angeordnet werden. § 25 StVG dient dabei ebenfalls in erster Linie als Denkzettel bzw. Besinnungsmaßnahme der Spezialprävention des Täters. Bei der Anordnung des Fahrverbots ist daher die Nähe zur Tat wesentlich.[52]

Der Tatbestand des § 25 StVG fordert das Vorliegen einer bußgeldbewehrten Ordnungswidrigkeit gemäß § 24 StVG. Außerdem bedarf es einer groben oder beharrlichen Verletzung der Pflichten eines Kraftfahrzeugführers. Durch diese Voraussetzung erfährt der Anwendungsbereich der Norm eine bewusste Einschränkung gegenüber § 44 StGB. Um dem Normanwender den anfallenden Begründungsaufwand zu erleichtern, orientiert sich § 25 StVG an den Regelfahrverboten des § 4 BKatV. Des Weiteren sieht § 25 I 2 StVG ein sogenanntes eigenständiges Regelfahrverbot für bußgeldbewehrte Verstöße gegen den 0,5 ‰-Grenzwert gemäß § 24 a StVG vor. Die Gerichte bzw. Verwaltungsbehörden können sodann eine Verbotsfrist von einem bis zu drei Monate anordnen.[53]

III. Strafprozessrecht

Bereits im Erkenntnisverfahren obliegt es den Strafverfolgungsbehörden, zur Gefahrenabwehr oder Sachverhaltsermittlung bestimmte Maßnahmen zu ergreifen. Erlangt die Staatsanwaltschaft als oberste Ermittlungsbehörde Kenntnis von dem Verdacht[54] einer verfolgbaren Straftat, so ist sie gemäß

---

[51] Vgl. dazu im Ganzen: L/B/M/R-*Rebler*, § 2a StVG Rn. 28 und 36; B/H/H/J-*Hühnermann*, § 24c StVG Rn. 20; MüKoStVR-*Funke*, § 24c StVG Rn. 1.

[52] Vgl. dazu im Ganzen: MüKoStVR-*Asholt*, § 25 StVG Rn. 2 und 3; B/H/H/J-*Burmann*, § 25 StVG Rn. 1a f.; Blum-*Huppertz/Baldarelli*, Rn. 637.

[53] Vgl. dazu im Ganzen: Blum-*Huppertz/Baldarelli*, Rn. 637 und 642; B/H/H/J-*Burmann*, § 25 StVG Rn. 1; H/K/D-*König*, § 25 StVG Rn. 14.

[54] Anfangsverdacht i.S.d. § 152 II i.V.m. § 160 I StPO.

§ 160 I StPO verpflichtet, den zugrundeliegenden Sachverhalt zu erforschen. Die Strafprozessordnung gibt deshalb mögliche Ermittlungsmaßnahmen zur Hand, welche teilweise die Mitwirkung eines Ermittlungsrichters gebieten.

1. Blutprobe

Die primäre Ermittlungsmaßnahme bei Verdacht einer ahndungswürdigen Alkoholfahrt stellt die Atemalkoholprobe dar. Diese kann jedoch lediglich auf freiwilliger Basis und nicht unter Zwang erfolgen.[55]

§ 81a I 2 StPO ermöglicht daher die Anordnung einer Blutentnahme zur Feststellung des Blutalkoholgehalts bzw. der Schuldfähigkeit zur Tatzeit. Die Anordnung obliegt grundsätzlich dem zuständigen Ermittlungsrichter und ist u.U. mittels Zwangs durchsetzbar. Allerdings ist bereits die Staatsanwaltschaft oder ihre Ermittlungspersonen (§ 152 GVG) zur Anordnung befugt, wenn ein begründeter Verdacht bzgl. einer alkoholbedingten Fahruntauglichkeit i.S.d. § 315a I 1 StGB, § 315c I 1a StGB oder § 316 StGB vorliegt. In diesen Fällen besteht für den einzelnen Verkehrspolizisten eine unmittelbare Anordnungskompetenz.[56]

2. Vorläufige Entziehung der Fahrerlaubnis

Bereits vor einem rechtskräftigen Urteil kann durch den Ermittlungsrichter gemäß § 111a StPO eine Fahrerlaubnis vorläufig entzogen werden.

Der Schutz der Allgemeinheit und die Sicherung des zu erwartenden Fahrerlaubnisentzugs rechtfertigen insoweit die vorläufige Entziehung. Auf der Tatbestandsebene müssen dringende Gründe für den endgültigen Entzug der Fahrerlaubnis durch den Strafrichter im Hauptverfahren sprechen. Ein dringender Grund ist insbesondere die Verwirklichung eines Regelbeispiels gemäß § 69 II StGB. Der Ermittlungsrichter kann sodann in Ausübung pflichtgemäßen Ermessens vorläufig die Fahrerlaubnis entziehen.[57]

Die Präventionsmaßnahme des § 111 a StPO nimmt gegenüber der Rechtsfolge des § 69 StGB jedoch nichts vorweg. Bei einer vorläufigen Entziehung bleibt die Fahrerlaubnis inhaltlich unberührt und bewirkt lediglich ab

---

[55] Zur Atemalkoholprobe vgl.: *Krumm,* NJW 2012, 1860 (1860 f.).

[56] Vgl. dazu im Ganzen: MüKO StPO-*Trück,* § 81a Rn. 33; B/H/H/J-*Niehaus,* § 81a StPO Rn. 3 f.; BeckOK StPO-*Goers,* § 81a Rn. 10 f. und 19, 20 ff.

[57] Vgl. insofern: MüKoStPO-*Hauschild,* § 111a Rn. 7; H/K/D-*König,* § 111a StPO Rn. 3.

Bekanntgabe ein Verbot der Ingebrauchnahme. Die vorläufige Entziehung ist daher nicht anders als ein Fahrverbot gemäß § 44 StGB zu behandeln. Die Fahrerlaubnis bleibt also bis zur Rechtskraft des endgültigen Urteils bestehen.[58]

3. Polizeiliche Sicherstellung und Beschlagnahme des Führerscheins

Die Sicherstellung bzw. Beschlagnahme von Gegenständen gemäß §§ 94, 98 StPO dient grundsätzlich der Beweis- und Verfahrenssicherung, wobei die Anordnung dieser Maßnahme in erster Linie dem Ermittlungsrichter obliegt. Bei Gefahr im Verzug kann gemäß §§ 98, 94 III StPO auch die zuständige Staatsanwaltschaft bzw. ihre Ermittlungspersonen (§ 152 GVG) Führerscheine beschlagnahmen oder sicherstellen.

Führerscheine – welche selbst als Beweismittel in Betracht kommen – können dabei unmittelbar nach § 94 I, II StPO beschlagnahmt bzw. sichergestellt werden. Führerscheine – welche der Einziehung unterliegen – können hingegen nur unter den zusätzlichen Voraussetzungen der §§ 111a, 94 III StPO bzw. § 69 II StGB beschlagnahmt oder sichergestellt werden.[59] Demnach müssen dringende Gründe für die Verwirklichung eines der Regelbeispiele gemäß § 69 II StGB sprechen. Wenn anzunehmen ist, dass der Beschuldigte ohne Beschlagnahme eine Trunkenheitsfahrt beginnt oder fortsetzt, ist von Gefahr im Verzug auszugehen und die Beschlagnahme des Führerscheins kann bereits durch die Ermittlungsbehörden erfolgen.[60]

Eine vorläufige Entziehung wirkt gemäß § 111a III StPO zugleich als richterliche Anordnung der Beschlagnahme bzw. Bestätigung der Beschlagnahme bei Gefahr in Verzug. Damit wird eine richterliche Entscheidung gemäß den Anforderungen des § 98 II StPO ersetzt. Bei einem vorläufigen Entzug der Fahrerlaubnis bedarf es somit keines ausdrücklichen Ausspruchs über die Beschlagnahme des Führerscheins. Wird hingegen der vorläufige Entzug der Fahrerlaubnis in der Entscheidung abgelehnt oder aufgehoben,

---

[58] Vgl. dazu im Ganzen: MüKoStPO-*Hauschild,* § 111a Rn. 28; B/H/H/J-*Niehaus,* § 111a StPO Rn. 1 und 3; Blum-*Huppertz/Baldarelli*, Rn. 618a.

[59] Vgl. dazu im Ganzen: MüKoStPO-*Hauschild,* § 94 Rn. 1, 4, 3 und 42.

[60] Vgl. dazu im Ganzen: MüKoStVR-*Krafka*, § 111a StPO Rn. 27; MüKoStPO-*Hauschild,* § 111a Rn. 38.

so entfällt gleichzeitig die rechtliche Grundlage für die Beschlagnahme des Führerscheins.[61]

4. Absehen von der Strafverfolgung unter Auflagen und Weisungen

Vor Erhebung der öffentlichen Klage kann die Staatsanwaltschaft gemäß § 153a StPO im Falle eines Vergehens von der weiteren Verfolgung der Tat unter der Anordnung von Auflagen und Weisungen absehen.

Die in § 153a I 2 Nr. 1–7 StPO aufgezählten Auflagen und Weisungen sind spezialpräventiver Natur und dienen der Vermeidung erneuter Straftaten durch den Beschuldigten. Die Auflagen und Weisungen müssen insbesondere geeignet sein, das öffentliche Interesse an der Strafverfolgung zu beseitigen. Das Verfahren nach § 153a StPO bedarf zudem der Zustimmung des für das Hauptverfahren zuständigen Gerichts. Erfüllt der Beschuldigte die angeordneten Auflagen oder Weisungen innerhalb einer gesetzten Frist, entsteht ein Verfahrenshindernis für die erneute Verfolgung der Straftat als Vergehen (§ 153a I 5 StPO).[62]

Hat das Strafverfahren eine Verkehrsstraftat zum Gegenstand, beinhaltet der Weisungskatalog gemäß § 153a I 2 Nr. 7 StPO eine verkehrsrechtliche Weisung, welche die Teilnahme an einem Aufbau oder Fahreignungsseminar vorsieht. Kommt der Betroffene dieser Weisung nach, hat die Verfahrenseinstellung gemäß § 153a StPO weder den Entzug der Fahrerlaubnis noch ein Fahrverbot oder die Eintragung von Punkten in das Fahreignungsregister zur Folge.[63]

IV. Fahrerlaubnisrecht

Das Fahrerlaubnisrecht regelt die Voraussetzungen sowohl für die verwaltungsrechtliche Erteilung als auch für den Entzug einer Fahrerlaubnis.

---

[61] Vgl. dazu im Ganzen: MüKoStPO-*Hauschild*, § 111a Rn. 15, 38; H/K/D-*König*, § 111a StPO Rn. 2.

[62] Vgl. dazu im Ganzen: MüKoStPO-*Peters*, § 153a Rn. 7, 10, 28 und 63; KaKoStPO-*Diemer*, § 153a Rn. 44.

[63] Für einen Fahrerlaubnisentzug oder ein Fahrverbot fehlt es an einer gerichtlich festgestellten Anlasstat (H/K/Q-*Kerkmann*, § 44 StGB Rn. 3 und MüKoStVR-*Kretschmer*, § 69 StGB Rn. 12). Für die Eintragungen in das Fahreignungsregister fehlt es an einer festgestellten Zuwiderhandlung i.S.d. § 4 StVG i.V.m. §§ 40 ff. FeV zzgl. der Anlage 13 und der BKatV (KaKoStPO-*Diemer*, § 153a Rn. 49 ff.).

Daneben besteht ein Maßnahmenbündel im Falle von Zuwiderhandlungen im Straßenverkehr. In diesem Zusammenhang bestehen auch Möglichkeiten zur verkehrsrechtlichen Rehabilitation. Das Maßnahmenbündel geht auch insbesondere auf Alkoholauffälligkeiten und Alkoholprobleme im Straßenverkehr ein.

1. Die Fahrerlaubnis

Das Führen von Kraftfahrzeugen im Straßenverkehr unterliegt grundsätzlich der Erlaubnispflicht. Die Fahrerlaubnis stellt insoweit die staatliche Genehmigung zum Führen von Kraftfahrzeugen im öffentlichen Straßenverkehr dar. Diese Genehmigung wird in einem Antragsverfahren von den zuständigen Fahrerlaubnisbehörden ausgestellt.[64]

a. Erteilung einer Fahrerlaubnis

Bereits im Antragsverfahren für die Erteilung einer Fahrerlaubnis kann eine Alkoholauffälligkeit oder eine Alkoholproblematik negative Folgen haben.

Voraussetzung für die Erteilung einer Fahrerlaubnis ist u.a. die erforderliche Eignung zum Führen eines Kraftfahrzeugs gemäß § 2 II Nr. 3 StVG. Diese Eignung wird gemäß § 2 IV StVG bzw. § 11 FeV in körperliche, geistige und charakterliche Anforderungen unterteilt. Liegen Zweifel an der erforderlichen Eignung vor, so besteht für die Fahrerlaubnisbehörden eine Ermittlungspflicht. Grundlegend kommen dann die Ermittlungsmaßnahmen gemäß §§ 11 ff. FeV zur Anwendung. Ergeben sich die Zweifel jedoch aufgrund einer Alkoholauffälligkeit, so sind die speziellen Erforschungsmaßnahmen gemäß § 13 FeV zu ergreifen. Die Alkoholauffälligkeit muss dabei nicht zwingend im Zusammenhang mit dem Straßenverkehr stehen. In den abschließend geregelten Fällen des § 13 FeV wird sodann die Beibringung eines ärztlichen oder medizinisch-psychologischen Gutachtens (MPU)[65] gefordert. Kommt die Begutachtung zu dem Ergebnis, dass der Antragsteller nicht über die erforderliche Eignung verfügt, so wird die Fahrerlaubnis nicht erteilt.[66]

---

[64] Vgl. dazu: B/H/H/J – *Hühnermann*, § 2 StVG Rn. 1 und 14.

[65] Im Folgenden wird aus Gründen der Übersichtlichkeit nur noch von der MPU gesprochen, gemeint ist jedoch auch das ärztliche Gutachten.

[66] Vgl. dazu im Ganzen: H/K/Q-*Koehl*, § 11 FeV Rn. 1 ff. und § 13 FeV Rn. 1 f.

b. Entzug einer Fahrerlaubnis

Wurde bereits eine Fahrerlaubnis wirksam erteilt, so kann eine geahndete Alkoholauffälligkeit zum Entzug dieser Fahrerlaubnis führen. Auch im Verwaltungsverfahren hat die Entziehung der Fahrerlaubnis den Charakter einer Sicherungsmaßnahme. Sie dient dem Schutz der Allgemeinheit vor den Gefahren durch ungeeignete Kraftfahrzeugführer.

Ergeben sich nach der Erteilung Zweifel an der Eignung des Betroffenen, so greifen gemäß § 46 III FeV ebenfalls die oben aufgezeigten Erforschungsmaßnahmen der §§ 11, 13 FeV. Liegt die erforderliche Geeignetheit gemäß der Begutachtung nicht mehr vor, so ist die erteilte Fahrerlaubnis durch die Fahrerlaubnisbehörde gemäß § 3 StVG i.V.m. § 46 FeV wieder zu entziehen.

Das Verhältnis der behördlichen Entziehung zur gerichtlichen – strafrechtlichen – Entziehung regelt insoweit § 3 III, IV StVG. Der Entscheidung in einem Strafverfahren ist insofern Vorrang zu gewähren. Während eines laufenden Strafverfahrens, bei dem nach § 69 StGB die Fahrerlaubnis entzogen werden kann, ist die Entscheidungsbefugnis der Fahrerlaubnisbehörde deshalb eingeschränkt. Außerdem darf sie nachträglich nicht negativ vom Inhalt der gerichtlichen Entscheidung abweichen.[67]

3. Sanktions- und Rehabilitationsmaßnahmen

Neben der Fahrerlaubnis selbst regelt das Fahrerlaubnisrecht auch verkehrsrechtliche Sanktions- und Rehabilitationsmaßnahmen. Diese kommen bei Zuwiderhandlungen im Straßenverkehr zur Anwendung und gehen insbesondere auch auf Alkoholdelinquenz ein.

a. Fahreignungsregister

In das Fahreignungs-Bewertungssystem (früher Punktsystem) werden Zuwiderhandlungen im Straßenverkehr unter den Voraussetzungen der § 4 StVG i.V.m. §§ 40 ff. FeV zzgl. der Anlage 13 und der BKatV eingetragen.[68]

Seitdem die neue Konzeption am 01.05.2014 in Kraft getretenen ist, beschränkt sich das System nunmehr auf die Eintragung verkehrssicherheitsrelevanter Verstöße. Die Eintragungen geben dabei Rückschlüsse auf die Fahreignung des Fahrerlaubnisinhabers. Eine Punktvergabe erfolgt anhand

---

[67] Vgl. dazu im Ganzen: *DVR*, BA 2021, 69 (73); B/H/H/J-*Hühnermann*, § 3 StVG Rn. 106.

[68] H/H-*Dronkovic*, Kap. 33 Rn. 203.

der festgestellten Zuwiderhandlung von einem bis zu drei Punkten. Bei Verkehrsstraftaten werden drei Punkte eingetragen, sofern eine Entziehung der Fahrerlaubnis gemäß § 69 ff. StGB angeordnet wurde. Sonstige Verkehrsstraftaten – ohne Anwendung des § 69 StGB – werden mit zwei Punkten im Register berücksichtigt. Verkehrssicherheitsbeeinträchtigende Ordnungswidrigkeiten führen ebenfalls zu zwei Punkten, sofern ein Fahrverbot gemäß § 25 StVG angeordnet wurde. Wird für eine Ordnungswidrigkeit im Straßenverkehr ein Bußgeld von mehr als 60 Euro verhängt, so wird ein Punkt eingetragen. Die im Fahreignungsregister eingetragenen Entscheidungen unterliegen dabei gesetzlichen Tilgungsfristen, wobei die Tilgung automatisch – d.h. ohne Antrag – eintritt.[69]

Anhand des jeweiligen Punktestands ist die Fahrerlaubnisbehörde sodann gehalten, entsprechend vorgesehene Maßnahmen gegen den Fahrerlaubnisinhaber zu ergreifen. § 4 V StVG gibt der Behörde einen Maßnahmenkatalog an die Hand, der drei Eskalationsstufen vorsieht. Der Fahrerlaubnisinhaber ist demnach schriftlich zu ermahnen, sofern sich ein Punktestand von vier oder fünf Punkten ergibt. Bei dem Erreichen von sechs oder sieben Punkten ist der betroffene Fahrer schriftlich zu verwarnen. Sowohl durch die Ermahnung als auch durch die Verwarnung wird dem Fahrerlaubnisinhaber der aktuelle Punktestand mitgeteilt. Der Betroffene wird in beiden Fällen auch darüber informiert, dass er freiwillig an einem Fahreignungsseminar teilnehmen kann. Die Verwarnung enthält darüber hinaus den Hinweis, dass die Teilnahme an einem Fahreignungsseminar keinen Punktabzug zur Folge hat und bei dem Erreichen von acht Punkten der Fahrerlaubnisentzug droht.[70] Mit dem Erreichen bzw. Überschreiten von acht Punkten gilt der betroffene Fahrer als ungeeignet zum Führen von Kraftfahrzeugen und entsprechend wird die Fahrerlaubnis entzogen. Der Fahrerlaubnisentzug ist (ohne Ermessen) in diesem Fall für eine Dauer von sechs Monaten anzuordnen.[71]

---

[69] Vgl. dazu im Ganzen: H/H-*Dronkovic*, Kap. 33 Rn. 205a; H/K/Q-*Dronkovic*, § 4 StVG Rn. 1; B/H/H/J-*Hühnermann*, § 4 StVG Rn. 1a und 21.

[70] H/K/Q-*Dronkovic*, § 4 StVG Rn. 14.

[71] Vgl. im Ganzen: H/H-*Dronkovic*, Kap. 33 Rn. 209, 210 und 214; B/H/H/J-*Hühnermann*, § 4 StVG Rn. 25 ff.; H/K/Q-*Dronkovic*, § 4 StVG Rn. 1, 13 f.

b. Fahreignungsseminar

Unabhängig von den gesetzlichen Tilgungsfristen kann der Fahrerlaubnisinhaber selbst, aktiv zum Punkteabbau beitragen. Das freiwillige Fahreignungsseminar gemäß § 4a StVG stellt gemäß geltender Rechtslage (de lege lata) die einzige Möglichkeit zum Punkteabbau durch den Fahrerlaubnisinhaber dar. Ein Punkteabbau ist dabei grundsätzlich nur einmal innerhalb von fünf Jahren möglich. Nach Vorlage der Teilnehmerbescheinigung wird sodann ein Punktabzug von einem Punkt gewährt. Das Angebot richtet sich vor allem an Personen mit einem bis zu fünf Registerpunkten. Personen mit mehr als fünf Registerpunkten können zwar ebenfalls teilnehmen, erhalten jedoch keinen Punktabzug.[72]

Inhaltlich besteht das Seminar aus zwei wesentlichen Teilmaßnahmen, einem verkehrspädagogischen und einem verkehrspsychologischen Teil. Der verkehrspädagogische Teil umfasst die Vermittlung von Kenntnissen im verkehrssicheren Verhalten. Unter anderem erfolgt hierbei die Sensibilisierung für Gefahren und Risikoverhalten, die Anregung zur Selbstreflexion und die Entwicklung von Verhaltensalternativen. Der verkehrspädagogische Teilbereich umfasst zwei Module von jeweils 90 Minuten und wird als Einzel- oder Gruppenmaßnahme durchgeführt. Der verkehrspsychologische Teil des Seminars zielt auf die Analyse und Korrektur des Fehlverhaltens ab. Dabei werden Zusammenhänge zwischen auslösenden und aufrechterhaltenden Bedingungen des regelwidrigen Verkehrsverhaltens aufgezeigt, wodurch insbesondere die Bereitschaft zur Verhaltensänderung geschaffen werden soll. Die verkehrspsychologische Einzelmaßnahme umfasst zwei Sitzungen von jeweils 75 Minuten. Das Fahreignungsseminar wird von geschulten Fahrlehrern und qualifizierten Verkehrspsychologen durchgeführt. Die Kosten für die Teilnahme an dem Aufbauseminar belaufen sich auf ungefähr 600 Euro.[73]

c. Aufbauseminar in der Probezeit

Bei einem punktbewehrten Alkoholverstoß in der Probezeit kommt es für den Fahranfänger zu einem obligatorischen Aufbauseminar gemäß

---

[72] Vgl. dazu im Ganzen: H/H-*Dronkovic*, Kap. 33 Rn. 211 f.; H/H-*Mahlberg*, Kap. 34 Rn. 549; H/K/Q-*Dronkovic*, § 4a StVG Rn. 1; *Kranich/Pirke/Zentgraf*, BA 2019, 21 (22).

[73] Zum Fahreignungsseminar im Ganzen: B/H/H/J-*Hühnermann*, § 4a StVG Rn. 2; B/M/R-*Müller*, § 4a StVG Rn. 3; H/K/Q-*Dronkovic*, § 4a StVG Rn. 2.

§ 2b I, II StVG. Daneben verlängert sich kraft Gesetzes die Probezeit von zwei auf vier Jahre.[74]

Die Zielrichtung des Seminars liegt hier ähnlich wie bei dem Fahreignungsseminar gemäß § 4a StVG. Die Teilnehmer sollen durch Gruppensitzungen und einer Fahrprobe vor allem eine risikobewusstere Einstellung im Straßenverkehr entwickeln, mit dem Ziel, sich dort sicher und rücksichtsvoll zu verhalten. Kommt der Fahrerlaubnisinhaber der Verpflichtung zur Seminarteilnahme nicht innerhalb der festgesetzten Frist nach, so ist gemäß § 2a III StVG die Fahrerlaubnis zu entziehen.[75]

d. Kurse zur Wiederherstellung der Fahreignung

Von den rehabilitativen Aufbauseminaren ist der Kurs zur Wiederherstellung der Fahreignung zu unterscheiden. Die Aufbauseminare sind für Fahrerlaubnisinhaber, die über die erforderliche Fahreignung verfügen, jedoch durch Auffälligkeiten Anlass für eine frühzeitige Intervention geben. Die Kurse zur Wiederherstellung richten sich hingegen an Personen, denen die erforderliche Kraftfahreignung gerade fehlt oder bei denen sie weggefallen ist.[76] Die Teilnahme an einem Kurs zur Wiederherstellung der Kraftfahreignung beschränkt sich deshalb auf Personen, die nicht Inhaber einer Fahrerlaubnis sind.[77] In der verwaltungsrechtlichen Praxis sind die Kurse somit für Bewerber im Erst bzw. Neuerteilungsverfahren nach vorangegangener Fahrerlaubnisentziehung von Relevanz.[78]

aa. Eignungsnachweis durch Kursteilnahme

Liegen Zweifel an der Eignung zum Führen eines Kraftfahrzeugs vor, ist eine eingehende Begutachtung gemäß der §§ 11, 13 FeV möglich oder nötig. Kommt diese zu dem Ergebnis, dass die erforderliche Fahreignung tatsächlich fehlt, kann der Betroffene seine Eignung unter Umständen durch eine Kursteilnahme nachweisen, ohne dass es hierfür einer erneuten Begutachtung

---

74 H/K/D-*Dauer*, § 2a StVG Rn. 35.

75 Zum Aufbauseminar: H/H-*Mahlberg*, Kap. 34 Rn. 567 ff.

76 Vgl. dazu im Ganzen: *Mahlberg*, Verkehrsverwaltungsrecht, Rn. 613.

77 MüKoStVR-*Hahn/Kalus*, § 11 FeV Rn. 122.

78 L/E/B-*Ludovisy*, §7 Rn. 682.

bedarf. Die Teilnahme an einem Kurs zur Wiederherstellung der Fahreignung ersetzt sodann die erneute Begutachtung der Fahreignung.[79]

bb. Voraussetzungen

Die Voraussetzungen für den Eignungsnachweis durch schlichte Kursteilnahme – ohne erneute Begutachtung – regelt § 11 X FeV. In der vorangehenden MPU muss der Gutachter zu der Einschätzung gekommen sein, dass die bestehenden Eignungsmängel durch die Teilnahme an einem Kurs zur Wiederherstellung der Kraftfahreignung beseitigt werden können. Das Ergebnis der MPU beinhaltet dementsprechend eine Empfehlung zur Kursteilnahme. Auf Grundlage dieses Gutachtens hat sodann die zuständige Fahrerlaubnisbehörde vor Kursbeginn diesem Verfahren ihre Zustimmung erteilt. Für die Wiederherstellung der Fahreignung sind nur Kurse zulässig, die den Voraussetzungen des § 70 FeV entsprechen.[80] Genügt der Kurs nicht den Anforderungen des § 70 FeV, so bedarf es für die Wiederherstellung der Fahreignung einer erneuten Fahreignungsbegutachtung durch eine anerkannte Begutachtungsstelle. Zugelassene Anbieter dieser Kurse werden daher auf Anfrage durch die Fahrerlaubnisbehörde aufgelistet.

Liegen die genannten Voraussetzungen vor, genügt die Vorlage einer Teilnahmebescheinigung bei der zuständigen Fahrerlaubnisbehörde als Nachweis für die wiederhergestellte Kraftfahreignung.[81]

e. Weitere Rehabilitationsmöglichkeiten

Unabhängig von den Voraussetzungen gemäß §§ 11 X, 70 FeV und den gesetzlich geregelten Maßnahmen des Straßenverkehrsrechts existieren weitere – gesetzlich nicht geregelte und unverbindliche – Rehabilitationsmöglichkeiten zur Wiederherstellung der Fahreignung. Das Rehabilitationsangebot eignet sich insbesondere zur Vorbereitung auf eine anstehende Fahreignungsbegutachtung. Auch in der Zeit einer laufenden Sperrfrist bietet es sich an,

---

[79] *Bode/Winkler*, Fahrerlaubnis, § 15 Rn. 79.

[80] Der Teilnehmerkreis der Kurse zur Wiederherstellung der Fahreignung gemäß § 70 FeV beschränkt sich auf Personen, die den Anforderungen des § 11 X FeV entsprechen (H/K/D-*Dauer*, § 11 FeV Rn. 62).

[81] Zum Eignungsnachweis durch Kursteilnahme: *Mahlberg*, Verkehrsverwaltungsrecht, Rn. 614, 615, 619 und 624; *Bode/Winkler*, Fahrerlaubnis, § 15 Rn. 81–93; H/K/D-*Dauer*, § 11 FeV Rn. 58 ff.

freiwillig rehabilitative Angebote wahrzunehmen und dadurch aktiv auf die Wiederherstellung der Kraftfahreignung einzuwirken.

Zum einen werden verkehrspsychologisch fundierte Verkehrstherapien zur Wiederherstellung der Fahreignung angeboten. Die Fahreignung kann in diesen Fällen zwar nicht durch die bloße Teilnahme nachgewiesen werden, trotzdem bereitet diese Maßnahme den Teilnehmer entsprechend auf die erforderliche Fahreignungsbegutachtung vor. In einer Zeitspanne von ca. drei bis sechs Monaten können die Voraussetzungen geschaffen werden, um die wiedererlangte Fahreignung in der anstehenden Begutachtung nachweisen zu können.[82]

Zum anderen versprechen rehabilitative Langzeittherapien ebenfalls eine hinreichende Vorbereitung auf eine anstehende MPU. Diese werden von Verkehrspsychologen durchgeführt und dauern ca. neun bis zwölf Monate. Aufgrund der Dauer eignen sich diese Therapien insbesondere für die Zeit der Sperrfrist im Falle eines Fahrerlaubnisentzugs gemäß § 69 StGB. Das Angebot der Maßnahme richtet sich daher überwiegend an Personen mit ausgeprägter Alkoholproblematik.

Daneben existiert ein Angebot an Selbsthilfegruppen und Suchtberatungsstellen. Auch diese ermöglichen zumindest eine gewisse Vorbereitung auf eine anstehende Fahreignungsbegutachtung.

Zuletzt ist in Fällen besonders gravierender Alkoholproblematiken auf ärztliche Therapien zu verweisen. Gemeint sind ambulant oder stationär in Krankenhäusern oder Einrichtungen für Suchtkranke durchgeführte Entwöhnungsbehandlungen. Begleitet werden diese Behandlungen von psychotherapeutischen und psychologischen Fachkräften.[83]

C. Ergänzung des geltenden Maßnahmensystems

Das verkehrsrechtliche Maßnahmensystem versucht, das Problem Alkohol im Straßenverkehr einzudämmen, und bietet entsprechend ausdifferenzierte Lösungen an. So greifen die Rechtsfolgen und Maßnahmen des Verkehrsstraf und Ordnungswidrigkeitenrecht mit denen des Verwaltungsrechts

---

[82] Vgl. dazu: *Mahlberg*, Verkehrsverwaltungsrecht, Rn. 622.

[83] Zu den weiteren Rehabilitationsmöglichkeiten: *Mahlberg*, Verkehrsverwaltungsrecht, Rn. 627, 630 ff. und 634.

ineinander, sodass sich ein vollumfängliches Maßnahmengebilde als Antwort auf eine Trunkenheit im Straßenverkehr ergibt. Jedoch bedarf es mit Blick auf das stets erhebliche Gefahrenpotential eines Trunkenheitsfahrers einer Erweiterung bzw. Ergänzung des Maßnahmenspektrums im Feld der Alkoholdelinquenz. Dabei geht es insbesondere um die zukünftige und nachhaltige Reduzierung alkoholbedingter Verkehrsunfälle.

In den nächsten Kapiteln wird daher auf die vielversprechende Technik und Wirkweise des *Alkohol-Interlocks* und die Frage eingegangen, ob und inwiefern dieses Gerät eine Bereicherung für das geltende Verkehrsrecht darstellen könnte. Teil dieser Untersuchung ist die rechtliche Prüfung gesetzlicher Implementierungsüberlegungen in das deutsche Verkehrsrecht. Die Arbeit verfolgt eine Empfehlung für den Einsatz der Wegfahrsperre in einem Rechtsbereich, der alkoholauffälligen Verkehrsteilnehmern effizient und in rechtlich angemessener Weise die Teilnahme am Straßenverkehr unter gesicherten Bedingungen ermöglichen kann. Die Untersuchung schließt deshalb mit einem Formulierungsvorschlag „de lege ferenda".

Der *Alkohol-Interlock*

Im Folgenden wird der *Alkohol-Interlock*, eine atemalkoholsensitive Wegfahrsperre für Kraftfahrzeuge, vorgestellt.[84]

Eine erste Einordnung widmet sich zunächst den Einsatzmöglichkeiten des Geräts unter der Berücksichtigung seiner Wirkweise (A.). Sodann wird der Blick auf den bereits jetzt schon möglichen Anwendungsbereich auf europäischer und nationaler Ebene gelenkt (B.). Im Anschluss werden erste Überlegungen zur weiteren Anwendung im nationalen Verkehrsrecht vorgestellt (C.). Dabei wird bereits auf die unterschiedlichen rechtlichen Rahmenbedingungen eingegangen.

A. Ein erster Blick auf die Wirkweise und Anwendungsmöglichkeiten des *Alkohol-Interlocks*

Zunächst gilt es zu klären, was unter der technischen Bezeichnung *Alkohol-Interlock* – mitunter auch „AI", „Alcolock" oder „Interlock" genannt – eigentlich zu verstehen ist.[85]

---

[84] *Gehlert*, „Alkohol-Interlock in Deutschland", S. 4.
[85] *Lagois/Sohège*, BA 2003, 199 (199); *Evers*, BA 2007, 14 (14); *DeVol/Schreiber*, BA 2019, 112 (112).

I. Wirkmechanismus

Hierbei handelt es sich um eine atemalkoholsensitive Wegfahr-, bzw. genauer gesprochen Zündsperre für Kraftfahrzeuge[86], durch die alkoholisierte Personen an der Verkehrsteilnahme gehindert werden können. Ein mit einem *Alkohol-Interlock* ausgerüstetes Kraftfahrzeug lässt sich ausschließlich unter einer zuvor durchzuführenden Atemalkoholprobe starten und zur Fortbewegung nutzen.[87]

Die Wegfahrsperre besteht im Wesentlichen aus zwei Einheiten: Ein Steuergerät ist unter dem Armaturenbrett verbaut. Ein Handgerät (Atemalkohol-Messgerät) befindet sich im Innenraum des Fahrzeugs. Durch Bedienen des Handgeräts wird es dem Fahrer ermöglicht, das ausgerüstete Fahrzeug zu starten, sofern eine zulässige Atemalkoholprobe abgegeben wurde. Zur Durchführung der Atemprobe steht dem Fahrer das besagte Handgerät mit integriertem Messsystem, Anzeigendisplay und einem Mundstück zur Atemabgabe zur Verfügung. Nach Betätigung der Zündung fordert das Gerät den Fahrer automatisch zur Abgabe der Probe auf.[88] Liegt der durch Atemanalyse gemessene Alkoholwert über dem zuvor individuell festgelegten und vorprogrammierten Grenzwert, blockiert das Steuergerät die Zündung des Motors und das Fahrzeug lässt sich nicht starten.[89]

Auch während der Fahrt wird gewährleistet, dass der Fahrer das Fahrzeug in einem fahrtüchtigen Zustand führt. In zufälligen Zeitabständen erfolgt die Aufforderung zur Abgabe weiterer Atemalkoholproben. Zur Vermeidung möglicher Verkehrsrisiken wird dem Fahrer zur Absolvierung der Wiederholungstests ein Zeitfenster von jeweils einigen Minuten gewährt. Kommt es in diesem Zeitraum nicht zur Durchführung der geforderten Atemprobe, greift die Zündsperre aus Sicherheitsgründen nicht in den laufenden Motor ein. So wird auch im Falle einer positiven Atemalkoholprobe verfahren. Die Wegfahrsperre aktiviert sich erst nach Abschalten des Motors. Nun ist ein

---

86 *Kraftfahrzeuge* sind gemäß § 1 II StVG durch Maschinenkraft fortbewegte Landfahrzeuge, welche nicht an Bahngleise gebunden sind (B/H/H/J-*Hühnermann*, § 1 StVG, Rn. 8).

87 *Ternig*, SVR 2019, 15 (15); *Bartelt-Lehrfeld*, BA 2019, 105 (105).

88 Vgl. dazu im Ganzen: *Lagois/Sohège*, BA 2003, 199 (199 f.); *Reimann/Schubert*, DAR 2016, 16 (17); *Krismann*, NZV 2011, 417 (421) und *Kosellek*, BA 2007, 291 (292).

89 *Graw*, NZV 2019, 15 (15); „Best Practice Alkohol-Interlock"-*Lagois/Velten*, S. 47.

neuer Zündvorgang nur noch nach der Freischaltung durch eine autorisierte Werkstatt möglich.[90]

Das verbaute Steuergerät verfügt zudem über einen auslesbaren Datenspeicher, welcher alle relevanten Ergebnisse bzw. Ereignisse registriert und speichert. Erfasst werden u.a. Datum, Uhrzeit, Abgabe oder Verweigerung der Atemprobe, Atemalkoholkonzentration, Start oder Stopp des Motors, sowie Manipulationsversuche. Dadurch lässt sich das Testverhalten des Betroffenen im Nachgang rekonstruieren. Dies ermöglicht die notwendige Überwachung des ausgestatteten Fahrzeugs bzw. des betroffenen Fahrers.[91]

II. Zielsetzung

Ziel der technischen Vorrichtung ist es in erster Linie, die Teilnahme am Straßenverkehr im alkoholisierten Zustand zu verhindern.[92]

Das Gerät könnte daher als rehabilitatives Instrument für alkoholauffällige Verkehrsteilnehmer eingesetzt werden, um somit eine praktische Bewährung des Betroffenen unter gesicherter Abstinenz im Straßenverkehr zu ermöglichen. Der AI verspricht als Teil einer umfassenden verkehrspsychologischen Interventions- bzw. Rehabilitationsmaßnahme sogar eine dauerhafte Verhaltensänderung. Denn erst diese führt – gerade nach dem Ausbau der Wegfahrsperre – zu der gebotenen Trennung von Alkoholkonsum und Fahrzeugnutzung im Straßenverkehr. Dadurch sinkt das Risiko einer Wiederauffälligkeit des Delinquenten. Die alkoholsensitive Zündsperre erhält den Teilnehmern einer solchen Maßnahme – trotz vorheriger Alkoholauffälligkeit – die weitere Mobilität im Straßenverkehr. Gerade für Berufskraftfahrer könnte die alkoholsensitive Zündsperre in seinen Möglichkeiten daher durchaus von großem Interesse sein. Dieser Personenkreis ist existenziell von der eigenen Fahrerlaubnis abhängig.[93]

Wie jedoch explizit die Nutzung des *Alkohol-Interlocks* ausgestaltet werden könnte, bedarf vor allem einer fundierten Untersuchung der

---

90 Zu den Wiederholungstests im Ganzen: „Best Practice Alkohol-Interlock"-*Lagois/Velten*, S. 49 und 53; sowie *Evers*, BA 2003, 20 (21).

91 Zur Datenspeicherung im Ganzen: *Lagois/Sohège*, BA 2003, 199 (204 f.); *BASt Bericht* „Alkohol-Interlocks für alkoholauffällige Kraftfahrer", S. 17.

92 *Geiger*, SVR 2013, 281 (288).

93 Vgl. dazu im Ganzen: *Evers*, BA 2007, 154 (154); *DVR*, BA 2021, 69 (71); *Seidl/Feustel-Seidl*, BA 2019, 1 (1 f. und 13 f.).

Implementierungsmöglichkeiten in die gegenwärtige Rechtsordnung. Insoweit sind insbesondere die rechtsstaatlichen Rahmenbedingungen zu berücksichtigen. Dazu lohnt sich die Auswertung bereits international vorliegender Erfahrungswerte im Umgang mit dem Gerät. Weiter bedarf es der Formulierung unabdingbarer, technischer Anforderungen an die Zündsperre selbst: Die Umgehung und Manipulation sollten verhindert und eine möglichst einfache und zuverlässige Handhabung ermöglicht werden.

B. Zur Entwicklungsgeschichte und zur aktuellen Anwendung des *Alkohol-Interlocks* in Europa und Deutschland

Für die anstehende Begutachtung ist die rechtliche Einordnung des Geräts unerlässlich. Diese schlägt sich in der geltenden staatlichen Gesetzgebung nieder. Um die rechtliche Einordnung des *Alkohol-Interlocks* verstehen zu können, bedarf es eines kurzen Blicks auf dessen historische Entwicklung.

I. Historische Entwicklung

Seit Jahrzehnten untersuchen Forscher unterschiedliche Möglichkeiten zur Deaktivierung der Zündung im Auto eines beeinträchtigten und damit verkehrsuntauglichen Fahrers, um diesen an der Verkehrsteilnahme zu hindern.

Die ersten Versuche setzten zunächst an der Reaktionszeit des beeinträchtigten Fahrers an. Erst später wurde auf die Analyse der Blutalkoholkonzentration (BAK) anhand eines Atemtests abgestellt. Seit den siebziger Jahren werden *Alkohol-Interlocks* in den USA (1986 erstes Gesetz in Kalifornien[94]) entwickelt und eingesetzt – später auch in Kanada, Australien und Neuseeland. In Europa betrachtete man die Wirksamkeit der Zündsperre zunächst skeptisch. In den achtziger Jahren wurde der *Alkohol-Interlock* dann vereinzelt in skandinavischen Staaten wie Finnland und Schweden erprobt. In den übrigen europäischen Ländern (u.a. in den Niederlanden, Belgien und Frankreich) gab es hingegen nur vereinzelt Programme und Pilotprojekte. Diese beschäftigten sich mit der Erprobung der Handhabung des Geräts und der Erfassung empirischer Daten. Zu einer rechtsverbindlichen Ausgestaltung

---

[94] *Lohkamp*, BA 2003, 208 (208).

im Sinne einer rechtssicheren und breitangelegten Anwendung kam es in den allermeisten Fällen jedoch (noch) nicht.[95]

Speziell in der Bundesrepublik Deutschland wurde erstmals im Jahre 1995 durch das Medizintechnikunternehmen *Dräger* ein derartiges Gerät (Dräger Interlock) bei einer Ausstellung für Arbeitsschutz und Arbeitsmedizin vorgestellt. Darauffolgende Berichte der *ADAC Motorwelt* regten durch die inhaltliche Auseinandersetzung mit den Grundprinzipien und der Wirkungsweise die öffentliche Diskussion um die Anwendungsmöglichkeiten des neuen Geräts an.[96]

International haben mittlerweile alle U.S.-amerikanischen Staaten individuelle Gesetze für den Einsatz von *Alkohol-Interlock*-Geräten verabschiedet. Der Souveränität der Staaten geschuldet unterscheiden sich diese jedoch stark voneinander. Unterschiede ergeben sich in ihrem Aufbau, den Einsatz des Interlocks als solchen, sowie in der Art ihrer Implementierung in das vorherrschende Rechtssystem. Auch fast alle kanadischen Provinzen haben sich in der Zwischenzeit geschlossen für den Einsatz der Wegfahrsperre ausgesprochen und diesen im Wege der Gesetzgebung manifestiert.[97]

Um an dieser Stelle nichts vorwegzunehmen, erfolgt die Auseinandersetzung mit der hiesigen Ausgestaltung und die Evaluierung der vorliegenden Erfahrungswerte an späterer Stelle (Kapitel 3 B. „Studien zur Wirksamkeit des Alkohol-Interlocks“).

II. Die Rechtslage auf europäischer Ebene

Die europäische Zusammenarbeit strebt eine Vereinheitlichung der verkehrsrechtlichen Bestimmungen (z.B. in Gestalt des europäischen Führerscheins) an. Insofern bemühen sich vor allem die Europäische Kommission und der Europäische Rat, die europäischen Straßen sicherer zu gestalten. Auch die Reduzierung alkoholisierter Verkehrsteilnehmer wird dabei berücksichtigt.

---

[95] Zur internationalen Entwicklung im Ganzen: *Graw*, NZV 2019, 15 (15); *Seidl/Feustel-Seidl*, BA 2019, 1 (3, 5 und 8); *Schleinitz/Bräutigam/Gehlert*, „Literaturreview“, S. 12; *Gilg/Hutzler/Tourneur/Eisenmenger*, BA 1998, 331 (331 f.); *Marques*, BA 2003, 177 (177); sowie „Best Practice Alkohol-Interlock“-*Stewin/Nickel/Schubert*, S. 62.

[96] Zur Entwicklung in der Bundesrepublik: *Gilg/Hutzler/Tourneur/Eisenmenger*, BA 1998, 331 (331 und 333); *Sperhake/Tsokos/Püschel*, BA 1998, 344 (350 f.).

[97] Vgl. dazu im Ganzen: *Seidl/Feustel-Seidl*, BA 2019, 1 (4); „Best Practice Alkohol-Interlock“-*Lagois/Velten*, S. 60; *Gehlert*, „Alkohol-Interlock in Deutschland“, S. 15.

Auf europäischer Ebene hat man sich daher bereits früh mit der alkoholsensitiven Zündsperre auseinandergesetzt. Zu einer für alle EU-Mitgliedstaaten verbindlichen Regelung für eine einheitliche Anwendung kam es dabei noch nicht. Immerhin sind jedoch die nachfolgend umschriebenen, zaghaften Schritte konstitutioneller Art für eine Nutzungsmöglichkeit zu verzeichnen.[98]

1. Rechtssetzung

Die EU-Rechtssetzung beschränkt sich u.a. auf die EU-weite verkehrsrechtliche Zulässigkeit des atemalkoholsensitiven Geräts als elektronische Fahrassistenz.[99]

a. Verkehrszulassung

Durch die von der Europäischen Kommission erlassenen EG-Richtlinie[100] zur Funkentstörung von Kraftfahrzeugen bedarf der Einbau eines Interlock-Geräts in Europa seit dem 01.10.2002 einer besonderen Zulassung. Die technische Zulassung richtet sich nach den Anforderungen der Normreihe EN 50436 *Alkohol-Interlocks – Prüfverfahren und Anforderungen an das Betriebsverhalten*, zuzüglich der ergänzenden Regelungen der Teile eins bis sieben. Diese Regelungen werden durch das Europäische Komitee für elektrische Normung seit 2003 erstellt und laufend aktualisiert.[101]

b. Verpflichtung der Automobilhersteller

Wegweisend für die technischen Standardisierung ist außerdem der Beschluss des Europäischen Parlaments und des Rates vom November 2019. Die

---

98 Vgl. zum folgenden Text: *Lagois/Sohège*, BA 2003, 199 (199); sowie *Paul/Egbert*, NK 2019, 93 (94).

99 *Ternig*, SVR 2019, 15 (17).

100 Richtlinie 95/54/EG der Kommission vom 31. Oktober 1995 zur Anpassung der Richtlinie 72/245/EWG des Rates zur Angleichung der Rechtsvorschriften der Mitgliedstaaten über die Funkentstörung von Kraftfahrzeugmotoren mit Fremdzündung an den technischen Fortschritt und zur Änderung der Richtlinie 70/156/EWG des Rates zur Angleichung der Rechtsvorschriften der Mitgliedstaaten über die Betriebserlaubnis von Kraftfahrzeugen und Kraftfahrzeuganhängern, Amtsblatt der Europäischen Gemeinschaften Nr. L 266 vom 08.11.1995, S. 1.

101 Dazu im Ganzen: *Seidl/Feustel-Seidl*, BA 2019, 1 (2); *Graw*, NZV 2019, 15 (15); *Ternig*, SVR 2019, 15 (15); *Lagois/Sohège*, BA 2003, 199 (203).

unmittelbar geltende EU-Verordnung 2019/2144[102] verpflichtet die Automobilhersteller zum Einbau notwendiger Schnittstellen. Die neue Bauweise der Fahrzeuge ermöglicht auf diese Art eine unkomplizierte Installation der Zündsperre. Die Verpflichtung gilt für Neuwagen ab 2024. Bereits ab 2022 müssen die Fahrzeughersteller zumindest ein Einbaudokument bereitstellen.[103]

2. Forschungen und Bestrebungen

Darüber hinaus treibt die Europäische Union durch Empfehlungen und Beschlüsse die weitere Untersuchung einer europaweiten Nutzung des *Alkohol-Interlocks* voran.

Bereits Anfang der 2000er Jahre schrieb sich der Europäische Rat auf die Agenda, die „Möglichkeiten für die Ausstattung der Kraftfahrzeuge mit einer Wegfahrsperre" zu untersuchen, „die bei Überschreitung des auf nationaler Ebene zulässigen Blutalkoholspiegels aktiviert wird".[104] Darauf folgte unter anderem eine Empfehlung[105] der Europäischen Kommission an die Mitgliedsstaaten, „die Forschung und Entwicklung, insbesondere im Bereich der technologischen Möglichkeiten" zu fördern und „angetrunkene Kraftfahrer und Fahrzeugführer, die wegen Alkoholproblemen behandelt werden, am Fahren zu hindern".[106]

Zudem versprechen – von der EU initiierte – Machbarkeitsstudien[107] eine zielführende Auseinandersetzung und Bewertung bereits vorliegender Erfahrungen mit dem AI. Diese haben das Ziel, die europaweite Realisierbarkeit abschätzen zu können. So untersuchte der im Jahr 2006 durchgeführte

---

102 EU-Verordnung 2019/2144, https://eur-lex.europa.eu/legal-content/DE/TXT/?uri=CELEX%3A32019R2144, abgerufen am 18.09.2025.

103 Zum Einbau der Schnittstellen vgl. im Ganzen: *Gehlert*, „Alkohol-Interlock in Deutschland", S. 4.

104 Entschließung des Rates vom 26. Juni 2000 zur Verbesserung der Straßenverkehrssicherheit, Amtsblatt der Europäischen Gemeinschaft Nr. C 218 vom 31.07.2000, S. 1.

105 Empfehlung der Kommission vom 17.01.2001 über die maximal zulässige Blutalkoholkonzentration (BAK) bei Kraftfahrern, Abschnitt 6, (2001/115/EG), Amtsblatt der Europäischen Gemeinschaften Nr. L 43 vom 14.02.2001, S. 31.

106 Vgl. im Ganzen: *Lagois/Sohège*, BA 2003, 199 (199); *Lohkamp*, BA 2003, 208 (208).

107 Z.B.: *Bax/Kärki/Evers/Bernhoft/Mathijssen*, Alcohol Interlock Implementation in the European Union, www.swov.nl/rapport/D-2001-20.pdf; *Evers*, BA 2003, 20 (21 f.).

einjährige Feldversuch („Alcolock field trial: Alcolock implementation in the European Union“) die Praxistauglichkeit des Interlock-Geräts anhand europäischer Kraftfahrer. Bei dem fünf-jährigen EU Projekt DRUID („Driving under the influence of drugs, alcohol and medicine“) befasste sich der 5. Arbeitskreis („Rehabilitation“) mit einer europaweiten Grundlage für die Einführung eines effektiven Rehabilitationsprogramms für alkoholauffällige Kraftfahrer.[108]

III. Die Rechtslage in Deutschland

In Deutschland lässt die Gesetzgebung für den Einsatz der atemalkoholsensitiven Wegfahrsperre weiter auf sich warten.

Der Grund dafür mag die komplexe Aufteilung des gegenständlichen Verkehrsrechts sein. Dieses erstreckt sich auf das Straf bzw. Ordnungswidrigkeitenrecht und auf das Verwaltungsrecht. Kommt es zu einer alkoholisierten Verkehrsteilnahme finden insbesondere die Regelungen des Fahreignungsrechts Anwendung. Das Fahreignungsrecht weist hier Schnittstellen sowohl zum Strafrecht als auch zum Verwaltungsrecht auf. Bei einer Implementierung sind jedoch unterschiedliche Wertungen hinsichtlich des Fahreignungsbegriffs zu berücksichtigen. So ist der strafrechtliche Fahreignungsbegriff dogmatisch weniger ausdifferenziert und unterscheidet lediglich zwischen der Geeignetheit und Ungeeignetheit in der Person des Betroffenen. Demgegenüber kennt der verwaltungsrechtliche Fahreignungsbegriff auch eine bedingte Fahreignung.

Gerade die bedingte Fahreignung sieht zur Wiederherstellung der erforderlichen, umfassenden Eignung die Anordnung von Beschränkungen und Auflagen vor. In diesem Rahmen könnte möglicherweise auch der *Alkohol-Interlock* eingesetzt werden.[109]

---

108 Im Ganzen: *Lagois/Sohège*, BA 2003, 199 (199); *Evers*, BA 2007, 154 (155); *Evers*, BA 2007, 14 (14); *Klipp/Bukasa*, ZVS 2009/2, 59 (59 ff.); *Seidl/Feustel-Seidl*, BA 2019, 1 (1); Das Aufzeigen der europäischen Bestrebungen und Untersuchungen soll lediglich exemplarischer Natur sein. An späterer Stelle – Kap. 3 C. „Praktikabilität“ – wird ein europäischer Feldversuch zur Praktikabilität näher vorgestellt und ausgewertet.

109 Vergleiche zum folgenden Text: „Best Practice Alkohol-Interlock“-*Schubert/Stewin/Nickel*, S. 104; *Müller/Rebler/Gehlert*, „Rechtsgutachten“, S. 9; *Gehlert*, „Alkohol-Interlock in Deutschland“, S. 20; *Graw*, NZV 2019, 15 (16) und *Krismann*, NZV 2011, 417 (417).

1. Rechtsetzung

Immerhin sind nach jahrelanger Interlock-Forschung Entscheidungen des Gesetzgebers für eine verkehrsrechtliche Zulässigkeit auf den Straßen der Bundesrepublik zu verzeichnen.

a. Allgemeine Betriebserlaubnis

Die straßenverkehrsrechtliche Zulassung gemäß der StVZO ermöglicht zumindest den technischen Einbau und die Inbetriebnahme des Geräts. Dafür erteilte das Kraftfahrt-Bundesamt bereits 1996 für den Interlock der Firma Ignition Interlock Service GmbH Hamburg die allgemeine Betriebserlaubnis. Am 18.12.2001 folgte die allgemeine Betriebserlaubnis für den „Dräger Interlock“. Als selbstständige technische Einheit genügen diese Geräte den Anforderungen der europäischen Normreihe EN 50436. Die Beantragung einer gesonderten Betriebserlaubnis ist daher nicht mehr notwendig.[110]

b. Führerscheinschlüsselzahl

Ein weiterer Schritt in Richtung gesetzlicher Verankerung war die europäische Richtlinie 2015/653[111]. Mit der 11. Verordnung zur Änderung der Fahrerlaubnis-Verordnung wurde sie am 21.12.2016 in nationales Recht umgesetzt. Damit wurde die Führerschein-Schlüsselzahl „69“ („Beschrän kt auf Fahrzeuge mit einer alkoholempfindlichen Wegfahrsperre gemäß EN 50436“) in die Anlage 9 der FeV aufgenommen. Die Schlüsselzahl ermöglicht die Eintragung einer fahrerlaubnisrechtlichen Beschränkung in den Führerschein. Folglich kann der Polizeibeamte bei einer Verkehrskontrolle nachvollziehen, ob der Fahrerlaubnisinhaber nur mit einem entsprechend ausgerüsteten Fahrzeug am Straßenverkehr teilnehmen darf.[112]

---

110 Zur allg. Betriebserlaubnis: *Sperhake/Tsokos/Püschel*, BA 1998, 344 (344); *Lohkamp*, BA 2003, 208 (211); *Schöch*, BA 2005 Sup. I, 20 (20); *Patermann/Reimann/Schubert*, DAR 2019, 11 (12).

111 EU-Richtlinie 2015/653: https://eur-lex.europa.eu/legal-content/de/TXT/?uri=CELEX%3A32015L0653, abgerufen am 18.09.2025.

112 Zur Schlüsselzahl „69“: *Seidl/Feustel-Seidl*, BA 2019, 1 (13); *Reimann/Schubert*, DAR 2016, 16 (20); *Huppertz*, NZV 2004, 563 (563) und *Ternig*, SVR 2019, 15 (16).

c. *Handhabung während der Fahrt*

Auch die Handhabung der Wegfahrsperre während der Inbetriebnahme des Kraftfahrzeugs wurde gesetzlich geregelt. Die 53. Verordnung zur Änderung straßenverkehrsrechtlicher Vorschriften vom 06.10.2017 novellierte die Regelung des § 23 StVO. So wurde die Bedienung eines *Alkohol-Interlock*-Geräts von dem dort geregelten Nutzungsverbot für elektronische Geräte ausgenommen. Damit ist die Handhabung der Zündsperre – gerade während der Fahrt – ausdrücklich erlaubt.[113]

2. Forschungen und Bestrebungen

Im Übrigen beschränkt sich das Handeln der staatlichen Institutionen auf rechtsunverbindliche Beschlüsse und Empfehlungen.

Die Bundesregierung gab im September 2016 bekannt, dass das Verkehrsministerium eine Gesetzesvorlage zur Einführung atemalkoholgesteuerter Wegfahrsperren erarbeite. Zu einer Vorlage kam es in dieser Legislaturperiode jedoch nicht; ebenso scheiterte der in der darauffolgenden Legislatur im Mai 2018 angekündigte Entwurf des Bundesministeriums für Verkehr und digitale Infrastruktur (BMVI). Für die 20. Legislaturperiode steht in der Koalitionsvereinbarung[114] zwischen SPD, FDP und Grüne, dass man in der Umsetzung der *Vision Zero* das Verkehrssicherheitsprogramm weiterentwickeln werde. Mit dieser Absichtserklärung besteht zumindest der bundespolitische Boden für eine Implementierung der Wegfahrsperre in das deutsche Verkehrsrecht.[115]

Verkehrsjuristen und Verkehrspsychologen befürworten den Einsatz seit langem:

So sprach sich der V. Arbeitskreis auf dem 57. Deutschen Verkehrsgerichtstag 2019[116] in seinen Empfehlungen deutlich für die Einführung einer Intervention mittels *Alkohol-Interlock* aus. Die geltenden Maßnahmen für alkoholauffällige Kraftfahrer sollten erweitert werden, um zukünftig Fahrten

---

[113] Zur Handhabung der Wegfahrsperre während der Fahrt: *Will*, NZV 2020, 441 (442); *Seidl/Feustel-Seidl*, BA 2019, 1 (13).

[114] Koalitionsvertrag 2021 zwischen SPD, Bündnis 90/Die Grünen und FDP, S. 52.

[115] Vgl. dazu im Ganzen: „Best Practice Alkohol-Interlock“-*Schubert/Stewin/Nickel*, S. 93; *Müller/Rebler/Gehlert*, „Rechtsgutachten“, S. 16; *Paul/Egbert*, NK 2019, 93 (93).

[116] Zur Dokumentation: *Deutscher Verkehrsgerichtstag*, 57. Deutscher Verkehrsgerichtstag – Dokumentation 2019, S. XIV; zu den Referaten vgl. S. 177 ff.

unter Alkoholeinfluss zu verhindern. Bereits in den Jahren 2015 und 2018, als auch im Jahr 2020, forderte der Deutsche Verkehrssicherheitsrat (DVR) die Prüfung eines breit angelegten *Alkohol-Interlock*-Einsatzes.[117]

C. Anwendungsbereiche des *Alkohol-Interlocks* und ihre rechtlichen Rahmenbedingungen

Nachfolgend wird eine erste Vorstellung von den vielfältigen Einsatz bzw. Anwendungsmöglichkeiten der eben beschriebenen Wegfahrsperre gegeben.

Zuerst werden die Anwendungsmöglichkeiten hinreichend ausdifferenziert (im Folgenden I.) und anschließend in den Kontext der jeweiligen rechtlichen Rahmenbedingungen gestellt (II.). Die rechtlichen Möglichkeiten einer gesetzlichen Implementierung der Zündsperre als verkehrsrechtliche Interventionsmaßnahme werden sodann kritisch hinterfragt. Im Ergebnis wird somit bereits eine gewisse Vorauswahl hinsichtlich der später näher zu untersuchenden Einsatzmöglichkeiten getroffen.

I. Fallgruppen möglicher Anwendungsbereiche

Möchte man die möglichen Anwendungsbereiche herausarbeiten und voneinander abgrenzen, liegt es nahe, sich die Frage zu stellen, unter welchen tatsächlichen Umständen sich eine Intervention mittels der atemalkoholsensitiven Zündsperre empfiehlt.

Abstrakt handelt es sich dabei um den Versuch, einen möglichen *Tatbestand* zu formulieren. Dieser würde den Einsatz des *Alkohol-Interlocks* als Rechtsfolge gebieten oder zumindest sinnvoll erscheinen lassen. Darauf aufbauend ist danach zu differenzieren, welcher Hoheitsträger die *Anordnungsgewalt* für die Zuweisung der Wegfahrsperre innehaben könnte. Zuletzt ist zu beleuchten, welche Gestaltungsmöglichkeiten sich auf der *Rechtsfolgenseite* ergeben, ohne dabei jedoch schon auf die Möglichkeit einer Eingliederung in die bestehende Rechtssystematik einzugehen.

---

[117] *Seidl/Feustel-Seidl*, BA 2019, 1 (13); *DVR*, BA 2021, 69 (69 ff.); *Müller/Rebler/Gehlert*, „Rechtsgutachten", S. 14 f.

1. Tatbestand

Ausgangspunkt einer ersten Systematisierung der Anwendungsbereiche ist die Frage, welche tatsächlichen Umstände den Einsatz des Geräts bzw. die Teilnahme an einem entsprechenden Interventions-Programm nahelegen. Die tatsächlichen Umstände, hier die sogenannten tatbestandlichen Voraussetzungen, können sowohl *präventiv* als auch *repressiv* den Einsatz der Wegfahrsperre vorsehen. Dementsprechend ergeben sich zwei grundlegend verschiedene Anwendungsbereiche:

Zum einen könnte ein individuelles, änderungsbedürftiges Fehlverhalten in der Person des Adressaten ausschlaggebend für die Indizierung einer verkehrsrechtlichen Maßnahme mittels der Wegfahrsperre sein. Es wird also auf den konkreten Einzelfall abgestellt. Zum anderen könnte die Wegfahrsperre sich als notwendiges Mittel erweisen, um generell den Gefahren vorzubeugen, die sich aufgrund alkoholisierter Verkehrsteilnehmer für die Sicherheit des Straßenverkehrs ergeben. Dann würde obligatorisch die Allgemeinheit aller motorisierten Straßenverkehrsteilnehmer erfasst.[118]

a. Präventiver Ansatz

Im Rahmen einer solchen allgemeinen Vorbeugungsmaßnahme würde es für die Erfüllung des Tatbestands genügen, die abstrakte Gefährlichkeit von Alkohol im Straßenverkehr anhand einschlägiger Statistiken und Befunde der Verkehrsforschung zu belegen.[119]

Auf weitere, individuelle Umstände in der Person des jeweils Betroffenen käme es dafür nicht an. Diese *generalisierende* und *präventive* Nutzung des *Alkohol-Interlocks* findet seine Ausformung in einer sogenannten *primärpräventiven* Ausrüstungspflicht. Mit der Folge, dass jeder Fahrzeughalter unabhängig von dem Vorliegen eines individuellen Fehlverhaltens in Bezug auf Alkohol von dem Anwendungsbereich der infrage stehenden Norm erfasst werden würde und sein Kraftfahrzeug mit einem *Alkohol-Interlock* ausrüsten müsste.[120]

---

118 *Evers*, BA 2007, 154 (154).

119 *Statistisches Bundesamt*, Statistischer Bericht – Verkehrsunfälle Zeitreihen – 2013–2022.

120 Zum präventiven Ansatz im Ganzen: *Marques*, BA 2003, 177 (185); *Gehlert*, „Alkohol-Interlock in Deutschland“, S. 4.

b. Repressiver Ansatz

Wird jedoch bei der Tatbestandsformulierung auch auf tatsächliche Umstände in der Person des Betroffenen oder dessen Fahrverhalten abgestellt, so geht es um die Anwendung der Zündsperre im konkreten Einzelfall.

Dabei geht es um die Frage, ob und wann sich eine Intervention für diese Person aufgrund ihres Verhaltens als nötig bzw. sinnvoll erweist. Anders formuliert: Tatbestandsvoraussetzungen, die an die Person oder das Verhalten des Betroffenen anknüpfen, drücken stets ein *individuelles* Bedürfnis nach einer intervenierenden Maßnahme aus. Als Beispiel lässt sich die Alkoholauffälligkeit einer Person in der Vergangenheit anführen. Diese verdeutlicht eine (nachgewiesene) unzureichende Trennung zwischen Alkoholkonsum und Nutzung eines Kraftfahrzeugs im Straßenverkehr. Der am Individuum orientierte Anwendungsbereich kann mit einer *sekundärpräventiven* Ausrüstungspflicht beschrieben werden.[121]

2. Anordnungsgewalt

Anhand des Tatbestands konnten bereits zwei unterschiedliche Anwendungsbereiche formuliert werden. Nun gilt es zu fragen, wer überhaupt die Anordnungsgewalt bezüglich der Ausrüstung eines Kraftfahrzeugs mit einer Wegfahrsperre innehaben sollte. Zu klären ist, *wie* die Ausrüstung mit einem *Alkohol-Interlock* für den Fahrzeugführer Rechtsverbindlichkeit erlangen kann.

a. Unmittelbarer Vollzug

Im *primärpräventiven* Anwendungsbereich der Zündsperre könnte ein Bundesgesetz so ausgestaltet werden, dass es die Ausrüstung des Fahrzeugs bereits als unmittelbare Rechtsfolge für den Betroffenen vorsieht. Die Gesetzgebungskompetenz des Bundes würde sich aufgrund der konkurrierenden Gesetzgebung gemäß Art. 70, 74 I Nr. 22 GG ergeben. Eine sogenannte Vollzugsnorm (*self-executing*) würde keines weiteren Umsetzungsakts durch die Verwaltung oder einer richterlichen Anordnung bedürfen. Die in fragestehende Norm wäre sowohl tatbestandlich als auch auf der Rechtsfolgenseite

---

121 Zum repressiven Ansatz im Ganzen: *Paul/Egbert*, NK 2019, 93 (96 f.).

bereits abschließend formuliert. Dem Adressaten würde also allein aufgrund der Tatbestandsverwirklichung eine echte Rechtspflicht auferlegt werden.[122]

b. Entscheidungsvorbehalt

Möglich wäre es auch, dass ein solches Gesetz noch keine unmittelbare Rechtsfolge setzen würde, sondern die Anwendung unter den Vorbehalt einer richterlichen oder behördlichen Entscheidung stellt.

Während die *primärpräventive* Ausrüstungspflicht abstrakt und generell jeden Verkehrsteilnehmer betrifft, bietet sich die individuelle Anordnungsmöglichkeit (durch die Behörde oder den Richter) eher im Bereich der *sekundärpräventiven* Anwendung an. Denn dort bedarf es ohnehin einer nachgewiesenen, durch eine behördliche oder gerichtliche Entscheidung festgestellten Alkoholauffälligkeit im Straßenverkehr. An diese Entscheidung könnte mit der Anordnung einer zu installierenden Zündsperre angeknüpft werden.[123]

3. Rechtsfolge

Die primär und sekundärpräventiven Anwendungsbereiche des *Alkohol-Interlocks* lassen sich auch anhand der Art ihrer Anordnung unterscheiden. Dies gilt sowohl für den Einsatz durch Gesetz als auch nach individueller Anordnung.

Als besonders naheliegendes Abgrenzungskriterium stellt sich dabei die Verbindlichkeit der Maßnahme heraus.

a. Rechtspflicht

Gemeint ist die mögliche *Pflicht* zur Teilnahme an einer verkehrsrechtlichen Interventionsmaßnahme mit der alkoholsensitiven Wegfahrsperre. Ein für alle Fahrzeughalter gesetzlich vorgeschriebener (primärpräventiver) *Alkohol-Interlock*-Einsatz würde seinen Geltungsanspruch durch die Auferlegung einer Rechtspflicht durchsetzen. Im sekundärpräventiven Bereich ist einer verpflichtenden Teilnahme ein gewisser Straf bzw. Sanktionscharakter zu entnehmen und könnte daher insbesondere im Strafrecht von Bedeutung

---

122 Vgl. dazu im Ganzen: S-B/K/B-*Bethge*, § 90 Rn. 373.

123 Zum Entscheidungsvorbehalt: *Lagois/Sohège*, BA 2003, 199 (205); „Best Practice Alkohol-Interlock"-*Lagois/Velten*, S. 59; ebenso *Seidl/Feustel-Seidl*, BA 2019, 1 (3).

sein. Die Auferlegung einer durchsetzbaren Rechtspflicht stellt im Gegensatz zu einer freiwilligen Teilnahme an einem *Alkohol-Interlock*-Angebot die grundrechtlich sensiblere Maßnahme dar. Daraus resultierende Einschränkungen der Betroffenen sind anhand *grundrechtlich* geschützter Rechtsbereiche zu beurteilen. Die Realisierung kann daher nur unter der Erfüllung hoher rechtsstaatlicher Anforderungen erfolgen.[124]

b. Empfehlung

Blickt man auf eine freiwillige Teilnahme, so wäre an eine *Empfehlung* zu denken.

Damit der Betroffene diese auch wahrnimmt, müsste die Teilnahme an Begünstigungen geknüpft sein. Als Anreiz wäre eine Privilegierung strafrechtlicher bzw. fahrerlaubnisrechtlicher Natur vorstellbar. Letztere Überlegung wäre auch im primärpräventiven Bereich denkbar, etwa für alle Fahranfänger in der Probezeit. Die erste hingegen nur in Anknüpfung an ein Fehlverhalten, also nur im sekundärpräventiven Bereich. Dort wird genauer zu betrachten sein, inwieweit der Einsatz der Wegfahrsperre strafrechtliche Maßnahmen obsolet machen kann, sie zumindest abmildert oder ergänzt. Im Fahrerlaubnisrecht kann sie mit Blick auf eine beschleunigte Wiedererteilung der Fahrerlaubnis Bedeutung erlangen.[125]

II. Rechtliche Rahmenbedingungen

Im Folgenden werden die herausgearbeiteten Anwendungsbereiche unter dem Gesichtspunkt ihrer rechtlichen Realisierbarkeit einer ersten kritischen Bewertung unterzogen. Dabei steigen die rechtsstaatlichen und verfassungsrechtlichen Anforderungen mit dem Maß an Verbindlichkeit einer Ausrüstung der Wegfahrsperre an. Daher wird zuerst die freiwillige Nutzungsmöglichkeit der atemalkoholsensitiven Zündsperre, dann der primärpräventive Einsatzbereich und anschließend die sekundärpräventive Anwendung untersucht.

---

124 *Frenz*, BA 2007, 144 (144). Näher dazu später unter: Kap. 4 C. II. 2. a. und Kap. 5.

125 Vgl. im Ganzen: *Graw*, NZV 2019, 15 (15 und 16); *Nickel*, BA 2005 Sup. I, 8 (13); „Best Practice Alkohol-Interlock"-*Lagois/Velten*, S. 59. Näher dazu später unter: Kap. 4 C. II. 2. b. und Kap. 5.

1. Freiwillige Nutzungsmöglichkeit

Die rein freiwillige Nutzung des *Alkohol-Interlocks* umfasst die Ausrüstung eines Kraftfahrzeugs unabhängig vom Bestehen einer gesetzlichen Ausrüstungspflicht oder einer gerichtlichen Anordnung.

Das Interesse an der freiwilligen Nutzung der atemalkoholsensitiven Wegfahrsperre ist vor allem im Transportgewerbe (Busse, Taxis, Lastkraftwagen und Gefahrengütertransport) anzusiedeln, wohingegen es im privaten Bereich wohl eher eine untergeordnete Rolle spielt. Trotzdem wäre eine Installation des Geräts zur persönlichen Vorsorge bei einer Alkoholproblematik oder im Zusammenhang mit Fahranfängern denkbar. Die Ausrüstung gewerblich genutzter Fahrzeuge kann durchaus sinnvoll sein, da einhergehende Rückgänge von Unfallschäden und Ausfallzeiten zu einem verbesserten Firmenimage führen. Dadurch kann das Sicherheitsgefühl und das Vertrauen der Kunden gesteigert werden. Als betriebliche Präventionsmaßnahme vermag das Gerät einen wesentlichen Beitrag zur Sensibilisierung der Fahrer zu leisten, die Transportsicherheit zu gewährleisten und dem Unternehmen dabei zu helfen, Alkoholproblematiken früh zu erkennen, um entsprechende Gegenmaßnahmen einzuleiten.[126]

Bei der gewerblichen Nutzung gilt es, in der konkreten Anwendung arbeitsrechtliche, haftungsrechtliche und datenschutzrechtliche Fragestellungen genauer zu beachten. Allgemein anerkannt ist insoweit, dass die Überprüfung einer zur Arbeitszeit einzuhaltenden Abstinenz des Arbeitsnehmers vom bestehenden Weisungsrecht des Arbeitgebers gedeckt ist. Die Bereitstellung eines vollumfänglichen Leitfadens für die freiwillige Umsetzung durch den gewerblichen Anwender wäre unter dem Aspekt rechtlicher Unklarheiten eine wichtige Hilfestellung.[127]

Zudem muss die praktische Umsetzung und die damit versprochene Präventionswirkung in Anbetracht eines möglichst störungsfreien Betriebsablaufs im Verhältnis zum anfallenden Mehraufwand stehen. Eine vermeintlich *weiche* Einstellung des Geräts ermöglicht zwar eine einfache Handhabung durch den Arbeitnehmer, würde jedoch zulasten einer lückenlosen Überprüfungsfunktion und einer möglichst hohen Präventionswirkung gehen.

---

126 Zur freiwilligen Nutzungsmöglichkeit im Ganzen: *Lagois/Sohège*, BA 2003, 199 (205); „Best Practice Alkohol-Interlock"-*Lagois/Velten*, S. 57; *Evers*, BA 2007, 154 (157).

127 *Schöch*, BA 2005 Sup. I, 20 (20); *Müller*, Suchtmittel am Arbeitsplatz, § 3 Rn. 285 f.

Das für den Transportunternehmer letztlich entscheidende Argument wird daher eine Kosten-Nutzen Abwägung sein. Hier könnten Begünstigungen versicherungsrechtlicher Natur die Attraktivität der freiwilligen Anwendung im gewerblichen und privaten Bereich steigern.[128]

Einzige Hürde für eine solch selbstbestimmte Nutzung wäre die verkehrsrechtliche Zulassung des *Alkohol-Interlocks* als technisches Hilfsmittel gemäß der europäischen Richtlinie 95/54/EWG. Wie oben – unter B. III. 1. a. – aufgezeigt, verfügt das Gerät als selbstständige technische Einheit bereits über die notwendige allgemeine Betriebserlaubnis durch das Kraftfahrt-Bundesamt. Somit bedarf es nicht der gesonderten Beantragung einer Betriebserlaubnis.[129]

Im Ergebnis ist die rein selbstbestimmte Nutzung eines *Alkohol-Interlocks* im Straßenverkehr durch sowohl gewerbliche als auch private Anwender gemäß der aktuellen Rechtslage (*de lege lata*) durchaus möglich.

2. Primärpräventive Ausrüstungspflicht

Eine generelle Ausrüstungspflicht umfasst das tatsächliche Verhindern von Fahrten unter dem Einfluss von Alkohol durch Personen, welche nicht aufgrund früherer Alkoholauffälligkeiten ausgewählt wurden.

Im Gegensatz zu einer freiwilligen Nutzung würde eine gesetzlich geregelte, obligatorische Anwendung des *Alkohol-Interlocks* eine tatsächliche Rechtspflicht an die betroffenen Fahrzeughalter stellen. Der Normbefehl würde die Ausrüstung eines *jeden* Kraftfahrzeugs mit einer Wegfahrsperre gebieten. Dadurch könnte das Normbewusstsein und die Rechtstreue der Bevölkerung im Sinne einer positiven Generalprävention gefördert werden. Angesichts des Verbots von Alkoholfahrten (Ordnungswidrigkeit ab 0,5 ‰) wird die Sensibilität der Bevölkerung in diesem Bereich ohnehin bereits als hoch anzusehen sein. Jedoch kann gerade für Risikofahrer dieses Bewusstsein durch die gezielte Prävention weiter stabilisiert und erhöht werden. Eine wohl maximale Präventionswirkung ließe sich mit einer gesetzlichen Ausrüstungspflicht ohne jegliche tatbestandliche Einschränkung verwirklichen.

---

128 Vgl. hierzu im Ganzen: *Evers*, BA 2007, 154 (157); *Marques*, BA 2003, 177 (193); *Evers*, BA 2003, 20 (25).

129 Zur allg. Betriebserlaubnis: *Schöch*, BA 2005 Sup. I, 20 (20); *Lohkamp*, BA 2003, 208 (211); *Lagois/Sohège*, BA 2003, 199 (203).

Es würde also keine Vorselektion in Bezug auf die betroffenen Kraftfahrzeuge oder Fahrerlaubnisinhaber erfolgen.[130]

a. Spezifizierungen

Bei einer generalisierenden Ausrüstungspflicht ist zu beachten, dass diese in gewissen tatbestandlichen Ausprägungen bzw. Spezifizierungen möglich wäre und angedacht wird.[131] Bei einer normativen Ausgestaltung ergeben sich dabei unterschiedliche verfassungsrechtliche Anforderungen.

aa. Berufskraftfahrer

Eine bedürfnisorientierte Korrektur des primärpräventiven Anwendungsbereichs könnte durch eine Einschränkung des Tatbestands erfolgen. Möglicherweise würde die Ausrüstungspflicht nur Berufskraftfahrer oder bestimmte Berufsgruppen, wie der Personenbeförderung oder des Gefahren und Gütertransports betreffen. So könnten besonders prädestinierte Gruppen im Hinblick auf ein erhöhtes Sicherheitsbedürfnis im Straßenverkehr als Adressaten in die Pflicht genommen werden. Berufskraftfahrzeugführer verfügen im Verhältnis zu privaten Fahrern über eine gesteigerte Verantwortung beim Fahren und nehmen generell häufiger am Straßenverkehr teil.[132]

bb. Fahrzeughersteller

Eine weiter anzudenkende Ausformung des primärpräventiven Einsatzbereichs ist die Verpflichtung der Fahrzeughersteller. So müsste nicht der Endabnehmer und tatsächliche Nutzer des Kraftfahrzeugs die Ausstattung des Fahrzeugs vornehmen. Die Installation würde bereits durch den Hersteller bei der Fahrzeugfertigung erfolgen. Dafür könnte eine effizientere Gestaltung des Arbeitsaufwands bei der technischen Umsetzung der Wegfahrsperre sprechen. Der Automobilhersteller verfügt über eine weitreichende Infrastruktur

---

130 Dazu im Ganzen: *Schöch*, BA 2010, 340 (340); *Schöch*, BA 2005 Sup. I, 20 (20 f.); *Marques*, BA 2003, 177 (185); *DVR*, BA 2021, 69 (71).

131 Die Darstellung der tatbestandlichen Ausformungen einer primärpräventiven Ausrüstungspflicht verfolgt nicht den Anspruch auf Vollständigkeit, sondern dient vielmehr dem beispielhaften Aufzeigen von Gestaltungsmöglichkeiten.

132 Vgl. dazu im Ganzen: *Gehlert*, „Alkohol-Interlock in Deutschland“, S. 4; *Seidl/Feustel-Seidl*, BA 2019, 1 (2 f.); *Klipp*, BA 2009, 190 (191); *Marques*, BA 2003, 177 (185); *Gilg/Hutzler/Tourneur/Eisenmenger*, BA 1998, 331 (340) und *Evers*, BA 2007, 154 (154 f.).

und die erforderliche Sachkenntnis für die Installation. Letztlich könnte somit dem Problem – *wer* den Einbau des *Alkohol-Interlocks* vornimmt – Abhilfe geschaffen werden.[133]

b. Anwendungsbedürfnis

Für die primärpräventive Anwendung des *Alkohol-Interlocks* spricht der verhältnismäßig hohe Anteil an unentdeckten Alkoholfahrten.

Schätzungen zufolge kommen aufgrund des überschaubaren Entdeckungsrisikos auf eine entdeckte bzw. geahndete Alkoholfahrt ungefähr bis zu 600 unentdeckte Alkoholfahrten. Grundsätzlich muss insoweit von einer bedeutenden Dunkelziffer ausgegangen werden. Dies gilt auch für die Erfassung von Unfällen unter Alkoholeinfluss. Eine Feststellung der Alkoholisierung findet nämlich nicht immer bei allen Unfallbeteiligten statt. Ein weiteres Problemfeld stellen die sog. Alleinunfälle dar. Diese werden häufig nicht der Polizei gemeldet, da bis auf den alkoholisierten und verunfallten Fahrer selbst niemand weiteres beteiligt ist. Letztlich spricht auch die Vermeidung eines beträchtlichen volkswirtschaftlichen Schadens durch die jährlich zu verzeichnenden Unfälle für einen generalisierenden Einsatz der alkoholsensitiven Zündsperre.[134]

c. Anwendung de lege lata

Eine gesetzliche Eingriffsermächtigung, welche den primärpräventiven Einsatz des *Alkohol-Interlocks* gebietet, liegt nicht vor. Es kommt daher lediglich die Anwendung gemäß eines zu erlassenden Gesetzes (*de lege ferenda*) in Betracht.

d. Anwendung de lege ferenda

Für eine Implementierung der primärpräventiven Ausrüstungspflicht wäre zum Beispiel eine Novellierung der StVZO von Nöten.

Die Norm würde als Auflage eine verpflichtende Installation der atemalkoholsensitiven Wegfahrsperre durch jeden Fahrzeuginhaber oder Hersteller von neuen Kfz vorsehen. Um den Normbefehl zu stärken, würde

---

133 *DVR*, BA 2021, 69 (69).

134 Vgl. dazu im Ganzen: *Marques*, BA 2003, 177 (185); *Krismann*, NZV 2011, 417 (421); *Reimann/Schubert*, DAR 2016, 16 (17); *Seidl/Feustel-Seidl*, BA 2019, 1 (3).

bei Nichtbefolgung ein Bußgeld oder andere nachteilige Folgen, zivil- oder versicherungsrechtlicher Art, drohen. Die Installationspflicht könnte auch nur bestimmte Kraftfahrzeuge erfassen, welche zum Beispiel gewerblich zur Beförderung von Personen oder von Gütern genutzt werden. Zur Änderung der StVZO wäre gemäß § 6 I Nr. 3 StVG das Bundesministerium für Verkehr und Infrastruktur ermächtigt.[135]

aa. Verfassungsmäßigkeit

An der generalisierenden Umsetzung der Wegfahrsperre ergeben sich jedoch vehemente Zweifel aufgrund der hohen grundrechtlichen Relevanz der Maßnahme.

Das infragestehende Gesetz muss insbesondere an dem rechtsstaatlichen Verhältnismäßigkeitsgrundsatz bzw. dem Übermaßverbot gemessen werden. Die primärpräventive Ausrüstungspflicht – unabhängig von tatbestandlichen Spezifizierungen – greift unweigerlich in die grundrechtlich geschützten Freiheitsrechte eines jeden Betroffenen ein. Eine Umsetzung ist daher stets im Licht der einschlägigen Schutzbereiche zu bewerten. Im Einzelnen steht die angestrebte Verbesserung der Sicherheit im Straßenverkehr der damit einhergehenden Belastung der Normadressaten gegenüber. In der Folge ergibt sich ein Spannungsverhältnis zwischen der Freiheit der einen und dem Schutz der anderen.[136]

(1) Schutzbereiche

Eigentumsrechtlich werden die Nutzungsmöglichkeiten (§ 903 BGB) am ausgerüsteten Fahrzeug nur geringfügig beschränkt. Erst ab einer bestimmten Alkoholisierung des Fahrers lässt sich das Fahrzeug vorübergehend nicht nutzen. Die zeitweilige Nutzungsversagung knüpft an den vorgegebenen Grenzwert eines gesetzlichen Verbots (§ 24a StVG) an. Ab diesem Grad der Alkoholisierung ist eine Verkehrsteilnahme somit ohnehin verboten. Zudem unterliegt der Gebrauch eines Fahrzeugs in einem höheren Umfang der Sozialbindung (Prinzip der Rücksichtnahme im Straßenverkehr). Die

---

135 Zur Änderung der StVZO: *Schöch,* BA 2005 Sup. I, 20 (20 f.); *Gilg/Hutzler/Tourneur/Eisenmenger,* BA 1998, 331 (340); *Evers,* BA 2007, 154 (154 f.).

136 Zum grundrechtlichen Spannungsverhältnis: *Frenz,* BA 2007, 144 (144); *Schöch,* BA 2005 Sup. I, 20 (21); *Müller/Rebler/Gehlert,* „Rechtsgutachten“, S. 9.

Pflicht zur Installation und die damit verbundenen Kosten stellen daher keine Enteignung, sondern eine Inhalts und Schrankenbestimmung i.S.d. Art. 14 I GG dar.

Neben der Eigentumsgarantie ist auch die Berufsfreiheit gemäß Art. 12 GG (konkret die Berufsausübungsfreiheit) durch das zu erlassende Gesetz betroffen. Die berufliche Nutzung eines ausgestatteten Kraftfahrzeugs durch einen Selbstständigen oder einen Arbeitnehmer wird durch die notwendige Atemprobe vor Fahrantritt und des zu leistenden Mehraufwands erschwert bzw. beschränkt. Da Berufsfreiheit und die Eigentumsgarantie unterschiedliche Schutzbereiche haben, stehen diese in *Idealkonkurrenz* zueinander.

Ähnlich wie bei der Einführung der Gurt und Helmpflicht im Straßenverkehr, würde das zu erlassende Gesetz auch das subsidiäre Auffanggrundrecht der allgemeinen Handlungsfreiheit gemäß Art. 2 I GG tangieren. Konkret ist die Freiheit betroffen, ohne *Alkohol-Interlock* zu fahren.[137]

(2) Verhältnismäßigkeit

Für die einschlägigen Grundrechte ergeben sich folgende Erwägungen zur Verhältnismäßigkeit: Bei der erforderlichen Verhältnismäßigkeitsprüfung sind die ersten drei Prüfungspunkte – legitimer Zweck, Geeignetheit und Erforderlichkeit – unzweifelhaft erfüllt.

Die Sicherheit des Straßenverkehrs und der Schutz potenzieller Opfer zukünftiger Alkoholfahrten stellt einen verfolgbaren und legitimen Zweck der Maßnahme dar. Die gesetzliche Umsetzung einer primärpräventiven Ausrüstungspflicht wäre zudem auch nicht evident ungeeignet, das angestrebte Ziel zu erreichen bzw. zumindest zu fördern. Die obligatorische Installation eines *Alkohol-Interlocks* wäre auch eine erforderliche Maßnahme i.S.d. leichtesten Mittels. Frequentiertere Verkehrskontrollen würden als weniger eingriffsintensiveres Mittel nicht ebenso effizient Alkoholfahrten verhindern. Denn dadurch können Trunkenheitsfahrten allenfalls entdeckt und rechtlich geahndet, jedoch nicht verhindert werden. Die Ausstattung lediglich solcher Fahrer, die tatsächlich bereits alkoholauffällig geworden sind und somit einen personenbezogenen Anlass geben, wäre vielleicht ein milderes Mittel. Jedoch werden damit Alkoholfahrten durch Ersttäter gerade nicht

---

137 Zu den grundrechtlichen Erwägungen im Ganzen: *Frenz*, BA 2007, 144 (145 f., 148); *Klipp*, BA 2009, 190 (191); *Paul/Egbert*, NK 2019, 93 (100).

erfasst. Tatsächlich werden aber die meisten Alkoholunfälle gerade durch Ersttäter verursacht.[138]

Letztlich kommt es also auf die Angemessenheit der Maßnahme an. Die Wertigkeit, der durch den aufgezwungenen Einbau tangierten Grundrechte, muss zu der Gewichtigkeit des angestrebten Zwecks im Verhältnis stehen.

Bei der Frage nach der Angemessenheit ist insbesondere das Ausmaß der Gefahr zu beachten, die mit der infragestehenden Maßnahme vorgebeugt werden möchte. Vorliegend wird diese im Wesentlichen davon bestimmt, in welchem Ausmaß sich Menschen mit einer nicht mehr zulässigen Alkoholisierung ans Steuer setzen.

Wie bereits im ersten Kapitel aufgezeigt, haben Alkoholfahrten unter dem gesamten Verkehrsaufkommen ein geringes Gewicht. Zumal kann sich die Gefahr erst realisieren, wenn sich der Fahrer tatsächlich zu einer Alkoholfahrt entschließt. Dies zeigt u.a. eine statistische Erhebung[139] anhand von 20.000 Kraftfahrern, welche bei zufälligen Verkehrskontrollen auf eine Alkoholisierung getestet wurden. Dabei wurde festgestellt, dass lediglich 0,7- 0,8 % der getesteten Fahrer mit einer Blutalkoholkonzentration von über 0,5 ‰ am Verkehr teilgenommen haben. Die Gefahr, also das Auftreten von Trunkenheitsfahrten ist somit als noch überschaubar anzusehen.[140]

Der Grund für die überschaubare Alkoholdelinquenz im Straßenverkehr mag in der Reaktion des Gesetzgebers liegen. Denn die Alkoholfahrt – also die Gefahrenquelle an sich – ist gesetzlich verboten und wird ab einer Blutalkoholkonzentration von 0,3 bzw. 0,5 ‰ als Ordnungswidrigkeit oder Straftat verfolgt. Eine obligatorische Einführung der Zündsperre hätte zur Folge, dass alle Kraftfahrzeugführer verpflichtet werden, um nicht einmal 1 % aller Fahrer daran zu hindern, unter einer nicht mehr zulässigen Alkoholisierung am Straßenverkehr teilzunehmen.

Der Umstand, dass von einer hohen Dunkelziffer im Bereich der Alkoholfahrten auszugehen ist, rechtfertigt es nicht, den deutlich überwiegenden und rechtstreuen Teil der Gesellschaft unter Generalverdacht zu stellen. Neben

138 Zu den Erwägungen der Verhältnismäßigkeit: *Schöch*, BA 2005 Sup. I, 20 (21); *Frenz*, BA 2007, 144 (145 f.); *Klipp*, BA 2009, 190 (191); „Best Practice Alkohol-Interlock"-*Lagois/Velten*, S. 88.

139 Würzburger Roadside-Survey (1995).

140 *Schöch*, BA 2010, 340 (340 f.).

der tatsächlichen Einschränkung der Fahrzeugnutzung selbst, würde jeden Kraftfahrzeugführer auch eine erhebliche finanzielle Belastung treffen. Durch die Anschaffung, Installation und regelmäßige Wartung des Geräts entsteht in Anbetracht der geringen Anzahl an Gefährdern ein unzumutbarer Kostenaufwand. Dieser Aufwand stünde nicht proportional zu dem angestrebten Erfolg der Maßnahme. Für die überwiegende Mehrheit der rechtstreuen Fahrer wäre diese Belastung unzumutbar. Die Angemessenheit ist deshalb angesichts des intensiven Grundrechtseingriffs abzulehnen.[141]

Das Aufkommen alkoholisierter Verkehrsteilnahmen unter den Berufskraftfahrern liegt sogar noch niedriger. Untersuchungen zur Folge beläuft sich die Anzahl an alkoholbedingten Unfällen bei LKWs mit 3,5 t jährlich auf 600. Das Missverhältnis würde sich im Falle dieser Spezifizierung (Ausrüstungspflicht für alle Berufskraftfahrer) also noch drastischer darstellen. Trotz ihrer Geeignetheit würde die gegenständliche Implementierung in einem verfassungsrechtlich unzumutbaren Missverhältnis zur Größe und Dringlichkeit der Gefahr stehen. Die Wertigkeit der durch den Eingriff tangierten Grundrechte überwiegt also. Dies entspricht auch der internationalen Praxis. Bislang hat weltweit noch kein Staat die Zündsperre zwingend für alle Kraftfahrzeuge vorgeschrieben.[142]

bb. Ergebnis und Empfehlung

Ein primärpräventiver Einsatz des *Alkohol-Interlocks* würde einer verfassungsrechtlichen Kontrolle nicht standhalten. Die verfassungsrechtlichen Zweifel betreffen neben dem unbeschränkten Einsatz auch die spezifische Verpflichtung von Berufskraftfahrern oder Fahrzeugherstellern. Die Realisierbarkeit des primärpräventiven Anwendungsbereichs ist daher abzulehnen. Dem Gesetzgeber ist von einer generalisierenden Implementierung aufgrund verfassungsrechtlicher Bedenken abzuraten.

3. Sekundärpräventive Ausrüstungspflicht

Eine sekundärpräventive Ausrüstung für alkoholauffällige Kraftfahrzeugführer würde auf der Tatbestandsebene eine bedürfnisorientierte Vorselektion

---

141 *Frenz,* BA 2007, 144 (146).

142 Zum verfassungsrechtlichen Missverhältnis: *Schöch,* BA 2005 Sup. I, 20 (21); *Klipp,* BA 2009, 190 (191); *Paul/Egbert,* NK 2019, 93 (100).

bedeuten. Im Gegensatz zu einer generalisierenden Primärprävention ist dabei der konkrete Einzelfall maßgeblich.

Die für den AI infrage stehenden Fahrzeugführer werden aufgrund einer nachgewiesenen Alkoholauffälligkeit im Straßenverkehr ausgewählt. Diese Alkoholauffälligkeit ist Ausdruck eines änderungsbedürftigen Verhaltens und rechtfertigt eine rehabilitative Interventionsmaßnahme. Die tatsächliche Anordnung der Installation kann bereits bei der gerichtlichen Feststellung der Alkoholauffälligkeit durch den erkennenden Richter erfolgen. Diese wäre zum Beispiel bei einem strafrechtlichen Fahrerlaubnisentzug oder Fahrverbot denkbar. Im Falle einer behördlichen Entscheidung kann die Anordnung durch den zuständigen Sachbearbeiter der Fahrerlaubnisbehörde – nach Kenntniserlangung – erfolgen. Die Wegfahrsperre könnte insofern zum Beispiel statt einem verwaltungsrechtlichen Fahrerlaubnisentzug angeordnet werden.[143]

a. Ausrichtung

Abstrakt lassen sich mit dem *Alkohol-Interlock* als sekundärpräventives Werkzeug unterschiedliche Einwirkungen auf den Betroffenen realisieren. Vor allem durch die Verbindlichkeit der Anordnung ergeben sich unterschiedliche Ausrichtungen innerhalb der Sekundärprävention.

aa. Negative Spezialprävention

Als stärkste Eingriffsform zu Lasten des Betroffenen könnte der AI als reine Kontroll- bzw. Sanktionsmaßnahme *neben* oder *statt* den bestehenden Sanktionsmöglichkeiten fungieren.

Der Interlock würde sozusagen die *Antwort* auf eine alkoholisierte Verkehrsteilnahme darstellen. Ähnlich wie bei einem straf- oder ordnungswidrigkeitsrechtlichen Fahrverbot könnte die damit verfolgte Warn- bzw. Denkzettelfunktion im Vordergrund stehen. Der Betroffene wird so von einer erneuten Alkoholfahrt abgeschreckt oder sogar daran gehindert. Dadurch kann die Sicherung des Täters gewährleistet werden, indem eine Wiederholung der Trunkenheitsfahrt verhindert wird.

---

[143] Vgl. dazu im Ganzen: „Best Practice Alkohol-Interlock"-*Lagois/Velten*, S. 59; *Lagois/Sohège*, BA 2003, 199 (205); *Seidl/Feustel-Seidl*, BA 2019, 1 (3).

Die damit verfolgte Einwirkung auf den Delinquenten lässt sich als *negative Spezialprävention* beschrieben.[144]

bb. Positive Spezialprävention

Auf der anderen Seite könnte der *Alkohol-Interlock* der Rehabilitation des Delinquenten zugutekommen. Dabei wird die Reintegration in den Straßenverkehr und die individuelle Besserung des betroffenen Verkehrsteilnehmers gefördert. Der Betroffene erhält somit die Möglichkeit, sich unter gesicherten Bedingungen im Straßenverkehr zu bewähren. Denkbar wäre, dass der AI als milderes Mittel im Falle eines drohenden strafrechtlichen bzw. verwaltungsrechtlichen Fahrerlaubnisentzugs angeordnet wird. Auch in einem Verfahren über die Erteilung einer Fahrerlaubnis vermag die alkoholsensitive Wegfahrsperre Bedeutung zu erlangen.

Aufgrund der festgestellten Alkoholauffälligkeit könnte sich der Delinquent für die Teilnahme an einer Alkoholpräventionsmaßnahme mit *Alkohol-Interlock* qualifizieren. Dabei wäre neben einer verpflichtenden Anordnung durch das Gericht oder die Behörde auch eine freiwillige Teilnahme denkbar. Das erfolgreiche Abschließen der Interventionsmaßnahme würde sich dann positiv auf die Wiedererlangung oder den weiteren Erhalt der Fahrerlaubnis auswirken. Begünstigungen wären hierbei in unterschiedlichen Konstellationen und Ausformungen denkbar. Zum Beispiel ist zu prüfen, ob ein mit einem AI ausgestattetes Kfz eine bestimmte Art von Kraftfahrzeug gemäß § 69a II StGB darstellt und von der Sperrfrist ausgenommen werden könnte. Somit wäre es dem Täter möglich, während der Sperrfrist zumindest beschränkt am Straßenverkehr teilzunehmen. Möglicherweise begründet die Teilnahme an einer Intervention mit Wegfahrsperre auch die vorzeitige Aufhebung einer verhängten Sperrfrist. Die Programmteilnahme könnte sich ebenso positiv auf die Wiederherstellung der Fahreignung auswirken oder zu einem Punkteabbau im Fahreignungsregister führen.

Die rehabilitative Ausrichtung der Maßnahme kann als *positive Spezialprävention* bezeichnet werden.[145]

---

144 Vgl. dazu im Ganzen: *Graw*, NZV 2019, 15 (16); *Lohkamp*, BA 2003, 208 (208 f.); *Paul/Egbert*, NK 2019, 93 (97); *BGH*, NStZ 2004, 144 (146); B/B-*Niehaus*, 16. B. Rn. 8 ff.

145 Zur positiven Spezialprävention: *Müller/Rebler/Gehlert*, „Rechtsgutachten", S. 15; *Seidl/Feustel-Seidl*, BA 2019, 1 (3, 9 f. und 13 f.); *Paul/Egbert*, NK 2019, 93 (97). „Best Practice Alkohol-Interlock"-*Lagois/Velten*, S. 59; *Evers*, BA 2007, 154 (154).

b. Ergebnis

In den folgenden Kapiteln gilt es, den wohl vielversprechenden *sekundärpräventiven* Anwendungsbereich näher zu untersuchen. Dafür werden im nächsten Kapitel internationale Erfahrungswerte herangezogen und bewertet.

Funktions- und Wirkweise

Dieses Kapitel befasst sich zuerst mit der technischen Funktionsweise des *Alkohol-Interlocks*. Sodann unterfüttern internationale Erfahrungsberichte die Wirksamkeit der alkoholsensitiven Wegfahrsperre. Dabei wird die Notwendigkeit einer verkehrspsychologischen Einbettung des AI anhand einschlägiger Statistiken verdeutlicht. Zuletzt setzt sich die europäische Studie „Alcolock Field Trial" mit der Praktikabilität und Akzeptanz des Geräts auseinander.[146]

A. Die technische Funktionsweise

Im Mittelpunkt steht der technische Ablauf zur sicheren Bestimmung der Atemalkoholkonzentration durch den *Alkohol-Interlock*. Dabei wird auf die zuverlässige Blockierung des Startvorgangs bei einer nicht mehr zulässigen Alkoholkonzentration eingegangen. Im Anschluss werden Fragestellungen der Installation, der praktischen Anwendung, sowie Manipulations- bzw. Umgehungsmöglichkeiten behandelt.

I. Analyse der Atemalkoholkonzentration

Vor jedem Fahrantritt muss der Betroffene zum Starten des Motors eine Atemprobe in das Handgerät des AI abgeben. Auf dem Display des Handgeräts erscheint nach Einschalten der Zündung eine Aufforderung zur Abgabe der Atemprobe. Je nach Alkoholkonzentration der analysierten Atemluft

[146] Zum europäischen Pilotversuch: *Evers*, BA 2007, 14 (14 ff.).

schaltet das zentrale Steuergerät die Stromzufuhr zum Anlasser frei oder blockiert diese. Ein Startvorgang des Motors und eine Verkehrsteilnahme ohne vorherige Atemalkoholmessung oder bei Vorliegen eines positiven Messergebnisses ist nicht möglich.[147]

1. Technische Entwicklung

Zur Analyse der Alkoholkonzentration in der Atemluft wurden im Laufe der Zeit zwei unterschiedliche Messverfahren entwickelt.

Anfänglich basierte die Atemalkoholanalyse des *Alkohol-Interlocks* auf einer Halbleitertechnik (sog. Tagucci-Zelle). Die Halbleitertechnik verfügte jedoch über zwei wesentliche Nachteile, wodurch sich eine erhöhte Anfälligkeit gegenüber Störeinflüssen und eine unzureichende Langzeit-Stabilität abzeichnete. So waren die verbauten Halbleitersensoren in ihrer Empfindlichkeit nicht nur auf Alkohol selektiv. Dadurch führten auch Zigarettenrauch, Abgase etc. zu einem positiven Messergebnis und zu einem Blockieren des Motors. Überdies bedurfte es einer stetigen – monatlichen – Neukalibrierung der Halbleitersensoren. Daraufhin wurde diese Technik mit den Jahren durch eine effizientere Sensortechnik verdrängt. Der Halbleitertechnik zugutezuhalten sind die niedriger anfallenden Kosten und die höhere Messgenauigkeit bei Temperaturschwankungen.[148]

2. Elektrochemische Sensorik

Die aktuell fast ausschließlich verwendete Technik entspricht den wohl bekannten Atemalkoholmessgeräten der Polizei, welche üblicherweise bei Verkehrskontrollen zum Einsatz kommen. Die Erfassung und Analyse der Atemluft erfolgt in beiden Fällen mittels elektrochemischer Sensorik nach dem Brennstoffzellenprinzip.

Gibt der betroffene Fahrer eine ordnungsgemäße Atemprobe ab, so wird diese in einem genau festgelegten Volumen (ca. 1 cm3) zu dem elektrochemischen Sensor transportiert. Dieser Sensor verfügt über eine Messelektrode und einer Gegenelektrode. Zwischen den Elektroden befindet sich eine

---

147 Vgl. dazu im Ganzen: *Bartelt-Lehrfeld*, BA 2019, 105 (105); *Reimann/Schubert*, DAR 2016, 16 (17); „Best Practice Alkohol-Interlock“-*Lagois/Velten*, S. 47.

148 Zur Halbleitertechnik im Ganzen u.a.: *Lagois/Sohège*, BA 2003, 199 (201 f.); *Evers*, BA 2003, 20 (26); *Sperhake/Tsokos/Püschel*, BA 1998, 344 (344); *Graw*, NZV 2019, 15 (15).

gewisse Menge an Elektrolyten. Dort reagiert, genauer gesprochen oxidiert, der zu analysierende Alkohol (Ethanol) elektrochemisch an der Katalysatorschicht des Sensors. Die Katalysatorschicht wurde dabei so konzipiert, dass bei der Reaktion Elektronen freigesetzt werden, die anschließend als Strom in die Geräteelektronik des Messsystems fließen.

Sodann kommt es zur Analyse der bei der Reaktion erzeugten Elektronen. Dabei wird die gesamte elektrische Ladung ausgewertet, welche bei der elektrochemischen Reaktion umgesetzt wurde. Die Analyse selbst erfolgt durch eine zeitliche Integration des erzeugten Sensorstroms (sog. Coulometrie). Dabei wird der Stromfluss in ein zeitliches Verhältnis gesetzt. Diese Art der Evaluation hat den Vorteil, dass sie unabhängig von der Reaktionsgeschwindigkeit funktioniert, welche sich aufgrund von Alterungsprozessen verändern kann. Für eine ordnungsgemäße Analyse ist daher lediglich die absolute Menge an Alkoholmolekülen in der Atemluft ausschlaggebend.[149]

Das verwendete Messsystem verfügt dadurch über eine besondere Langzeitstabilität, sodass eine bloß halbjährliche Neukalibrierung ausreichend ist. Damit falsche – positiv – Meldungen verhindert werden, reagiert der elektrochemische Sensor sehr spezifisch nur auf Alkohol. Ähnliche Stoffe, wie zum Beispiel Aceton, können das Messergebnis somit nicht beeinträchtigen. Aceton kann u.a. in der Atemluft von Diabetikern nachgewiesen werden.[150]

Im Ergebnis besteht durch den *Alkohol-Interlock* eine zuverlässige Technik zur rechtssicheren Erfassung einer verkehrsmedizinisch relevanten Alkoholisierung.[151]

II. Atemvolumen

Die Abgabe der Atemprobe in einem bestimmten Volumen ist für die erfolgreiche Bestimmung der Atemalkoholkonzentration von wesentlicher Bedeutung.

Um das exakte Volumen gewährleisten zu können, wertet ein Drucksensor das abgegebene Atemvolumen aus. Dafür wird anhand des Atemstroms ein Staudruck gebildet. Durch das Erlöschen eines Symbols auf dem Display

---

149 Zur Atemanalyse mittels elektrochemischer Sensorik: „Best Practice Alkohol-Interlock“-*Lagois/Velten*, S. 48 f.; *Lagois/Sohège*, BA 2003, 199 (200 f.).

150 „Best Practice Alkohol-Interlock“-*Lagois/Velten*, S. 49; *Evers*, BA 2003, 20 (26).

151 *Gilg/Hutzler/Tourneur/Eisenmenger*, BA 1998, 331 (337).

des Handgeräts bekommt der Anwender Rückmeldung darüber, ob eine ausreichende Menge an Atemluft in das Gerät abgegeben wurde. Kommt es nicht zur Abgabe des erforderlichen Atemvolumens, ist der Atemstrom des Anwenders also nicht ausreichend, bricht das Messgerät die Messung ab. Der Test muss im Anschluss wiederholt werden. Das geforderte Mindestvolumen an Atemluft garantiert darüber hinaus, dass es nur zur Analyse von tiefer Lungenluft kommt. Denn erst diese lässt einen Rückschluss von der Alkoholkonzentration der Probe auf die Konzentration im Kapillarblut des Anwenders zu.[152]

Das erforderliche Atemvolumen kann daher für Personen mit eingeschränkter Lungenfunktion problematisch sein. Die Abklärung bzw. Untersuchung durch einen Arzt erscheint deshalb vor Beginn der Intervention sinnvoll.[153]

III. Einbau und Programmierung

Damit die Wegfahrsperre in beabsichtigter Weise funktioniert, muss ein ordnungsgemäßer Einbau eingehalten werden. Sodann lassen sich gewisse Voreinstellungen durch die Programmierung vornehmen.

1. Einbau

Das Steuergerät wird unter dem Armaturenbrett des auszurüstenden Fahrzeugs installiert.

Für den Einbau wird die Spannungsversorgung zwischen dem Zündschalter und dem Anlassersystem unterbrochen. In die unterbrochene Leitung wird sodann das Steuergerät integriert. Dieses gibt die notwendige Spannungsversorgung zum Starten des Motors erst frei, wenn eine Atemprobe abgegeben wurde, die eine noch zulässige Atemalkoholkonzentration enthält. Diese Art der Installation gewährleistet, dass die installierte Wegfahrsperre ausschließlich in den Zündvorgang des Motors eingreifen kann, es jedoch niemals zu einer Beeinflussung des laufenden Motors während der Fahrt kommt. Das verbaute Messsystem verfügt zudem über eine Verbindung zur Lichtmaschine des Kraftfahrzeugs. Diese ermöglicht die Feststellung, insbesondere bei den

---

[152] Vgl. dazu im Ganzen: *Lagois/Sohège*, BA 2003, 199 (200 und 202); *Sperhake/Tsokos/Püschel*, BA 1998, 344 (344).

[153] *Evers*, BA 2003, 20 (26).

Wiederholungstests während der Fahrt, ob der Betroffene die Atemproben bei laufendem oder abgestelltem Motor abgegeben hat.[154]

Gemäß der allgemeinen Betriebserlaubnis darf die Installation des Geräts nur von einem autorisierten Fachbetrieb durchgeführt werden. Der Einbau bedarf sodann der Abnahme durch eine technische Prüfstelle für den Kraftfahrzeugverkehr.[155]

2. Programmierung

Neben weiteren Parametern, wie den Wiederholungstests und den Service-Intervallen, ist vor allem der Alkoholgrenzwert – ab dem der Motor nicht mehr startet – bei der Einstellung des Geräts von Bedeutung.[156]

Die noch zulässige Atemalkoholkonzentration wird im Vorhinein durch die Programmierung festgelegt. Je nach Einsatzgebiet liegt der Grenzwert sodann zwischen 0,0 ‰ und dem gesetzlich noch zulässigen Atemalkoholwert. Dabei kann die Anzeige der Testergebnisse mit der jeweils gemessenen Alkoholkonzentration oder mit „OK“ bzw. „Nicht OK“ konfiguriert werden. Durch die zweite Einstellung lässt sich ein „Herantasten“ an die gerade noch zulässige Alkoholisierung verhindern.[157]

IV. Wiederstartperiode

Dem Fahrer eines ausgerüsteten Fahrzeugs wird gewährleistet, dass sich der Motor unter gewissen Umständen auch ohne erneute Atemanalyse starten lässt. Die Zeitspanne, während diese Möglichkeit besteht, wird als Wiederstartperiode bezeichnet. Dieses Zeitfenster ist besonders aus Gründen der Verkehrssicherheit geboten.

Bei einem nur kurzfristigen Abstellen des Motors hat der Fahrer die Möglichkeit, das Fahrzeug ausnahmsweise auch ohne erneute Atemprobe wieder zu starten. Die Wiederstartperiode besteht also in Situationen, in denen der

---

[154] Vgl. dazu im Ganzen: *Lagois/Sohège*, BA 2003, 199 (202); „Best Practice Alkohol-Interlock“-*Lagois/Velten*, S. 49.

[155] Weiterführend: *Sperhake/Tsokos/Püschel*, BA 1998, 344 (344 ff.); *Gilg/Hutzler/Tourneur/Eisenmenger*, BA 1998, 331 (334); *Patermann/Reimann/Schubert*, DAR 2019, 11 (12).

[156] Zur Programmierung der Wegfahrsperre: *BASt Bericht*, „Alkohol-Interlocks für alkoholauffällige Kraftfahrer“, S. 20.

[157] *Lagois/Sohège*, BA 2003, 199 (203); „Best Practice Alkohol-Interlock“-*Lagois/Velten*, S. 50.

Fahrer das Fahrzeug abstellt, es jedoch unverzüglich wieder starten möchte. Dadurch können z.B. Fälle eines Abwürgens, Staus oder eines verkehrsbedingten Halts (wie an Ampeln oder Bahnübergängen) berücksichtigt werden. Durch die Wiederstartperiode kommt es in diesen Situationen nicht zu einer sicherheitsbeeinträchtigenden Zeitverzögerung bei der Verkehrsbewältigung. Das Kraftfahrt-Bundesamt und die europäischen Normen EN 50436-1 (2005) und EN 50436-2 (2007) für *Alkohol-Interlocks* legen fest, dass diese Wiederstartperiode mindestens eine Minute betragen muss.[158]

V. Wiederholungstests während der Fahrt

Um die Fahrtauglichkeit des betroffenen Fahrers auch während der Inbetriebnahme des Kraftfahrzeugs garantieren zu können, verlangt die Wegfahrsperre in zufälligen Zeitintervallen die Abgabe weiterer Atemproben.[159]

1. Durchführung

Während der Fahrt wird der Fahrer durch ein akustisches oder visuelles Signal auf dem Display des Handgeräts zur Abgabe einer erneuten Atemprobe aufgefordert.

Nach der Aufforderung wird dem Fahrer ein gewisses Zeitfenster für die Durchführung der Atemprobe gewährt, damit die Bedienung des Geräts ohne Interferenz mit der Bewältigung des Straßenverkehrs erfolgen kann. Grundsätzlich empfiehlt sich für die Durchführung der Wiederholungstests eine Platzierung des Handgeräts in unmittelbarer Nähe des Fahrers. Dadurch kann der Fahrer das Gerät mit nur einer Hand bedienen, ohne dabei den Blick vom Verkehrsgeschehen abwenden zu müssen. So wird sichergestellt, dass die Abgabe der Atemprobe ohne visuelle Ablenkung bzw. Beeinträchtigung der Fahrsicherheit erfolgt. Der *Alkohol-Interlock* lässt sich somit auch während der Fahrt einfach handhaben. Gemäß § 23 Abs. 1b Nr. 2 StVO ist die Benutzung eines AIs während der Fahrt ausdrücklich erlaubt.[160]

---

[158] Zur Wiederstartperiode im Ganzen: „Best Practice Alkohol-Interlock"-*Lagois/Velten*, S. 53 f.; *Lagois/Sohège*, BA 2003, 199 (204).

[159] *Sperhake/Tsokos/Püschel*, BA 1998, 344 (344).

[160] Zur Durchführung der Wiederholungstests: *Gilg/Hutzler/Tourneur/Eisenmenger*, BA 1998, 331 (334); *Evers*, BA 2003, 20 (27 f.); *Bartelt-Lehrfeld*, BA 2019, 105 (107).

2. Verweigerung/Negatives Testergebnis

Bei der Verweigerung der Atemprobe oder der Absolvierung mit einem positiven Messergebnis kommt es aus Sicherheitsgründen nicht zu einem Eingreifen in den laufenden Motor. Auch die Motorleistung wird durch die Wegfahrsperre nicht gedrosselt.[161] Der Fahrer erhält jedoch sofort akustische und optische Warnsignale durch das Gerät. Die kontinuierliche Steigerung der Lautstärke des Signaltons soll den Fahrer zum Folgeleisten oder Anhalten bewegen. Um andere Verkehrsteilnehmer auf den Trunkenheitsfahrer aufmerksam zu machen, könnten zudem auch Licht und Hupe aktiviert werden.[162]

Der Fehlversuch wird zudem im Datenspeicher registriert. Die Zündsperre selbst wird erst nach Abschalten des Motors – bei einem neuen Startversuch – aktiviert. Durch die Programmierung kann auch eine Frist (z.B. drei bis fünf Tage) gewährt werden, in der sich der Fahrer zu einer Servicewerkstatt begeben muss. Lässt der Fahrer diese Frist erfolglos verstreichen, wird die Zündsperre tatsächlich aktiviert. Nach Aktivierung der Wegfahrsperre, lässt sich das Fahrzeug auch nicht mehr durch eine erfolgreiche Atemprobe starten. Die Sperre kann nur von einer autorisierten Servicewerkstatt wieder aufgehoben werden, indem der Datenspeicher ausgelesen und das System zurückgesetzt wird. Das Auslesen des integrierten Datenspeichers erfolgt dabei mit Hilfe einer Infrarot und Bluetooth-Schnittstelle.[163]

VI. Einfluss von Restalkohol

Bei der Interlock-Nutzung kann ein enger zeitlicher Zusammenhang zwischen Alkoholkonsum und der Atemalkoholmessung problematisch sein. Aufgrund von Restalkohol im Mund oder Rachenbereich kommt es möglicherweise zu einem falschen – positiven – Messergebnis. In der Folge lässt

---

161 Vgl. dazu: *Evers,* BA 2003, 20 (26 f.); *Bartelt-Lehrfeld,* BA 2019, 105 (107 f.).

162 Vgl. dazu: *BASt Bericht,* „Alkohol-Interlocks für alkoholauffällige Kraftfahrer“, S. 40; „Best Practice Alkohol-Interlock“-*Lagois/Velten,* S. 53; *Bartelt-Lehrfeld,* BA 2019, 105 (108).

163 Zur Aktivierung der Zündsperre im Ganzen: *Bartelt-Lehrfeld,* BA 2019, 105 (105); *Gilg/Hutzler/Tourneur/Eisenmenger,* BA 1998, 331 (333); *Sperhake/Tsokos/Püschel,* BA 1998, 344 (346); *Graw,* NZV 2019, 15 (15); *BASt Bericht,* „Alkohol-Interlocks für alkoholauffällige Kraftfahrer“, S. 17; *Evers,* BA 2003, 20 (27).

sich das Kraftfahrzeug nicht starten, obwohl der Fahrer nicht über eine unzulässige Alkoholisierung verfügt.

Nach dem Ablauf einer einstellbaren Sperrfrist (z.B. nach fünf Minuten) kann in diesen Fällen eine erneute Atemprobe abgegeben werden. Durch Verstreichen der Wartezeit wird gewährleistet, dass besagte Restsubstanzen aus Mund oder Rachenraum entfernt wurden und es damit nicht mehr zu einer Einwirkung auf das Messverfahren kommt. Während dieser Wartezeit ist jedoch zu beachten, dass der Fahrer nicht rauchen oder sonst irgendetwas oral aufnehmen darf.[164]

VII. Manipulationssicherheit

Für einen *Alkohol-Interlock*-Einsatz ist es unerlässlich, dass eine alkoholisierte Verkehrsteilnahme durch den betroffenen Fahrer zuverlässig und technisch sicher verhindert werden kann. Hierbei sind insbesondere technische Umgehungs- bzw. Manipulationsmöglichkeiten zu untersuchen, die es dem Fahrer ermöglichen, trotz Alkoholisierung das ausgestattete Fahrzeug zu starten und am Verkehr teilzunehmen. Weiter muss sich dem gewichtigen Problem der Benutzung eines anderen, nicht ausgerüsteten Fahrzeugs angenommen werden.

1. Personentausch beim Initial- oder Wiederholungstest

a. Problemdarstellung

Es liegt nahe, dass die erforderliche Atemabgabe zum Starten des Motors (Initialtest[165]) durch eine andere Person als den betroffenen Fahrer selbst erfolgen könnte. Denkbar wäre, dass ein Bei- bzw. Mitfahrer oder gar ein außenstehender Passant die Atemprobe abgibt. Ist die Zündung erstmal freigeschaltet, wäre es einem alkoholisierten Fahrzeugführer möglich, das Fahrzeug trotz *Alkohol-Interlock* zu starten und anschließend am Straßenverkehr teilzunehmen. Kommt es zur Aufforderung, einen Wiederholungstest durchzuführen, so könnte dieser von dem Fahrer einfach ignoriert werden.

---

164 Zum Einfluss von Restalkohol: *Lagois/Sohège*, BA 2003, 199 (202); „Best Practice Alkohol-Interlock"-*Lagois/Velten*, S. 52.

165 *Kosellek*, BA 2007, 291 (292).

Denkbar wäre auch, dass ein Bei- oder Mitfahrer für den eigentlichen Fahrer die erforderliche Atemprobe abgibt.[166]

b. Lösungsansatz

Solchen Möglichkeiten zur Umgehung der Zündsperre wird durch verschiedene technische Lösungsansätze entgegengetreten.

aa. Atemtechnik

Zum einen wird an die Abgabe der Atemprobe selbst angesetzt. Die Abgabe einer ordnungsgemäßen Atemprobe bedarf einer gewissen Übung, da der *Alkohol-Interlock* die Einhaltung einer bestimmten Atemtechnik verlangt. Je nach Hersteller muss der Anwender eine spezielle „Pustetechnik" bestehend aus einem Saug-Blasmuster einhalten oder während der Atemabgabe einen Summton („hum-tone") erzeugen. Dieses Erfordernis soll außenstehende Personen, die nicht mit dem Gerät vertraut sind, von der Benutzung ausschließen. Kleinkinder scheitern bereits an dem geforderten Mindestblasvolumen der Atemprobe.[167]

bb. Wiederholungstest

Auch die Wiederholungstests nach der Zündung des Motors stellen einen gewissen Umgehungsschutz dar.[168]

(1) Umgehung des Initialtests

Zum einen wird durch die Wiederholungstests einem Alkoholkonsum während der Fahrt vorgebeugt. Zum anderen werden aber auch die Fälle erfasst, in denen der Fahrer bereits bei Fahrantritt alkoholisiert ist und eine dritte Person, welche selbst nicht mitfährt, zur Absolvierung des Initialtests heranzieht.

Mithilfe eines Passanten z.B. kann das ausgerüstete Fahrzeug gestartet werden, obwohl der Fahrzeugführer über eine nicht mehr zulässige Alkoholisierung verfügt. Der alkoholisierte Fahrer kann daraufhin trotz installierter Wegfahrsperre am Verkehr teilnehmen. Kommt es nun jedoch zu einem

---

166 *BASt Bericht*, „Alkohol-Interlocks für alkoholauffällige Kraftfahrer", S. 21.

167 Zur Atemtechnik: *BASt Bericht*, „Alkohol-Interlocks für alkoholauffällige Kraftfahrer", S. 17 und 36; *Evers*, BA 2003, 20 (26).

168 *Evers*, BA 2003, 20 (26); „Best Practice Alkohol-Interlock"-*Lagois/Velten*, S. 54 f.

Wiederholungstest während der Fahrt, wird ein positives Messergebnis erfasst oder aber der Fahrer verweigert die Atemprobe im Wissen seiner nicht mehr zulässigen Alkoholisierung. In beiden Fällen kommt es zu einer Registrierung im Datenspeicher und zur Aktivierung der Zündsperre.

Die drohende Entdeckung und die einhergehenden Konsequenzen halten den Adressaten zumindest davon ab, dass er eine fremde Atemprobe zum Starten des Motors heranzieht und anschließend alkoholisiert am Straßenverkehr teilnimmt. Es empfiehlt sich deshalb ein baldiger Wiederholungstest nach Fahrantritt. Allgemein wird eine Aufforderung zur erneuten Atemprobe 5–10 Minuten nach dem Initialtest empfohlen.[169]

(2) Umgehung des Wiederholungstests

Zur Umgehung der Wiederholungstests selbst müsste eine zusätzliche – nüchterne – Person mitfahren.

Letztlich ist es wohl angesichts der erheblichen Selbstgefährdung ausgesprochen unwahrscheinlich, dass eine nüchterne Person sich wissentlich in das Fahrzeug eines Alkoholisierten setzt und für diesen die erforderliche Atemprobe zur Trunkenheitsfahrt abgibt. Ein solches Verhalten ist darüber hinaus als strafbare Beihilfe (§ 27 StGB) zur Trunkenheitsfahrt zu bewerten, sofern der Fahrer fahrunsicher i.S.d. StGB ist.[170] Dem beschriebenen Fall ist daher in der Praxis eine untergeordnete Rolle zuzuschreiben. Problematisch bleiben jedoch nach wie vor die Fälle, in denen der Fahrer die Aufforderung zur erneuten Atemprobe ignoriert und so ungehindert weitere Kilometer im alkoholisierten Zustand zurücklegen kann.

In diesem Fall bewirkt der *Alkohol-Interlock* keine zuverlässige Verhinderung einer Verkehrsteilnahme unter dem Einfluss von Alkohol.[171]

---

169 Zur Empfehlung vgl. *BASt Bericht*, „Alkohol-Interlocks für alkoholauffällige Kraftfahrer", S. 36.

170 Verstößt der Fahrer gegen den 0,5 ‰-Grenzwert des § 24a StVG, erfüllt der Beifahrer den Tatbestand der Beteiligung gemäß § 14 OWiG (dazu: KaKoOWiG-*Rengier*, § 14 Rn. 56 ff. und 63).

171 Vgl. dazu im Ganzen: *BASt Bericht*, „Alkohol-Interlocks für alkoholauffällige Kraftfahrer", S. 38; *Bartelt-Lehrfeld*, BA 2019, 105 (107); *Lagois/Sohège*, BA 2003, 199 (206).

cc. *Fahreridentifizierung*

Zum anderen wird vermehrt an eine moderne Technik zur Fahreridentifizierung angeknüpft, welche sowohl beim Initialtest als auch bei den Wiederholungstests zur Geltung kommt.

(1) Gesichtserkennung

Zeitgemäße *Alkohol-Interlock*-Geräte können im Fahrzeuginneren mit einer Kamera kombiniert werden. Diese verfügt über eine Technik zur Gesichtserkennung des Fahrers.

Hierdurch kann die Frage geklärt werden, ob die Person, die die Atemprobe abgegeben hat, auch die Person ist, die das Fahrzeug führt. Das Bildmaterial lässt insoweit erkennen, ob die analysierte Atemprobe vom Fahrersitz aus abgegeben wurde. Insbesondere die Umgehung der Wiederholungstests durch einen nüchternen Beifahrer wird somit transparent und sanktionierbar. Zur Nachvollziehbarkeit und Zuordnung des Test- und auch Manipulationsverhaltens ist die Kamera mit dem integrierten Datenspeicher der Wegfahrsperre verbunden. Während der Fahrt gleicht die Kamera den Führer des Fahrzeugs mit der Person ab, die die Atemprobe zum Starten des Kraftfahrzeugs abgegeben hat. Kommt es zu einem Wiederholungstest, werden Bilder zur Identifizierung aufgenommen, welche vorerst in einem flüchtigen Speicher abgelegt werden. Registriert die Kamera Unregelmäßigkeiten, die einen Personenwechsel oder eine Alkoholisierung des Fahrers vermuten lassen, kommt es zu einer dauerhaften Speicherung. Gerade die Umgehung des Initialtests mithilfe einer dritten Person kann dadurch entdeckt werden.[172]

Gleichwohl vermag der Bildabgleich ein Manipulationsverhalten zwar zu registrieren, jedoch schlussendlich nicht zu unterbinden. Der Einsatz einer Kamera kann aber zumindest dazu führen, dass sich die Interlock-Nutzer beobachtet fühlen und Manipulationsversuche generell dadurch weiter eingeschränkt werden. Registriertes Manipulationsverhalten sollte außerdem zu weiteren Konsequenzen führen, welche ebenfalls eine abschreckende Wirkung auf die Betroffenen entfalten.[173]

---

172 Zur Gesichtserkennung im Ganzen: *Bartelt-Lehrfeld*, BA 2019, 105 (108); *Paterman/Reimann/Schubert*, DAR 2019, 11 (12); *BASt Bericht*, „Alkohol-Interlocks für alkoholauffällige Kraftfahrer“, S. 38.

173 *BASt Bericht*, „Alkohol-Interlocks für alkoholauffällige Kraftfahrer“, S. 39.

Es ist zu beachten, dass durch die Installation einer Kamera auch andere Nutzer des Fahrzeugs, die nicht an der Intervention teilnehmen, erfasst und gespeichert werden.[174] Diesen Umstand gilt es vor allem datenschutzrechtlich zu beachten. Auf der anderen Seite können andere, weniger eingreifende Methoden zur Identifizierung, wie z.B. ein Fingerabdruck oder Iris-Scan, keine vergleichbaren Informationen liefern. In diesen Fällen kann der Test trotzdem unerkannt von einer anderen Person abgegeben werden.[175]

(2) Live-Überwachung

Um zeitnah auf Auffälligkeiten während der Fahrt reagieren zu können, wird über eine sofortige Meldung an die Ordnungsbehörden oder an eine geeignete Zentrale nachgedacht.

Wird ein Verstoß durch den Interlock-Nutzer von dem Gerät erkannt und gespeichert, könnte diese Information zeitgleich per Mobilfunk an einen Datenmanagementserver übertragen werden. Die zu übertragenden Daten würden Informationen über die Alkoholwerte der Testergebnisse, die Verweigerung eines Tests oder einen Personenwechsel enthalten. Der Informationsaustausch ermöglicht auch eine GPS-Ortung in Echtzeit. Aufgrund der Ortung wäre sodann bei akuter Gefahr für den Straßenverkehr ein schnelles Eingreifen durch die überwachenden Institutionen denkbar. Vergleichbare Ansätze lassen sich bereits im primärpräventiven Bereich beobachten.

Sogenannte Flottenmanagement-Systeme ermöglichen dem Arbeitgeber eine Live-Auskunft über den Standort, Kraftstoffverbrauch, Fahrweise und Route seiner Fahrzeuge. Ob solche gravierenden – grundrechtlich fragwürdigen – Maßnahmen jedoch erfolgversprechend sind, muss ohnehin zunächst durch Modellversuche evaluiert werden.[176]

---

174 Dazu später in Kap. 6 C. IV. 2.

175 Vgl. dazu im Ganzen: *BASt Bericht*, „Alkohol-Interlocks für alkoholauffällige Kraftfahrer“, S. 38 und 41; *Bartelt-Lehrfeld*, BA 2019, 105 (108); *Paul/Egbert*, NK 2019, 93 (101).

176 Zur Live-Überwachung im Ganzen: *BASt Bericht*, „Alkohol-Interlocks für alkoholauffällige Kraftfahrer“, S. 40; *Paterman/Reimann/Schubert*, DAR 2019, 11 (12); *Marques*, BA 2003, 177 (194 f.); *Seidl/Feustel-Seidl*, BA 2019, 1 (2); *Bartelt-Lehrfeld*, BA 2019, 105 (108).

2. Das Verwenden nicht-menschlicher oder aufbewahrter Luft

a. Problemdarstellung

Der Fahrer könnte zur Absolvierung der Atemalkoholmessungen eine Luftpumpe, technisch aufbereitete oder aufbewahrte Luft verwenden. Das daraufhin – fälschlicherweise – ausgestellte negative Testergebnis würde eine alkoholisierte Verkehrsteilnahme trotz installiertem *Alkohol-Interlock* ermöglichen.[177]

b. Lösungsansatz

Die Voraussetzungen einer ordnungsgemäßen und damit analysierbaren Atemprobe unterbinden eine solche Manipulation.

Das Einhalten einer bestimmten Atemtechnik bei der Atemabgabe gewährleistet, dass ausschließlich menschliche Lungenluft des betroffenen Fahrers in das Messsystem fließt. Diesem Zweck dienen darüber hinaus im Messsystem integrierte Temperatur- und Drucksensoren. Kommt es nicht zu einer analysierbaren Atemabgabe, bricht das Gerät die Atemalkoholmessung ab und der Test muss wiederholt werden. Aufgrund der Sensorik erkennt der Interlock zudem den Einsatz von unzulässigen Hilfsmitteln und der Datenspeicher registriert daraufhin einen Manipulationsversuch. Die technischen Vorrichtungen der Zündsperre können also sicherstellen, dass es ausschließlich zur Analyse einer ordnungsgemäß abgegebenen Atemprobe kommt.[178]

3. Abkoppelung der Zündsperre vom Stromkreislauf

a. Problemdarstellung

Ein weiteres Einfallstor zur Umgehung des *Alkohol-Interlocks* besteht in einem Zugriff auf die Installation des Geräts.

Durch eine technische Manipulation am Steuergerät wäre es möglich, dass der Interlock außer Betrieb gesetzt wird. In der Folge wird zur Zündung des Motors keine Atemalkoholprobe mehr angefordert. Hierzu könnte der Betroffene versuchen, das installierte Interlock-Gerät vom Stromkreislauf zwischen Zündschalter und Anlassersystem abzukoppeln. Durch Aufhebung

---

177 *BASt Bericht*, „Alkohol-Interlocks für alkoholauffällige Kraftfahrer", S. 21.

178 *Evers*, BA 2003, 20 (26).

der Unterbrechung zwischen den beiden Komponenten würde sich das Fahrzeug wieder – wie gewohnt – ohne Atemprobe starten lassen.[179]

b. Lösungsansatz

Ein solches Abkoppeln oder auch andere Manipulationsversuche an der Installation des Geräts lassen sich durch die vorhandene Versiegelung an den Zuleitungen feststellen. Werden die Versiegelungen beschädigt, registriert und speichert der integrierte Datenspeicher einen Manipulationsversuch. Die überwachende Behörde erhält sodann nach Auslesen Kenntnis von dem delinquenten Verhalten des Fahrers.[180]

4. Benutzung eines nichtausgestatteten Fahrzeugs

a. Problemdarstellung

Die wohl offensichtlichste Möglichkeit zur alkoholisierten Verkehrsteilnahme trotz installierter Wegfahrsperre besteht in der Benutzung eines anderen – nichtausgerüsteten – Kraftfahrzeugs.[181]

b. Lösungsansatz

Es erscheint unmöglich sicherzustellen, dass der betroffene Fahrer ausschließlich das mit einer Zündsperre ausgerüstete Fahrzeug benutzt. Ob ein nicht ausgerüstetes Fahrzeug geliehen oder nur sporadisch genutzt wird, entzieht sich jeglicher Kontrolle.

Die Auswertung der Laufleistung des Motors kann zumindest Anhaltspunkte für einen Verdacht liefern. Ein Indiz für das Ausweichen auf ein nichtausgerüstetes Fahrzeug wäre insoweit ein auffallend niedriger Kilometerstand. Das gilt insbesondere für beruflich oder gewerblich genutzte Fahrzeuge. Der Kilometerstand lässt sich in diesen Fällen mit einem vom Fahrer zu führenden Fahrtenbuch abgleichen.[182] Ein ahndungsfähiger Nachweis für das ordnungswidrige Verhalten kann dadurch jedoch nicht erbracht werden. Aufgrund fehlender Feststellbarkeit würde dem Betroffenen nicht einmal

---

179 *Evers,* BA 2003, 20 (26).

180 *Evers,* BA 2003, 20 (27).

181 „Best Practice Alkohol-Interlock"-*Lagois/Velten,* S. 55.

182 Zur Auswertung der Motorlaufleistung: *Gilg/Hutzler/Tourneur/Eisenmenger,* BA 1998, 331 (335).

die Entdeckung und Sanktionierung drohen. Letztlich wäre man auf die Entdeckung durch eine zufällige Verkehrskontrolle der Polizei angewiesen. Der Entdeckung vorausgesetzt ist jedoch ein entsprechender Vermerk in der Fahrerlaubnis. Ist das Fahren mit *Alkohol-Interlock* als Auflage oder Beschränkung zur Fahrerlaubnis angeordnet worden, so wäre ein solches Verhalten in der Folge als „Fahren ohne Fahrerlaubnis" i.S.d. § 21 StVG zu bewerten.[183]

Die Benutzung eines nicht ausgerüsteten Fahrzeugs lässt sich weder präventiv verhindern noch ist die spätere Feststellung und Sanktionierung erbringbar. Eine etwaige Lösung liegt in dem richtigen Umgang mit Umgehungen und Manipulationen und ist eine Frage der Interventionsausgestaltung.[184]

5. Bewertung

Nach der Darstellung der Umgehungsmöglichkeiten und der jeweiligen Lösungsansätze sind deren Auswirkungen auf einen *Alkohol-Interlock*-Einsatz kritisch zu bewerten.

a. Kritik

Aufgrund der vielfältigen Manipulations- und Umgehungsmöglichkeiten ergeben sich an der Zuverlässigkeit der Wegfahrsperre vehemente Zweifel.

Technische Manipulationsversuche – wie an der Installation des Geräts – können zwar erschwert, jedoch nicht von vornherein ausgeschlossen werden. Dem Betroffenen ist es durchaus möglich, den Interlock abzukoppeln und so ohne Abstinenzkontrolle am Straßenverkehr teilzunehmen. Erst am nächsten Service-Termin, zum Auslesen des Datenspeichers, würde ein solches Verhalten auffallen.

Die Anforderung einer bestimmten Atemtechnik bei der Atemabgabe stellt zumindest sicher, dass nur menschliche Atemluft in das Messsystem abgegeben wird. Dem Problem der Atemabgabe durch eine dritte Person (Passant oder Mitfahrer) kann dadurch aber nur bedingt begegnet werden. Sobald der Motor läuft, gibt es keine Garantie, ob das Fahrzeug wirklich von einer fahrtüchtigen Person gesteuert wird. Zufallsgesteuerte Wiederholungstests können von dem alkoholisierten Fahrer ignoriert oder von einem

---

183 Vgl. folgenden Text: *Gilg/Hutzler/Tourneur/Eisenmenger*, BA 1998, 331 (337); *Lagois/Sohège*, BA 2003, 199 (206).

184 „Best Practice Alkohol-Interlock"-*Lagois/Velten*, S. 55.

nüchternen Beifahrer durchgeführt werden. Problemlos kann der Fahrer nun in diesem Zustand weitere Kilometer zurücklegen. Auch eine Kamera, welche einen Personenwechsel bei den Atemproben bildlich festhält, stellt für den Fahrantritt kein Hindernis dar und kann die weitere Alkoholfahrt nicht unterbinden.[185]

Zudem besteht für den betroffenen Fahrzeuginhaber stets die Möglichkeit, ein nichtausgerüstetes Fahrzeug zu benutzen. In der Realität nehmen Fahrten mit ausgerüsteten Fahrzeugen durch die betroffenen Kraftfahrzeugführer tendenziell ab, wenn ihnen ein weiteres, nicht ausgestattetes Fahrzeug zur Verfügung steht. Ein solches Verhalten lässt sich weder verhindern noch in irgendeiner Weise nachvollziehen, sodass nicht einmal die Ahndung des Verstoßes möglich erscheint.[186]

Die oben vorgestellten Lösungsansätze gegen die beschriebenen Umgehungsmöglichkeiten beschränken sich größtenteils auf eine nachgeschaltete Feststellung und Reaktion durch die überwachenden Behörden. Ein wirklich zuverlässiger und präventiver Schutz existiert jedoch nicht. Neben dem Ausweichen auf ein nichtausgerüstetes Fahrzeug gilt dies vor allem für das gewichtige Problem der Atemalkoholmessung durch eine andere Person. Ein akutes Eingreifen im Falle einer registrierten Unregelmäßigkeit ist derzeit nicht möglich. Dafür wäre eine Live-Überwachung mit GPS-Ortung des Fahrers nötig. Aufgrund der erheblichen Eingriffe in die Persönlichkeitssphäre wird eine solche Überwachung als grundrechtlich äußerst kritisch angesehen. Dabei ist insbesondere das Verhältnis zwischen der Kontrolle des Fahrers zu dem Sicherheitsgewinn für den Straßenverkehr von Bedeutung.[187]

Der existierende Manipulationsschutz ist weniger eine *unmittelbare* Verhinderung von Manipulationen, sondern vielmehr eine technische Erschwerung von Alkoholfahrten trotz Interlock.[188] Die Darstellung zeigt, dass eine Trunkenheitsfahrt trotz vorhandenem *Alkohol-Interlock* nicht in jedem Fall verhindert werden kann.

---

185 *Bartelt-Lehrfeld,* BA 2019, 105 (107).
186 *Evers,* BA 2003, 20 (27).
187 *Paul/Egbert,* NK 2019, 93 (101).
188 *Paul/Egbert,* NK 2019, 93 (96).

b. *Stellungnahme*

aa. *Praktische Relevanz*

Der Kritik ist zuzugestehen, dass in der Theorie tatsächlich Umgehungs- und Manipulationsmöglichkeiten bestehen.

Viel entscheidender für die Bewertung der Wegfahrsperre ist jedoch, inwiefern diese Möglichkeiten in der Praxis tatsächlich zum Tragen kommen. Denn regulierende Systeme und Maßnahmen haben immer ihre Schwachstellen und Schlupflöcher. Kommt diesen jedoch in der praktischen Anwendung ein zu vernachlässigendes Gewicht zu, so sind sie ein hinnehmbares Risiko. Dieses Risiko ist im Verhältnis zum Nutzen der regulierenden Maßnahme zu beurteilen. Die praktische Relevanz der Umgehungsmöglichkeiten lässt sich vor allem anhand ihrer auftretenden Häufigkeit ermitteln.

Zum Beispiel wird die Anzahl an Fällen, bei denen ein Passant oder ein Mitfahrer für eine alkoholisierte Person eine Atemprobe abgibt, aufgrund der oben unter A. VII. 1. b. bb. (2) genannten Gründe wohl äußerst überschaubar sein. Schwedischen Experten zur Folge wurde unter 10.000 Fahrern mit Zündsperre kein Fall bekannt, in dem eine andere Person als der Fahrer selbst die Atemprobe abgegeben hatte. Das spiegelt auch das Gesamtbild der skandinavischen Interlock-Forschung wider. Die Häufigkeit an erfolgreichen Manipulationsversuchen innerhalb der Teilnehmergruppen lag in diesen Ländern im Schnitt unter 3,5 %.[189]

Für Manipulationen der technischen Art bedarf es außerdem gewisser Kenntnisse von der Elektronik eines Kraftfahrzeugs. Unter Berücksichtigung aller Teilnehmer werden diese wohl auf einen ebenso zu vernachlässigenden Teil zutreffen. Auch das Ausweichen auf ein nicht ausgerüstetes Fahrzeug ist eine Frage der finanziellen Mittel. Wohl kaum wird sich der Betroffene explizit für die Zeit der eingebauten Wegfahrsperre ein zweites – nicht ausgerüstetes – Fahrzeug beschaffen. Die Anschaffung würde insofern ausschließlich dem Fall dienen, alkoholisiert am Straßenverkehr teilnehmen zu wollen.

Angesichts praktischer Überlegungen bestehen die aufgezeigten Umgehungsmöglichkeiten in der Theorie, verlieren jedoch in der realen Umgebung an Relevanz.

---

189 Vgl. dazu im Ganzen: *BASt Bericht*, „Alkohol-Interlocks für alkoholauffällige Kraftfahrer“, S. 22 und 35.

bb. Vergleich mit dem aktuellen Maßnahmensystem

Die Tragweite und das Risiko einer Umgehung des *Alkohol-Interlocks* lässt sich außerdem mit dem herkömmlichen Maßnahmenbündel vergleichen.

Trotz verhängter Wegfahrsperre ist es dem Betroffenen – wie dargelegt – jederzeit möglich, auf ein nichtausgerüstetes Fahrzeug auszuweichen. In der Folge verwirklicht der Fahrer den Tatbestand des „Fahrens ohne Fahrerlaubnis". Das Fahren ohne Fahrerlaubnis ist allerdings ebenso trotz Fahrerlaubnisentzug oder Fahrverbot unter dem aktuellen Regelsystem jederzeit möglich. Problemlos kann sich der Betroffene auch über einen Fahrerlaubnisentzug oder ein Fahrverbot hinwegsetzen. So gesehen bestehen auch unter dem geltenden Sanktionensystem Möglichkeiten zur Umgehung, die an der Zuverlässigkeit dieser Maßnahmen zweifeln lassen.[190]

In diesen Fällen hat sich der Gesetzgeber in Anbetracht des bestehenden Einfalltors trotzdem für die Maßnahme entschieden. Das Risiko einer Umgehung wurde also als ein zu vertretendes Risiko bewertet. Entsprechende Überlegungen lassen sich auf die alkoholsensitive Zündsperre übertragen. Im Gegensatz zum herkömmlichen Maßnahmensystem findet beim *Alkohol-Interlock* sogar eine empfindlichere Beobachtung und Kontrolle statt. Das delinquente Verhalten lässt sich aufgrund der steten Erhebung und Auslesung von Daten eher noch nachvollziehen.[191] Demgegenüber kann beim Fahrerlaubnisentzug/Fahrverbot nur eine zufällige Polizeikontrolle für eine Überwachung sorgen. Es lässt sich daher vermuten, dass das Risiko einer Umgehung/Manipulation der Wegfahrsperre im Vergleich zur Umgehung des vorherrschenden Maßnahmensystems sogar geringer ausfällt.

cc. Mittelbarer Manipulationsschutz

Auf der anderen Seite ist der psychologische Effekt einer drohenden Entdeckung und Ahndung nicht unberücksichtigt zu lassen.

---

190 Vgl. dazu im Ganzen: „Best Practice Alkohol-Interlock"-*Lagois/Velten,* S. 55; *BASt Bericht,* „Alkohol-Interlocks für alkoholauffällige Kraftfahrer", S. 17; *Lagois/Sohège,* BA 2003, 199 (206).

191 Durch die Einbettung des *Alkohol-Interlocks* in ein vollumfängliches Rehabilitationsprogramm entsteht darüber hinaus ein enger und persönlicher Kontakt zu dem Betroffen. Dazu später unter Kap. 4 A.

Die meisten Umgehungs- und Manipulationsversuche lassen sich wie beschrieben durch den integrierten Datenspeicher nachvollziehen. Kommt es zu einer Registrierung, verkürzt sich die Service-Periode für den Teilnehmer. Dieser wird aufgefordert, innerhalb von wenigen Tagen eine Servicewerkstatt aufzusuchen. Dies bedeutet in erster Linie einen zusätzlichen Zeitaufwand und anfallende Kosten. Weitere Konsequenzen eines Manipulations- oder Umgehungsversuchs wären: Eine zeitliche Verlängerung oder ein Ausschluss von der Maßnahme, Vertragsstrafen, Geldbußen oder gar der Entzug der Fahrerlaubnis bzw. die Verweigerung einer Neuerteilung. Teil der Interlock-Intervention ist somit auch eine gewisse Warnfunktion. Dem Betroffenen wird vor Augen geführt, dass er einer besonderen Aufsicht und Kontrolle unterliegt. Diese Funktion kann und wird durch den engen Kontakt zu den Fahrern gestärkt. Die drohende Entdeckung und die damit einhergehenden Konsequenzen wirken sich auf den Einzelnen dahingehend aus, dass er sich gehemmt fühlt, gegen die Richtlinien der Intervention zu verstoßen.

Zudem kann der Betroffene mit den ausgewerteten Daten konfrontiert werden. In Gesprächen lassen sich die kritischen Situationen sodann aufarbeiten und analysieren. In diesem Zusammenhang erscheint eine wiederkehrende verkehrspsychologische Beratung zielführend, die den Fahrer während der Interlock-Nutzung begleitet.[192] Dadurch kann ein konsequentes Monitoring geschaffen werden. Ein regelmäßiges Auslesen der erhobenen Daten wirkt sich also positiv auf die Häufigkeit von Manipulationen aus. Die Freiwilligkeit der Teilnahme an der Intervention hat einen ähnlich positiven Effekt auf ein solches Verhalten. Nimmt der betroffene Fahrer den Interlock nämlich nicht als „Strafe", sondern vielmehr als „Möglichkeit" wahr, besteht eine viel größere Bereitschaft zur Regelkonformität. Durch die richtige Ausgestaltung der Interlock-Maßnahme lassen sich die Anreize und das Bedürfnis zur Umgehung minimieren.[193]

Die stetige Überwachung und drohende Entdeckung bietet im Zusammenspiel mit den verkehrspsychologischen Gesprächen also einen *mittelbaren* Manipulationsschutz.

---

192 Zur Einbettung des AI in ein verkehrspsychologisches Programm siehe Kap. 4.

193 Vgl. dazu im Ganzen: *BASt Bericht*, „Alkohol-Interlocks für alkoholauffällige Kraftfahrer", S. 22 und 23.

dd. Ergebnis

Zusammenfassend liegen ausreichend Gründe vor, um die bestehenden Umgehungs- und Manipulationsmöglichkeiten der Zündsperre als praktisch tragbar zu erachten.

Es kommt insbesondere auf die Ausgestaltung der Intervention an, in welchem Umfang der hier aufgezeigte Manipulationsschutz seine Wirkung entfaltet und inwiefern er den Sicherheitsbedenken genügen kann.

B. Studien zur Wirksamkeit des *Alkohol-Interlocks*

Stets im Mittelpunkt der Diskussion um die Anwendbarkeit der Wegfahrsperre steht die Frage nach der Art und dem Umfang ihrer Wirksamkeit. Welche Auswirkungen auf das Verhalten des alkoholauffälligen Kraftfahrers dürfen erwartet werden? Welche Faktoren gilt es für einen erfolgreichen Einsatz zu beachten? Wie lässt sich die Effizienz der Wirkweise vielleicht sogar optimieren?

Dazu bietet sich ein Blick auf die international bereits vorliegenden Erfahrungswerte an. Die aufgeführten Evaluationsstudien bewerten die Wirksamkeit des *Alkohol-Interlocks* und spiegeln die internationale Verkehrsforschung wider.

I. Einführung

Als wohl aussagekräftigstes Kriterium wird in den meisten Studien die Rezidivrate – die Rückfallquote – unter den Bedingungen des *Alkohol-Interlocks* beleuchtet.

Die untersuchten Rückfallraten geben Aufschluss über das Risiko einer erneuten Trunkenheitsfahrt. Ein Rückfall während der Intervention beschreibt den Versuch, das ausgerüstete Fahrzeug unter einer nicht mehr zulässigen Blutalkoholkonzentration zu starten. Die Zündung wird in diesem Fall nicht freigeschaltet und der Motor startet nicht – ein sogenannter Fehlversuch. Das gleiche gilt für einen fehlgeschlagenen Wiederholungstest während der Fahrt. Eine weitere Betrachtungsebene stellt die Wahrscheinlichkeit dar, wieder eine Trunkenheitsfahrt zu begehen. Um die Wirksamkeit des Geräts durch einen Vergleich darstellen zu können, wird an unterschiedliche Versuchsumgebungen angeknüpft: Nämlich der Rückfälligkeit innerhalb einer Probandengruppe mit (Versuchsgruppe) – und ohne *Alkohol-Interlock* (Kontrollgruppe).

Auch in zeitlicher Hinsicht können vergleichbare Referenzgruppen gebildet werden.

So lässt sich die Rezidivrate oder das Rückfälligkeitsrisiko anhand von Gruppen während und nach dem Abschluss der Intervention – also nach dem Ausbau des *Alkohol-Interlocks* – vergleichen. Für die Zeit während der Installation fließen die im Datenspeicher registrierten Fehlversuche in den statistischen Vergleich. Für die statistische Erhebung nach dem Ausbau der Zündsperre kann insofern nicht mehr auf die Informationen aus dem Datenspeicher zurückgegriffen werden, sodass auf polizeilich entdeckte Trunkenheitsfahrten abgestellt wird. Die registrierten Fehlversuche während der Installationszeit werden sodann mit den polizeilich entdeckten Trunkenheitsfahrten nach dem Ausbau des Geräts verglichen. Durch die In-Bezugnahme auf unterschiedliche Referenzgruppen lassen sich also fundierte Aussagen zu der Wirksamkeit des Geräts treffen.[194]

Die einzelnen Wirksamkeitsstudien unterscheiden sich anhand ihrer Versuchsparameter zum Teil stark. Unterschiede ergeben sich zum Beispiel anhand der Ausgestaltung der Intervention selbst oder der Auswahl der Teilnehmer (Erst und/oder Wiederholungstäter). Dies ermöglicht lediglich eine qualitative Zusammenfassung der Ergebnisse zur Wirksamkeit des Geräts. Ein übergeordneter Vergleich zwischen den Studien bietet sich jedoch nicht an.[195] Vor der Wiedergabe der aktuellen Alkoholforschung ist zu beachten, dass jede – hier aufgezeigte – Untersuchung gewissen methodischen Grenzen unterliegt, sei es aufgrund der Datenqualität und/oder quantität, der Güte der Referenzgruppen oder der Messmethodik selbst.[196]

II. USA

Die USA nimmt eine Vorreiterstellung in der *Alkohol-Interlock*-Forschung ein. In keiner anderen Nation der Welt sind mehr Interlocks (ca. 350.000 Geräte pro Jahr) auf den Straßen im praktischen Einsatz. Alle 50 US-Bundesstaaten verfügen heute über verkehrsrechtliche Regelungen und Programme zum

---

194 Vgl. dazu im Ganzen: „Best Practice Alkohol-Interlock"-*Stewin/Nickel/Schubert*, S. 62 f.; *Schleinitz/Bräutigam/Gehlert*, „Literaturreview", S. 28.

195 Vgl. dazu im Ganzen: *Gehlert*, „Alkohol-Interlock in Deutschland", S. 16; *Seidl/Feustel-Seidl*, BA 2019, 1 (8).

196 „Best Practice Alkohol-Interlock"-*Stewin/Nickel/Schubert*, S. 62; *Nickel*, BA 2005 Sup. I, 8 (10).

sekundärpräventiven Einsatz der Wegfahrsperre. Daher und aufgrund der frühen Auseinandersetzung mit der Technik und Entwicklung des Geräts liegt ein breiter Erfahrungsschatz vor, der zeitlich weit zurückreicht.[197]

1. Erste Wirksamkeitsaussagen

Eine der ersten Analysen zur Wirksamkeit der alkoholsensitiven Zündsperre wurde im Jahre 1999 von *Coben* und *Larkin* durchgeführt. Sie kamen zu der Aussage, dass Interlocks zu einer Reduzierung des Rückfallrisikos führen, solange sie im Fahrzeug verbaut sind. Ein Langzeiteffekt im Sinne einer nachhaltigen Reduktion des Rückfallrisikos konnte durch die Wegfahrsperre jedoch nicht festgestellt werden. Insbesondere wurde in der Zeit nach dem Ausbau des Geräts keine signifikante Wirkung auf die Probanden beobachtet. Eine weitere Erhebung fünf Jahre später durch *Willis* und Kollegen (2004) bestätigte diese Aussagen.[198]

a. Maryland

Diese Erkenntnisse lassen sich exemplarisch anhand der Praxis im Bundesstaat Maryland (*Beck, Rauch, Baker, Williams* 1999) verdeutlichen. So zeigte sich während der Dauer des Interlock-Programms eine Rückfallrate von 2,4 % bei den Probanden mit installiertem AI. Demgegenüber wurde eine Rückfallrate von 6,7 % bei den Teilnehmern mit Fahrerlaubnisentzug und ohne Interlock festgestellt. Nach dem Ausbau des Geräts und der Beendigung des Programms näherten sich diese Werte jedoch wieder auf ein fast gleiches Niveau an. Mit 3,5 % war die Rückfallquote der Interlock-Nutzer sogar etwas höher als die der Gruppe mit Fahrerlaubnisentzug. Nach Beendigung der Maßnahme lag die Rückfallquote dieser Gruppe nur bei 2,6 %.[199]

b. Oregon

Auch im Bundesstaat Oregon (*Jones* 1993) konnte dem *Alkohol-Interlock* keine Langzeitwirkung attestiert werden. Eine signifikante Reduktion der

---

197 *Seidl/Feustel-Seidl,* BA 2019, 1 (4); *Marques,* BA 2003, 177 (188); *Gehlert,* „Alkohol-Interlock in Deutschland“, S. 15.

198 Vgl. dazu im Ganzen: *Schleinitz/Bräutigam/Gehlert,* „Literaturreview“, S. 9.

199 Zu Maryland im Ganzen: *Evers,* BA 2003, 20 (23); „Best Practice Alkohol-Interlock“-*Stewin/Nickel/Schubert,* S. 64 f.; *Nickel,* BA 2005 Sup. I, 8 (11).

Rückfallrate ergab sich auch hier nur während der Installation. Diese belief sich bei den Interlock-Nutzern auf 5 %, wohingegen 8 % der nichtausgestatteten Personen rückfällig wurden. Nach dem Programm zeigt sich mit 10,08 % und 11,5 % kein wesentlicher Unterschied bei der Rückfälligkeit innerhalb der zu vergleichenden Gruppen.[200]

2. Rehabilitativer Ansatz

Mittlerweile bieten alle US-amerikanischen Bundesstaaten den Einsatz der Wegfahrsperre mit begleitenden Rehabilitationsmaßnahmen an. Diese sind mehrheitlich verkehrserzieherischer und kommunikativer Art.[201] Inwiefern dieses Umdenken in der *Alkohol-Interlock*-Praxis seinen statistischen Niederschlag gefunden hat, belegen zeitgemäße Beobachtungen:

So konnten *Voas, Tippetts, Fisher& Grosz* im Jahr 2010 eine Reduzierung der Rückfallquote auch nach Ausbau der Zündsperre beobachten. Auch zwei Jahre nach Beendigung der Maßnahme blieb diese in der Gruppe der Interlock-Nutzer bei 1,15 %, während die Quote in der Kontrollgruppe ohne Interlock bei 6,75 % lag. Ähnliche Ergebnisse verzeichnete auch der Bundesstaat Maryland im Jahr 2011 (*Rauch, Ahlin, Zador, Howard & Duncan*). Das Risiko einer erneuten Alkoholfahrt konnte während der Programmdauer für die Interlock-Nutzer um 36 % reduziert werden. Selbst zwei Jahre nach Beendigung des Programms betrug die Risikoreduktion noch 26 % bzw. nach vier Jahren sogar 32 %.[202]

III. Kanada

In Kanada ist insbesondere das Alberta-Interlock-Programm hervorzuheben.

1. Das Alberta-Interlock-Programm

Das Alberta-Interlock-Programm richtet sich an Personen mit Fahrerlaubnisentzug von mindestens sechs Monaten, die aber stattdessen mit einem AI am Straßenverkehr teilnehmen dürfen. Seit 1990 erhalten die

---

200 Vgl. dazu im Ganzen: *Evers*, BA 2003, 20 (22); *Nickel*, BA 2005 Sup. I, 8 (11).

201 *Gehlert*, „Alkohol-Interlock in Deutschland“, S. 15.

202 Zum rehabilitativen Ansatz: „Best Practice Alkohol-Interlock“-*Stewin/Nickel/Schubert*, S. 63 und 64 f.; *Seidl/Feustel-Seidl*, BA 2019, 1 (4); *Schleinitz/Bräutigam/Gehlert*, „Literaturreview“, S. 23.

Programmteilnehmer ein zusätzliches Beratungsangebot, welches aus monatlich oder zweimonatlich wiederkehrenden Gesprächen besteht.

Die Beratungsgespräche umfassen dabei vier Kernelemente und sollen dem Teilnehmer eine praktische und motivationale Hilfestellung bieten. Dadurch soll der Teilnehmer insbesondere bei der Vermeidung von Rückfällen nach Beendigung des Programms unterstützt werden. Vorangestellt gewährt eine erzieherische Maßnahme dem Betroffenen einen Einblick in sein Trinkverhalten. Dabei dienen die gewonnenen Informationen aus dem Datenspeicher als Gesprächsgrundlage. Im Mittelpunkt steht dann die sog. *Motivational Enhancement Therapy* (MET). Diese Therapie setzt am Trinkverhalten des Delinquenten an, um dieses nachhaltig zu verändern. Der sog. *„case management support"* gibt Hilfestellung bei der Suche nach weiteren Sozialangeboten, wie z.B. Familientherapien und Selbsthilfegruppen. Zur Vorbereitung auf die Zeit nach der Deinstallation des Geräts möchte der *„protective planning support"* gemeinsam mit dem Betroffenen Strategien zur Rückfallvermeidung entwickeln.[203]

2. Wirksamkeitsaussagen

1997 untersuchte *Weinrath* die Wirksamkeit dieser Intervention anhand mehrfach alkoholauffälliger Teilnehmer, welche anstelle des Fahrerlaubnisentzugs weiterhin mit einer alkoholsensitiven Wegfahrsperre am Verkehr teilnehmen konnten. Während der Interventionsphase zeigt sich eine Rückfallrate in der Probandengruppe mit installierter Wegfahrsperre von knapp 10 %. Im Vergleich lag die Rezidivrate in der Gruppe ohne Interlock – jedoch mit Fahrerlaubnisentzug – bei 25 %. Beachtlich ist zudem, dass ein Jahr nach Beendigung der Maßnahme und Ausbau des Geräts die Rezidivrate bei den Interlock-Nutzern bei knapp 5 % blieb, wohingegen sich die Rückfallrate der Kontrollgruppe auf 13 % belief. Die weitere Reduktion der Rückfälligkeit – sogar nach dem Ausbau des Geräts – lässt eine positiv wirkende Korrelation mit dem rehabilitativen Begleitprogramm vermuten.[204]

---

[203] Zum Alberta-Interlock-Programm: *Lohkamp,* BA 2003, 208 (209); *Nickel,* BA 2005 Sup. I, 8 (13) und *Evers,* BA 2003, 20 (23).

[204] Vgl. dazu im Ganzen: *Nickel,* BA 2005 Sup. I, 8 (13); „Best Practice Alkohol-Interlock"-*Stewin/Nickel/Schubert,* S. 64 f. und *Evers,* BA 2003, 20 (22 f.).

a. Freiwillige und verpflichtende Teilnahme

Die ebenfalls kanadische Evaluationsstudie von *Vanlaar* (2017) konnte diesen positiven Effekt anhand eines ähnlichen Rehabilitationsprogramms bestätigen.

Das untersuchte Programm umfasste einen individuellen Behandlungsplan und fand unter der Nutzung der ausgewerteten Interlock-Daten statt. Zusätzlich wurde hier zwischen einer verpflichtenden und einer freiwilligen Teilnahme an dem Begleitprogramm unterschieden. Während der Interlock-Installation betrug die Rückfallrate 3 % bei den verpflichteten Teilnehmern und 0,9 % bei den freiwilligen Teilnehmern. Nach Beendigung des Programms stieg die Rate bei der verpflichteten Gruppe auf 3,7 %. Dahingegen blieb die Rückfallrate in der freiwilligen Gruppe bei 1,9 %. In der Kontrollgruppe – ohne Interlock und Begleitprogramm – fiel die Rückfälligkeit mit 8,9 % wesentlich höher aus. Damit dürfte der Freiwilligkeit der Teilnahme ebenfalls eine positive Wirkung zukommen. Diesen Umstand gilt es bei der Ausgestaltung der Intervention zu beachten.[205]

b. Erst und Wiederholungstäter

Es ergeben sich jedoch signifikante Wirksamkeitsunterschiede abhängig von der Alkoholauffälligkeit der Teilnehmer.

So fallen die erhobenen Rückfallquoten bei erstmalig Alkoholauffälligen und Wiederholungstätern unterschiedlich aus. Dies zeigt die von *Voas*, *Marques*, *Tippetts* und *Beirness* im Jahr 1999 in Alberta durchgeführte Untersuchung. Im direkten Vergleich ergab sich während der Programmdauer eine Rückfälligkeit bei den Erstauffälligen von 0,1 % und bei den Wiederholungstätern von 0,85 %.

Für beide Gruppen wurde neben dem Interlock-Gerät auch ein verkehrspsychologisches Begleitprogramm angeordnet. Gravierender zeigte sich die Differenz nach der Deinstallation der Zündsperre. Zwischen Erstauffälligen und Wiederholungstätern ergab sich eine Abweichung von fast fünf Prozentpunkten.[206]

---

205 Vgl. dazu im Ganzen: *DeVol/Schreiber*, BA 2019, 112 (116 und 117).

206 Vgl. dazu im Ganzen: *Evers*, BA 2003, 20 (23 f.); „Best Practice Alkohol-Interlock"-*Stewin/Nickel/Schubert*, S. 64 f.

Kurze Zeit später konnte das Wirksamkeitsdefizit zwischen Erst und Wiederholungstätern durch eine internationale Untersuchung von *Marques, Tippetts, Voas, Danseco* und *Beirness* (2000) bestätigt werden. Nach der Deinstallation überstieg der Wert der Mehrfachauffälligen – mit Zusatzintervention – sogar die Rückfallquote der regulären Interlock-Nutzer – ohne Zusatzintervention. Es lässt sich also feststellen, dass mehrfachauffällige Programmteilnehmer eine besondere Risikogruppe für einen möglichen Rückfall darstellen. Diesen Umstand gilt es bei der Auswahl geeigneter Kraftfahrzeugführer zu berücksichtigen.[207]

IV. Schweden

Schweden verfügt als bislang einziger EU-Staat über einen breiten Anwendungsbereich (100.000 installierte Geräte im Jahr 2016) der atemalkoholsensitiven Wegfahrsperre.[208]

1. Die schwedische Interlock-Praxis

Die schwedische *Alkohol-Interlock*-Praxis existiert seit 1999 und umfasste anfänglich nur den primärpräventiven Einsatz für Bus-, LKW und Taxifahrer.[209]

Nach einem positiven Verlauf des Einsatzes der Wegfahrsperre in diesen Fahrzeugen befinden sich seit 2010 in allen Fahrzeugen der Behörden alkoholsensitive Zündsperren. Seit 2003 haben alkoholauffällige Kraftfahrer die Möglichkeit, an einem freiwilligen Sekundärpräventionsprogramm teilzunehmen.

Die rehabilitative Natur des Programms spricht in der Mehrzahl Alkoholabhängige und Problemtrinker an. Während der Programmdauer werden die Teilnehmer von einer medizinischen Beratung mit regelmäßigen Gesprächen begleitet. Gemäß der Programmleitlinien werden Personen, bei denen nach einer gewissen Zeit immer noch Indikatoren für einen übermäßigen Alkoholkonsum zu finden sind, aus dem Programm ausgeschlossen. Das gleiche gilt für Personen mit wiederholt fehlgeschlagenen Startversuchen aufgrund einer nicht mehr zulässigen Alkoholisierung. Die Teilnahme an dem ein bis

---

207 *Gehlert*, „Alkohol-Interlock in Deutschland", S. 16; *Eisenmenger*, BA 2005 Sup. I, 17 (18); *Evers*, BA 2003, 20 (23 f.).

208 *Seidl/Feustel-Seidl*, BA 2019, 1 (5).

209 *Schleinitz/Bräutigam/Gehlert*, „Literaturreview", S. 13.

zwei Jahre dauernden Interlock-Programm ist freiwillig und nicht auf Personen mit Fahrerlaubnisentzug begrenzt. Grundvoraussetzung ist lediglich das Bestehen einer medizinischen Eingangsuntersuchung. Eine Pflicht zur Teilnahme besteht erst dann, wenn die Fahrerlaubnis für mindestens zwei Jahre entzogen werden soll. Personen mit Fahrerlaubnisentzug haben sodann die Alternative, eine beschränkte Fahrerlaubnis zu beantragen, um an dem Programm teilnehmen zu können. Die Fahrerlaubnis beschränkt sich insoweit auf Fahrzeuge mit eingebautem *Alkohol-Interlock*.[210]

2. Wirksamkeitsaussagen

Die schwedischen Erfahrungen (Evaluationsstudie von *Bjerre*, 2005) im sekundärpräventiven Bereich belegen die positive Wirkung eines vollumfänglichen Rehabilitationsprogramms. Insbesondere wirkt sich die Zusatzmaßnahme positiv auf die Rückfallrate in der Zeit nach der Deinstallation der Wegfahrsperre aus. So beläuft sich die Rückfallrate der Programmteilnehmer mit Interlock während der Intervention auf 0 %. In der Kontrollgruppe – ohne Zündsperre und Programm – beläuft sich diese Rate auf 4,4 %. Auch nach mehr als zwei Jahren nach Beendigung der Maßnahme blieb die Rückfallrate in der Versuchsgruppe bei 1,8 %. Während die Rückfallrate in der Kontrollgruppe 4,0 % beträgt.[211]

C. Praktikabilität

Das Forschungsprojekt mit dem Namen „*Alcohol Interlock Implementation in the European Union – An Indepth Qualitative Field Trial*“ setzte sich mit der praktischen Einsetzbarkeit von *Alkohol-Interlocks* auseinander.[212]

---

210 Zur schwedischen Interlock-Praxis im Ganzen: *Klipp*, BA 2010, 328 (330); *DeVol/Schreiber*, BA 2019, 112 (116); *Gehlert*, „Alkohol-Interlock in Deutschland“, S. 6; *Müller/Rebler/Gehlert*, „Rechtsgutachten“, S. 199; *Lohkamp*, BA 2003, 208 (210); *Schleinitz/Bräutigam/Gehlert*, „Literaturreview“, S. 14; *Nickel*, BA 2005 Sup. I, 8 (9).

211 Vgl. dazu im Ganzen: *DeVol/Schreiber*, BA 2019, 112 (116); „Best Practice Alkohol-Interlock“-*Stewin/Nickel/Schubert*, S. 64 f.

212 *Evers*, BA 2007, 14 (14).

I. Die Machbarkeitsstudie

Initiiert von der Europäischen Kommission dauerte die Machbarkeitsstudie zweieinhalb Jahre. Bei einem Pilotversuch wurde sodann im Jahr 2003 der *Alkohol-Interlock* in vier europäischen Ländern über einen Zeitraum von 12 Monaten erprobt. In jedem Land wurden dafür unterschiedliche Kraftfahrergruppen untersucht. Die Versuchsgruppen von jeweils 30 Personen umfassten neben LKW- und Busfahrern im ÖPNV auch alkoholauffällige und alkoholabhängige Pkw-Fahrer. Den alkoholauffälligen Fahrern wurde die alkoholsensitive Zündsperre als Alternative zum Entzug der Fahrerlaubnis angeboten. Die Untersuchung erfolgt sodann durch die Erhebung von Fragebögen, sowohl vor, nach und während der Installation der Wegfahrsperre. Zusätzlich wurden regelmäßig die Gerätedaten ausgelesen.[213]

II. Untersuchte Parameter

Insbesondere sollten folgende Aspekte durch den Pilotversuch analysiert werden: (a) Praktikabilität der Wegfahrsperre unter Alltagsbedingungen; (b) Akzeptanz bei den jeweiligen Teilnehmergruppen, auch innerhalb ihres sozialen Umfelds; (c) Auswirkungen der Benutzung auf das verkehrssicherheitsrelevante Fahrverhalten.[214]

III. Aussagen zur Praktikabilität

Allgemein wurden die Praktikabilität und die Zuverlässigkeit der Atemalkoholmessungen positiv wahrgenommen. Der *Alkohol-Interlock* erfuhr nicht nur durch den Betroffenen selbst, sondern auch durch dessen soziales Umfeld ein hohes Maß an Akzeptanz.

So wurde die Zündsperre als sinnvolle Maßnahme zur Erhöhung der Verkehrssicherheit und hilfreiche Unterstützung aufgefasst. Generell berichteten die Teilnehmer von einer Sensibilisierung für das Problem „Fahren unter Alkoholeinfluss“. Die praktische Erprobung zeigte nur sehr selten technische Probleme, wie z.B. Fehlermeldungen des Geräts oder, dass das Fahrzeug sich trotz erfolgreichem Atemtest nicht starten ließ. Die einfache Handhabung des Geräts führte dazu, dass die zufallsgesteuerten Wiederholungstests durch

---

[213] Vgl. dazu im Ganzen: *Nickel,* BA 2005 Sup. I, 8 (9 f.); *Evers,* BA 2007, 154 (155); *Evers,* BA 2007, 14 (14 und 20).

[214] *Evers,* BA 2007, 154 (155).

die breite Masse der Teilnehmer problemlos während der Fahrt durchgeführt werden konnten. Zu einer Behinderung in der Ausübung der Fahrtätigkeit kam es hierbei nicht.

Lediglich das „Aufwärmen" des Geräts auf Betriebstemperatur in der kalten Jahreszeit und die damit einhergehende zeitliche Verzögerung wurde als Unannehmlichkeit empfunden. Teilweise berichteten Teilnehmer, dass ein nicht ausgestattetes Fahrzeug benutzt oder die Atemprobe von einer anderen Person durchgeführt wurde. Die zu erwartenden Schwächen des Geräts verdeutlichen die Notwendigkeit einer klaren Reglementierung bei Verstößen mit strikten Konsequenzen.[215]

D. Zusammenfassung und Auswertung

Die vorgestellten Wirksamkeitsstudien zeigen einheitlich, wenn auch nicht immer signifikant, eine Wirkung der Wegfahrsperre in die zu erwartende Richtung.

I. Wirksamkeit während der Installation

Ist ein Interlock-Gerät installiert, kommt es zu einer geringeren Anzahl an Rückfällen als bei der Probandengruppe ohne Wegfahrsperre. Durchweg belegen alle Studien einen generellen Rückgang des Rückfallrisikos während der Installation des *Alkohol-Interlocks*. Die in den USA und Kanada durchgeführten Wirksamkeitsstudien weisen eine 40–95-prozentige Reduzierung der Rückfallquote auf, im Vergleich zu Referenzgruppen, denen lediglich die Fahrerlaubnis entzogen wurde.

Im Ergebnis ist der *Alkohol-Interlock* ein geeignetes Mittel zur Reduzierung von Alkoholfahrten.[216]

---

215 Zur Praktikabilität im Ganzen: *Evers*, BA 2007, 14 (18 und 21); *Evers*, BA 2007, 154 (155 f.).

216 Vgl. dazu im Ganzen: *Gehlert*, „Alkohol-Interlock in Deutschland", S. 16; *Nickel*, BA 2005 Sup. I, 8 (12); *Evers*, BA 2003, 20 (22); *Marques*, BA 2003, 177 (184); *Lohkamp*, BA 2003, 208 (210).

II. Zeitliche Beschränkung der Wirksamkeit

Bei der Auswertung aller Studien fällt jedoch sofort eine bedeutende Gemeinsamkeit auf: Die Wirksamkeit des *Alkohol-Interlocks* unterliegt einer zeitlichen Beschränkung.

Durchweg alle Studien zeigen, dass die untersuchten Rückfallquoten nach der Beendigung des Programms – also nach Ausbau des Geräts – erheblich ansteigen. Letztlich steigen die Quoten bis fast auf das Niveau der Kontrollgruppen (Personen ohne *Alkohol-Interlock*). Dies lässt den Schluss zu, dass die Zündsperre hauptsächlich durch ihre Präsenz im Fahrzeug wirkt. Ein solcher Effekt ist jedoch nachvollziehbar. Es muss nämlich davon ausgegangen werden, dass die alkoholauffälligen Teilnehmer über ein tiefgreifendes Problem im Umgang mit Alkohol verfügen. Dieses problematische Verhalten wird durch die Anwesenheit der Wegfahrsperre zwar vorerst unterdrückt, jedoch ohne zusätzliche Rehabilitationsmaßnahme nicht längerfristig verändert. Gerade die ersten Jahre nach Beendigung der Maßnahme sind für einen möglichen Rückfall entscheidend. In dieser Zeit zeigt sich, ob der Betroffene eine tiefgreifende und gefestigte Verhaltensänderung in Bezug auf seinen Alkoholkonsum und der Teilnahme am Straßenverkehr vollzogen hat.[217]

III. Rehabilitatives Begleitprogramm

Den Befunden zufolge scheint eine Kombination aus „technischer" Lösung (Interlock-Gerät) und verkehrspsychologischer Begleitung die Rückfallwahrscheinlichkeit nach Beendigung der Intervention günstig zu beeinflussen.

Bereits während der Maßnahme weisen Teilnehmer mit zusätzlicher Beratung signifikant weniger Fehlversuche (positive Atemalkoholergebnisse) bei den Atemproben auf. Auch nach der Beendigung des Programms und Ausbau der Zündsperre lässt sich dieser positive Effekt anhand niedrigerer Rückfallquoten feststellen. Dies gilt insbesondere bei erstmals alkoholauffälligen Teilnehmern. So lässt sich trotz vorhandener verkehrspsychologischer Begleitung eine differenzierte Wirksamkeit bei erst- und mehrfachauffälligen Teilnehmern beobachten. Der Umfang des Alkoholproblems kann demnach maßgeblicher Prädiktor für den Erfolg der Maßnahme sein. Daneben ist zu beachten, dass die Freiwilligkeit der Teilnahme einen positiven Effekt auf

---

217 Zur zeitlichen Beschränkung der Wirksamkeit: *Evers*, BA 2003, 20 (22 und 24); *Marques*, BA 2003, 177 (184); *DeVol/Schreiber*, BA 2019, 112 (115).

den Programmverlauf hat. Diese Umstände gilt es bei der Ausgestaltung der Intervention zu berücksichtigen.[218]

IV. Ergebnis und Empfehlung

Insgesamt zeigt sich bei der Verwendung des AI ein merklicher Vorteil, wenn man die Fahrten unter Alkoholeinfluss mit und nach Ausbau des Interlocks zusammenzählt. Absolut kommt es durch den Einsatz der Zündsperre zu weniger Alkoholfahrten und alkoholbedingten Unfällen. Wirksame Programme können somit eine tatsächliche Verbesserung der Verkehrssicherheit bieten.[219]

Im Ergebnis ist daher festzuhalten, dass die Zündsperre selbst nicht ausreicht, um eine längerfristige Einstellungs- und Verhaltensänderung bei alkoholauffälligen Kraftfahrzeugführern zu bewirken. Sie kann jedoch als ergänzendes Element zu verkehrspsychologischen Rehabilitationsmaßnahmen eine Monitoring- und Überwachungsfunktion leisten und somit die nachhaltige Verhaltensänderung unterstützen. Die Einbettung der Wegfahrsperre in ein vollumfassendes Rehabilitationsprogramm für alkoholauffällige Kraftfahrer ist daher unabdingbar. Um überhaupt auf die auffälligen Fahrer einwirken zu können, muss dies von ausreichend langer Laufzeit sein.

Des Weiteren erscheint eine zusätzliche Nachbetreuung – nach dem Ausbau der Zündsperre – sinnvoll.[220]

Um dem *Alkohol-Interlock* zu einer maximalen Wirksamkeit verhelfen zu können, bedarf es somit einer Einbettung und der effizienten Ausgestaltung eines vollumfänglichen Rehabilitationsprogramms. Im nachstehenden Kapitel wird daher die inhaltliche Ausrichtung eines solchen Programms untersucht.

---

218 Zum rehabilitativen Begleitprogramm: *Evers,* BA 2003, 20 (23 f.); *BASt Bericht,* „Alkohol-Interlocks für alkoholauffällige Kraftfahrer“, S. 23; *Evers,* BA 2007, 154 (156 f.); *DeVol/Schreiber,* BA 2019, 112 (118).

219 *Seidl/Feustel-Seidl,* BA 2019, 1 (8); *Marques,* BA 2003, 177 (184).

220 Vgl. dazu im Ganzen: *Lohkamp,* BA 2003, 208 (211); *Evers,* BA 2007, 154 (156 f.); *DeVol/Schreiber,* BA 2019, 112 (118); „Best Practice Alkohol-Interlock“-*Kosellek/Meyer,* S. 77; *Gehlert,* „Alkohol-Interlock in Deutschland“, S. 16 und 20; *Nickel,* BA 2005 Sup. I, 8 (13); *Seidl/Feustel-Seidl,* BA 2019, 1 (1 f.).

Das *Alkohol-Interlock*-Programm

Die atemalkoholsensitive Zündsperre ist erst in Kombination mit einer verkehrspsychologischen Betreuung erfolgversprechend. Im Folgenden wird die Einbettung in das rehabilitative Begleitprogramm und seine potenzielle Ausgestaltung erläutert.

A. Einleitung

Das Zusammenspiel aus dem *Alkohol-Interlock*-Gerät und der verkehrspsychologischen Begleitung vermag mehr als eine technische Lösung zu leisten. Eingebaut, kann die Zündsperre – gegenwärtig – Trunkenheitsfahrten in alltäglichen Situationen verhindern. Das Begleitprogramm hingegen strebt – in die Zukunft gerichtet – eine langfristige Verhaltens und Einstellungsänderung an. Als Einheit können die beiden Komponenten *AI-Programm* genannt werden. Ziel des *AI-Programms* ist die Vermeidung zukünftiger Alkoholfahrten durch das Erlernen eines reduzierten und gesellschaftsverträglichen Trinkverhaltens.[221]

[221] Im Folgenden ist der *Alkohol-Interlock* immer im Kontext einer Einbettung in ein „AI-Programm" zu verstehen.

I. Das Begleitprogramm

Im Mittelpunkt steht ein verkehrspsychologisches Programm mit einer rehabilitativen Ausrichtung. Dabei geht es um die Besserung des Delinquenten und seine Bewährung im Straßenverkehr.[222]

Gegenstand der Behandlung ist der problematische Alkoholkonsum des Teilnehmers. Durch das Programm soll die Fähigkeit erworben werden, zwischen Alkoholkonsum und dem Führen eines Kraftfahrzeugs sicher trennen zu können. Bei dieser nachhaltigen Einstellungs- und Verhaltensänderung unterstützen Verkehrspsychologen den Programmteilnehmer. Denn gerade diese grundlegende Änderung der inneren Einstellung ist von elementarer Bedeutung für die Vermeidung zukünftiger Alkoholfahrten. Dabei wird besonders die Zeit nach dem Ausbau der technischen Lösung ins Auge gefasst. Das Interlock-Gerät fungiert während dieser Zeit als Werkzeug, um diesen lernpsychologischen Effekt erzeugen zu können. Dabei leistet es insbesondere ein kontinuierliches Monitoring des Teilnehmers. Hauptbestandteil des *AI-Programms* ist die Rehabilitation – also der verkehrspsychologische Inhalt der Maßnahme. Das Interlock-Gerät selbst macht insoweit einen integrierten Teil davon aus.[223]

II. Inhalte

Praktisch besteht die Begleitung aus medizinischen Untersuchungen sowie psychologischen Beratungsgesprächen in Einzel- oder Gruppensitzungen.[224]

1. Medizinische Untersuchungen

Teil des *AI-Programms* ist eine toxikologische Überwachung des Betroffenen. Die medizinischen Untersuchungen umfassen dabei wiederkehrende Urin und Bluttests, durch die alkoholinduzierte Biomarker ausgewertet werden. Die ermittelten Werte geben sodann Auskunft über den gegenwärtigen Alkoholkonsum und das Trinkverhalten des Teilnehmers. Außerdem lassen sich dadurch Rückschlüsse auf die Alkoholgewöhnung ziehen. Vor allem

---

[222] *Geiger*, SVR 2013, 281 (288); *Geiger*, DAR 2009, 414 (414).

[223] Zum Begleitprogramm im Ganzen vgl. dazu: *Gehlert*, „Alkohol-Interlock in Deutschland“, S. 4; *DeVol/Schreiber*, BA 2019, 112 (113); *Evers*, BA 2007, 154 (154); *Paterman/Reimann/Schubert*, DAR 2019, 11 (12); *Evers*, BA 2007, 14 (24); *Reimann/Schubert*, DAR 2016, 16 (18); *Paul/Egbert*, NK 2019, 93 (97); *Schleinitz/Bräutigam/Gehlert*, „Literaturreview“, S. 45.

[224] *Evers*, BA 2007, 154 (154).

aber können somit auch Veränderungen im Konsumverhalten nachvollzogen werden. Die regelmäßigen Auswertungen ermöglichen ebenfalls eine kontinuierliche Überwachung des Teilnehmers.[225]

2. Beratungsgespräche

Die wiederkehrenden Beratungsgespräche werden von geschulten Verkehrspsychologen durchgeführt, wobei die Kontaktaufnahme zu den Teilnehmern mindestens einmal im Monat erfolgen sollte. Bei diesen Gesprächen werden die psychologischen Hintergründe der delinquenten Auffälligkeiten aufgearbeitet. Ziel ist es u.a. nachhaltige Verhaltensalternativen aufzuzeigen, insbesondere für kritische Situationen, wie bei einer drohenden Alkoholfahrt. Für den Verkehrspsychologen dienen die ausgelesenen Daten aus dem Speicher der Zündsperre als hilfreiche Gesprächsgrundlage. Voraussetzung dafür ist, dass auch der Datenspeicher regelmäßig (ca. einmal im Monat) ausgelesen wird. Zwischen dem Interlock-Servicezentrum und der Programmaufsicht sollte daher ein aktives Kommunikationsnetzwerk bestehen.[226]

a. Trinkanlassprotokoll

Die Informationen aus dem Datenspeicher können im Anschluss mit einem Trinkanlassprotokoll verglichen werden.

Das Protokoll wird selbstständig durch den Teilnehmer erstellt und spiegelt die eigene, subjektive Wahrnehmung wider. Neben der Menge des konsumierten Alkohols sollen auch der Anlass und die Umstände des Konsums dokumentiert werden. Der Abgleich ermöglicht die Konfrontation des einzelnen Teilnehmers mit einem unverfälschten Bild der eigenen „Trink-Fahr-Realität". Außerdem lassen sich die Angaben aus dem Trinkanlassprotokoll auch mit den ermittelten Werten der medizinischen Untersuchungen abgleichen. Darüber hinaus werden regelmäßig weitere, psychologische Fragebögen erhoben. Durch dieses Vorgehen ist der Therapeut nicht mehr auf die bloße Selbstauskunft der Fahrer angewiesen, deren Wahrheitsgehalt bislang nicht

---

225 Zur toxikologischen Begleitung: *Lohkamp*, BA 2003, 208 (210); *Reimann/Schubert*, DAR 2016, 16 (18); *Paterman/Reimann/Schubert*, DAR 2019, 11 (13) und „Best Practice Alkohol-Interlock"-*Sachs*, S. 163 f.

226 Zu den Beratungsgesprächen im Ganzen: *Bartelt-Lehrfeld*, BA 2019, 105 (109); *DeVol/Schreiber*, BA 2019, 112 (113) und *Marques*, BA 2003, 177 (182).

unmittelbar überprüft werden konnte. Der psychologischen Begleitung kommt somit auch eine selbstreflektierende Funktion zu.[227]

Die ausgewerteten Informationen bringen darüber hinaus einen erheblichen Vorteil für die Diagnostik mit sich. Insgesamt lässt sich somit ein deutliches Bild von der akuten Alkoholproblematik des Teilnehmers zeichnen. Der behandelnde Therapeut wird so in die Lage gebracht, das Risiko eines Rückfalls und die Bedürfnisse im Einzelfall einschätzen zu können. Darauf aufbauend ermöglicht sich eine individuelle Ausrichtung der Rehabilitationsmaßnahme.[228]

b. Soziales Angebot

Alkoholprobleme tangieren neben der Verkehrsteilnahme zumeist auch weitere Bereiche der privaten Lebensführung.

Das Programm kann durch die Vermittlung zusätzlicher, sozialer Angebote eine weitreichende Hilfestellung bieten. Denkbar wäre, dass zum Beispiel Kontakte zu Aggressionstherapien, Schuldner- oder Familien- und Eheberatungen hergestellt werden. Diese Angebote können somit auch dem sozialen Umfeld des Betroffenen zugutekommen und den gesellschaftlichen Rückhalt stärken. Der richtige Umgang mit sozialen Herausforderungen in einem geschützten Umfeld begünstigt einen erfolgreichen Verlauf der Rehabilitationsmaßnahme. Durch die richtige Ausgestaltung kann dem *AI-Programm* eine sozialauffangende Funktion zukommen. Angefangen mit der ersten Kontaktaufnahme kann so dem Problem *Alkohol* vollumfänglich entgegengetreten werden.[229]

B. Fragestellungen der Ausgestaltung

Um ein möglichst hohes Maß an gesellschaftlichem Nutzen bieten zu können, bedarf es einer akribischen Auseinandersetzung mit der Ausgestaltung des *AI-Programms*. Für den Erfolg der Intervention sind daher folgende Parameter von elementarer Bedeutung.

---

227 Vgl. dazu im Ganzen: *BASt Bericht*, „Alkohol-Interlocks für alkoholauffällige Kraftfahrer“, S. 7, 62 und 66; „Best Practice Alkohol-Interlock“-*Seidl/Kollbach/Mehlhorn/Liemandt*, S. 134 und 205.

228 *Püschel/Klipp*, BA 2010, 315 (315); *Seidl/Feustel-Seidl*, BA 2019, 1 (9).

229 Zum sozialen Angebot: *Lohkamp*, BA 2003, 208 (209); *Nickel*, BA 2005 Sup. I, 8 (13).

I. Programmdauer

Bei der Auseinandersetzung über die Dauer des *AI-Programms* sind unterschiedliche Ansätze zu bedenken. Voneinander abzugrenzen ist dabei die Zeitspanne, in der das Interlock-Gerät im Fahrzeug installiert ist und die Dauer der verkehrspsychologischen Begleitmaßnahme. Als Einheit gilt es die Dauer des gesamten *AI-Programms* zu berücksichtigen.

1. Fixe Dauer

Für die absolute Dauer des *AI-Programms* kann eine feste Zeitspanne vorgegeben werden. Während dieser Zeit erfolgt die Installation des Geräts parallel zur Durchführung des verkehrspsychologischen Begleitprogramms. Die Begleitmaßnahme endet deshalb auch mit dem Ausbau des Geräts.

Für eine fixe Dauer der Intervention spricht vor allem der Sicherungsgedanke der Wegfahrsperre. Auf diese Weise wird gewährleistet, dass der Delinquent für eine vorgeschriebene Zeit nicht alkoholisiert am Straßenverkehr teilnehmen kann. Außerdem wird durch eine feste Programmdauer eine gewisse Transparenz geschaffen. Der Teilnehmer hat mit einem fixen Beendigungszeitpunkt ein festes Ziel vor Augen und weiß somit genau, was auf ihn zukommt. An dem vorbestimmten Datum wird die Wegfahrsperre deinstalliert und er kann wieder uneingeschränkt am Straßenverkehr teilnehmen. Diese Kalkulierbarkeit könnte zusätzlich motivierend wirken.

Eine feste Zeitspanne als Rechtsfolge einer alkoholisierten Verkehrsteilnahme hat jedoch ebenso einen sanktionierenden Charakter. Eine vorgeschriebene Programmteilnahme von z.B. sechs Monaten erscheint als Antwort auf die begangene Verfehlung. Die Reaktion ist in diesem Fall schematisch festgelegt und knüpft nicht an die tatsächliche Besserung des Täters an. Damit besteht vor allem bei Risiko-Gruppen eine besonders hohe Rückfallgefahr nach Programmende. Eine vorbestimmte Programmdauer lässt nämlich wenig Spielraum für eine individuelle Ausrichtung der Maßnahme zu. Jedoch sind die Bedürfnisse und Lernkurven der Teilnehmer verschieden. Dem anordnenden Hoheitsträger und vor allem dem behandelnden Psychologen wird dadurch nicht ausreichend Flexibilität eingeräumt.[230]

---

[230] Vgl. dazu im Ganzen: *Marques*, BA 2003, 177 (191); *Klipp*, BA 2010, 328 (328); *Graw*, NZV 2019, 15 (16).

Eine einheitliche Dauer der Programmteilnahme ist mit dem rehabilitativen Gedanken der Maßnahme nicht vereinbar. Eine fixe Programmdauer kann deshalb für das *AI-Programm* nicht empfohlen werden.

2. Variable Dauer

Betrachtet man das Programm von seiner rehabilitativen Seite, drängt sich eine andere Herangehensweise auf: Da die Besserung des Täters im Vordergrund steht, könnte auch die Dauer des Programms davon abhängig gemacht werden. Das bedeutet, dass der AI deinstalliert werden kann, wenn der Betroffene sich für den Straßenverkehr als nicht mehr gefährlich erweist.[231]

a. Individuelle Leistung

Resultierend wird die Dauer des *AI-Programms* an den *individuellen* Erfolg des Teilnehmers angepasst.[232]

Die Entlassung aus dem Programm kann dafür an das Erfüllen bestimmter Anforderungen geknüpft werden. Dadurch wird im Einzelfall nachgewiesen, dass eine tatsächliche Verhaltens- und Einstellungsänderung stattgefunden hat. Dem Teilnehmer wird so ein weniger schädlicher Umgang mit Alkohol attestiert. Darauf aufbauend lässt sich die Annahme rechtfertigen, dass der Betroffene für die Sicherheit des Straßenverkehrs nicht mehr gefährlich ist. Das Erfüllen der Kriterien rechtfertigt sodann nicht nur die Deinstallation und Entlassung aus dem *AI-Programm*, sondern begründet möglicherweise auch eine Neubewertung der Fahreignung.[233]

Die Abhängigkeit der Programmdauer von der eigenen Leistung schafft für den Teilnehmer einen zusätzlichen Anreiz. Anstrengungen und gute Mitarbeit werden auf diese Weise mit einem früheren Abschluss belohnt, sodass der Betroffene auch früher wieder uneingeschränkt am Straßenverkehr teilnehmen kann. Durch den Leistungsaspekt hält der Programmteilnehmer seine zukünftige und unbeschränkte Verkehrsteilnahme sozusagen in den eigenen Händen.

---

231 *Nickel*, BA 2005 Sup. I, 8 (14); *Marques*, BA 2003, 177 (191).

232 *Bartelt-Lehrfeld*, BA 2019, 105 (109).

233 *Marques*, BA 2003, 177 (191 f.); *Nickel*, BA 2005 Sup. I, 8 (14); *Klipp*, BA 2010, 328 (328).

b. Mindest- und Maximaldauer

Um eine tiefgreifende und gefestigte Verhaltensänderung bewirken zu können, muss das *AI-Programm* auch von einer gewissen Mindestdauer sein. Diskutiert werden dabei u.a. sechs Monate, obgleich sich auch hier eine individuelle Herangehensweise anbietet. Für eine variable Mindestdauer sprechen die unterschiedlichen Ausprägungen von Alkoholproblemen. Zur Bestimmung der Mindestdauer könnten z.B. Häufigkeit und Schwere der vorangegangenen Alkoholauffälligkeiten als Kriterium herangezogen werden. In einer Eingangsdiagnose lässt sich zumindest ein ungefährer und unverbindlicher Zeitrahmen für die Programmteilnahme herausarbeiten. Um Rechtssicherheit zu schaffen, könnte die Formulierung einer individuellen Maximaldauer ebenfalls sinnvoll sein. Erfüllt der Teilnehmer die geforderten Kriterien in dieser Zeit nicht, so kommt er nicht in den Genuss eines Programmabschlusses. Eine Maximaldauer würde also dafür sorgen, dass die Teilnehmer das *AI-Programm* mit der nötigen Ernsthaftigkeit verfolgen.[234]

c. Nachbetreuung

Die Zeitspanne, in der das Gerät im Fahrzeug installiert ist, muss nicht notwendigerweise mit der Dauer der verkehrspsychologischen Begleitung kongruent sein.

Wie Wirksamkeitsstudien unterstreichen, kommt der Zeit nach dem Ausbau entscheidende Bedeutung zu. Hier zeigt sich, inwiefern der Teilnehmer eine tiefgreifende Verhaltensänderung vollzogen hat und es dementsprechend nicht zu einem Rückfall kommt. Der Betroffene kann sich nun nicht mehr auf die Zündsperre *verlassen*, die ihn zuverlässig von einer Alkoholfahrt abhält. Es erscheint demnach sinnvoll, die zusätzliche Begleitmaßnahme ab Wegfall der technischen Kontrolleinheit eine gewisse Dauer weiter fortzuführen. Eine Nachbetreuung während der Eingewöhnung des Fahrers – „jetzt wieder auf sich gestellt zu sein“ – könnte das Risiko eines Rückfalls minimieren. In zeitlicher Hinsicht sollte die Nachbetreuung an die individuellen Bedürfnisse des Einzelnen angepasst werden.[235]

---

[234] Vgl. dazu im Ganzen: *Evers*, BA 2003, 20 (21); *Evers*, BA 2007, 14 (24); *Bartelt-Lehrfeld*, BA 2019, 105 (109); *Krismann*, NZV 2011, 417 (421).

[235] Zur Nachbetreuung: *Lohkamp*, BA 2003, 208 (211); P/Q/R/D-*DeVol*, § 21 Rn. 23.

Im Ergebnis empfiehlt sich daher eine individuelle Programmlaufzeit unter der Berücksichtigung einer unabdingbaren Mindestdauer.

II. Programmbeendigung

Durch das Erfüllen bestimmter Kriterien kann der Teilnehmer das Programm erfolgreich abschließen. Es bedarf somit bestimmbarer Umstände, die eine Deinstallation der Zündsperre rechtfertigen. Ebenso gilt es einen Katalog mit Zuwiderhandlungen aufzustellen, deren Verwirklichung den vorzeitigen Abbruch des Programms bedeuten können.[236]

1. Programmabschluss

Es müssen Umstände herausgearbeitet werden, die den erfolgreichen Programmabschluss bedeuten und die Deinstallation der Zündsperre gebieten.

Für einen erfolgreichen Abschluss des *AI-Programms* ist der beabsichtigte Lerneffekt in der Eingangsdiagnostik anhand nachvollziehbarer Kriterien zu bestimmen. Das Ziel sollte dabei für den Teilnehmer so transparent wie möglich formuliert werden. Grundsätzlich fördert eine Zieloffenheit zu Beginn des Programms den Veränderungs- und Behandlungsprozess. Je nach Einzelfall kann das Ziel von der Vermeidung zukünftiger Rauschzustände i.S.e. kontrollierten Trinkens bis hin zu einer generellen Alkoholabstinenz reichen. Dabei ist vor allem das Ausmaß der Alkoholproblematik ausschlaggebend. Zentraler Bestandteil des zu formulierenden Ziels sollte jedoch stets der Nachweis einer hinreichenden Trennung zwischen dem Konsum von Alkohol und der Verkehrsteilnahme sein. Denn erst aus der hinreichenden Trennung lässt sich eine reduzierte Gefährlichkeit für den öffentlichen Straßenverkehr ableiten.[237]

a. Erfolgskriterien

Zur Beurteilung der Lernkurve eignen sich Kriterien wie die Häufigkeit fehlgeschlagener Startversuche, ebenso wie das Ausbleiben weiterer Alkoholauffälligkeiten oder anderer Verkehrsverstöße. Forschungen haben ergeben, dass insbesondere die Anzahl an positiven Atemproben einen hohen

---

236 *Graw*, NZV 2019, 15 (16).

237 Vgl. dazu auch im Ganzen: *Paterman/Reimann/Schubert*, DAR 2019, 11 (12 und 13); *Bartelt-Lehrfeld*, BA 2019, 105 (109); P/Q/R/D-*DeVol*, § 21 Rn. 157.

Voraussagewert für zukünftige Rückfälle beinhaltet. Diese Personen zeigen, dass sie Alkohol und Fahren (noch) nicht hinreichend trennen können und weiterhin über die Bereitschaft verfügen, alkoholisiert am Straßenverkehr teilzunehmen. Das mangelnde Trennungsvermögen und die Bereitschaft zu delinquentem Verhalten begründen daher ein unzumutbares Risiko für den Straßenverkehr. Zur Feststellung dieser Kriterien lassen sich die gespeicherten Informationen des Datenspeichers heranziehen.[238]

Für eine Beendigung des *AI-Programms* muss die Untersuchung biologischer Marker einen veränderten Alkoholkonsum attestieren. Darüber hinaus ist die regelmäßige Teilnahme an den Angeboten der verkehrspsychologischen Begleitung für die Entlassung unabdingbar. Der Teilnehmer muss dabei kooperativ seine Mitarbeit gewährleistet haben. Dazu gehört die zuverlässige Führung der Trinkanlassprotokolle und das Erscheinen bei den regelmäßigen Beratungsgesprächen. Neben den objektiv vorliegenden Nachweisen einer gefestigten Verhaltensänderung muss auch der begleitende Verkehrspsychologe in den Gesprächen einen solchen Eindruck gewinnen. In der Folge kann bei einer günstigen Verhaltensprognose die Zündsperre ausgebaut werden.[239]

b. Neubewertung

Am Ende des *AI-Programms* könnte eine abschließende ärztliche und/oder medizinisch-psychologische Fahreignungsbegutachtung gemäß der Begutachtungsleitlinien für Kraftfahreignung stehen. Durch die Begutachtung wird festgestellt, ob der Teilnehmer eine individuelle Lösung zur Vermeidung seines Trink-Fahr-Konflikts, in Form eines anderen Verhaltens im Umgang mit Alkohol erreichen konnte. Ziel ist es, den Lerneffekt des *AI-Programms* anhand objektiver Daten in die Begutachtung einfließen zu lassen. Darauf basierend kann die Fahreignung neu bewertet werden.[240] Ob jedoch tatsächlich eine gesonderte Fahreignungsbegutachtung nach dem Programmabschluss

---

[238] Zu den Erfolgskriterien im Ganzen: *Marques*, BA 2003, 177 (192); *Nickel*, BA 2005 Sup. I, 8 (14); *Evers*, BA 2007, 154 (156); *BASt Bericht*, „Alkohol-Interlocks für alkoholauffällige Kraftfahrer“, S. 27; *Schöch*, BA 2010, 340 (343).

[239] Ebenso: „Best Practice Alkohol-Interlock“-*Glaser/Richter/Schubert*, S. 194; *Reiman/Schubert*, DAR 2016, 16 (18); *Bartelt-Lehrfeld*, BA 2019, 105 (109); *BASt Bericht*, „Alkohol-Interlocks für alkoholauffällige Kraftfahrer“, S. 67; *Nickel*, BA 2005 Sup. I, 8 (14).

[240] Vgl. dazu im Ganzen: *Paterman/Reimann/Schubert*, DAR 2019, 11 (13); *Paul/Egbert*, NK 2019, 93 (101).

geboten erscheint, ist im Rahmen des jeweiligen Anwendungsbereichs zu prüfen.

2. Zuwiderhandlungen

Die Programmleitlinien sollten außerdem Regelverstöße und die resultierenden Konsequenzen beinhalten. Aus Gründen der Transparenz sind diese möglichst genau zu betiteln. Dabei bedarf es u.a. Formulierungen bezüglich technischer Manipulationsversuche, Fahren unter Alkohol- oder Drogeneinfluss und der Benutzung eines anderen – nicht ausgestatteten – Fahrzeugs. Dazu gehört insbesondere auch der Umgang mit positiven Atemproben. Speziell in diesem Fall wäre eine verkürzte Service-Periode denkbar. In der Folge muss der Betroffene innerhalb weniger Tage eine Servicewerkstatt zum Datenauslesen aufsuchen. Im Anschluss wäre eine turnusunabhängige Konfrontation durch den begleitenden Verkehrspsychologen sinnvoll. In diesem Gespräch ist sodann die kritische Situation aufzuarbeiten. Bei dieser Gelegenheit kann der Teilnehmer persönlich vor den drohenden Konsequenzen weiterer Zuwiderhandlungen gewarnt werden.[241]

Daneben sind auch die Verpflichtungen aus dem rehabilitativen Begleitprogramm zu berücksichtigen.[242] Kommt der Teilnehmer seinen Verpflichtungen nicht nach, erfolgt eine entsprechende Verwarnung durch die Kursleitung. Die Konsequenz wiederholter Zuwiderhandlungen sollte der Abbruch und Ausschluss aus dem *AI-Programm* darstellen. Die vorzeitige Programmbeendigung hat sodann negative Auswirkungen auf die Neubewertung der Fahreignung. Je nach gesetzlicher Implementierung der Wegfahrsperre könnte der Programmabbruch auch den Entzug der Fahrerlaubnis bedeuten.[243]

---

241 *BASt Bericht*, „Alkohol-Interlocks für alkoholauffällige Kraftfahrer“, S. 22 f.; *Schleinitz/Bräutigam/Gehlert*, „Literaturreview“, S. 46.

242 Diese Verpflichtungen umfassen insbesondere die medizinischen Untersuchungen, das Trinkanlassprotokoll, die regelmäßigen Beratungsgespräche und die Fragebögen (siehe Kap. 4 A. II.).

243 Vgl. dazu im Ganzen: *Bartelt-Lehrfeld*, BA 2019, 105 (111); *Nickel*, BA 2005 Sup. I, 8 (14); *BASt Bericht*, „Alkohol-Interlocks für alkoholauffällige Kraftfahrer“, S. 67; *Evers*, BA 2007, 14 (24); *Graw*, NZV 2019, 15 (16); *Paterman/Reimann/Schubert*, DAR 2019, 11 (13).

III. Kosten

Es herrscht auf internationaler Ebene Einigkeit darüber, dass die Kostenfrage von elementarer Bedeutung für den Entschluss zur Programmteilnahme ist. Im Kreise der Adressaten werden hohe Kosten als Teilnahmehindernis angesehen, sodass es in den Ländern mit bereits existierenden „AI-Programmen" teilweise zu einer sehr geringen Teilnehmerquote unter den potenziell geeigneten Fahrzeugführern kommt. Zum Beispiel müssen Teilnehmer in Kanada abhängig von der Dauer des Programms zwischen 940 und 3.300 C$ aufwenden. Die Teilnahmekosten für das zweijährige Programm in Schweden belaufen sich auf etwa 5.000 Euro. Erhebungen zur Folge sind in diesen Ländern lediglich ein Fünftel aller alkoholauffälligen Kraftfahrer bereit, diese Kosten zu tragen. Auch hier zulande werden die Kosten einer Programmteilnahme vermutlich im vierstelligen Bereich liegen.[244]

1. Kostentragung

Grundsätzlich ist zu beachten, dass der Betroffene selbst durch sein Verhalten (Alkoholverstoß) die Intervention erforderlich macht. Der Adressat ist also selbst Auslöser der Kosten. Die anfallenden Kosten für das *AI-Programm* sollten daher in vollem Umfang auch von den einzelnen Teilnehmern getragen werden. Die Kostenhöhe ist dabei abhängig von der Dauer und dem Umfang des in Anspruch genommenen Programms. Die zu tragenden Kosten umfassen u.a. die Miete für das Interlock-Gerät, dessen Installation und Wartung, die verkehrsmedizinische Eingangsuntersuchung und die verkehrspsychologische Begleitmaßnahme.

Kostspielig wäre darüber hinaus der Einsatz einer Videokamera zur Fahreridentifizierung.[245]

Bei der Kostenfrage ist außerdem zwischen einer freiwilligen und einer verpflichtenden Programmteilnahme zu unterscheiden. Im Falle einer Teilnahmepflicht kommt den erheblichen Kosten ein zusätzlicher Sanktionscharakter zu. Neben der Beschränkung der Verkehrsteilnahme muss der Betroffene auch noch einen gewichtigen finanziellen Aufwand tragen. Wobei

---

244 Vgl. im Ganzen: *Evers*, BA 2003, 20 (24 f.); *Eisenmenger*, BA 2005 Sup. I, 17 (18); *Nickel*, BA 2005 Sup. I, 8 (13); *Graw*, NZV 2019, 15 (16).

245 Zur Kostentragung: *Evers*, BA 2003, 20 (32 f.); *BASt Bericht*, „Alkohol-Interlocks für alkoholauffällige Kraftfahrer", S. 26.

fraglich ist, wie ein Einbau der Wegfahrsperre und die Teilnahme an den Maßnahmen des Begleitprogramms gegen den Willen des Betroffenen durchzusetzen wäre.[246] Weniger einschneidend sind die Kosten bei einer freiwilligen Teilnahme zu beurteilen. Der Betroffene kann für sich selbst abwägen und entscheiden, ob die Programmteilnahme sinnvoll und finanziell zu leisten ist. Das individuelle Kosten-Nutzen-Verhältnis ist deshalb für die Motivation zur Teilnahme an einem *AI-Programm* ausschlaggebend.[247]

2. Mittelbare Kosten

Dem Betroffenen erwachsen jedoch nicht nur unmittelbar durch die Programmteilnahme Kosten, sondern möglicherweise auch mittelbar durch die Auswirkungen auf andere Vertragsverhältnisse.

Es besteht die Möglichkeit, dass durch das Alkoholproblem und die Programmteilnahme die Beiträge der Kfz-Versicherung erhöht werden. Die Alkoholproblematik des Kfz-Halters begründet insofern die Erhöhung des Risikos einer Trunkenheitsfahrt und könnte den Versicherer zur Anpassung der Beiträge berechtigen. In diesem Zusammenhang gilt es zu klären, inwiefern die Daten aus dem Datenspeicher an den Versicherer weitergegeben werden dürfen bzw. dieser über den Einbau einer Wegfahrsperre zu informieren ist.[248]

Fraglich ist auch insofern, ob den Fahrzeughalter eventuell eine Aufklärungspflicht gegenüber dem Versicherer treffen könnte.[249]

Es ist außerdem an Fallkonstellationen zu denken, bei denen das auszurüstende Kraftfahrzeug nicht im Eigentum des betroffenen Fahrers steht, sondern diesbezüglich ein Miet- oder Leasingvertrag vorliegt. Zivilrechtlich ist zu untersuchen, welche Auswirkungen der Einbau einer Wegfahrsperre auf den Miet- oder Leasingvertrag hat. Vertragsrechtlich könnte der Vermieter oder Leasinggeber aufgrund des Einbaus und der Risikoerhöhung ebenfalls zur Vertragsaufhebung bzw. -anpassung berechtigt sein. Diese Vertragsgestaltung setzt jedoch voraus, dass der Vermieter oder Leasinggeber Kenntnis über das Alkoholproblem und den beabsichtigten Einbau einer

---

246 Zur Durchsetzbarkeit einer verpflichtenden Programmteilnahme siehe: Kap. 4 C. II. 2. a.

247 *Marques*, BA 2003, 177 (193).

248 Zum Datenschutz siehe Kap. 4 B. VII. und Kap. 6 C. V.

249 Zu vertraglichen Aufklärungspflichten siehe Kap. 6 C. VI.

Wegfahrsperre erhält. Möglicherweise trifft den Fahrzeugnutzer insoweit eine vertragliche Aufklärungspflicht, sodass er gehalten ist, den Vertragspartner über den Einbau zu informieren.[250] Letztlich kann sich die Teilnahme an einem *AI-Programm* und die Ausrüstung eines Kraftfahrzeugs auf weitere Vertragsverhältnisse auswirken, wodurch möglicherweise auch weitere Kosten für den Teilnehmer entstehen können.

3. Kostengestaltung

In Anbetracht drohender Geldstrafen bei Alkoholverstößen oder einem Fahren ohne Fahrerlaubnis dürfen die Programmkosten nicht allzu hoch ausfallen. Ansonsten würde das *AI-Programm* keine echte Alternative neben oder statt den herkömmlichen Sanktionen darstellen. Es gilt daher, Überlegungen anzustrengen, um eine Programmteilnahme unter Kostenaspekten attraktiver gestalten zu können. Durch die Selbstvorsorge wären zum Beispiel Rabatte durch die Versicherer denkbar. Um soziale Härtefälle aufzufangen, könnten öffentliche Fördermittel bereitgestellt werden. Generell gilt es, Finanzierungsmodelle zu prüfen, bei denen die anfallenden Kosten zwischen der öffentlichen Hand und dem Teilnehmer aufgeteilt werden. Die Programmteilnahme darf nämlich nicht Besserverdienenden vorbehalten sein. Wenn die Teilnahme an einem *AI-Programm* als Alternative zur Sanktion oder Möglichkeit zur Wiederherstellung der Fahreignung eine Frage der finanziellen Mittel wird, hätte dies eine ungerechtfertigte Privilegierung zur Folge.[251]

IV. Einrichtung verkehrspsychologischer Beratungsstellen

Es muss geklärt werden, in wessen Aufgaben bzw. Kompetenzbereich die verkehrspsychologische Aufsicht des *AI-Programms* zuzuweisen ist. Da die Inhalte eine tiefgreifende und nachhaltige Änderung des Trink- und Fahrverhaltens herbeiführen sollen, kann die Bedeutung qualifizierter Verkehrspsychologen nicht oft genug betont werden.

---

250 Zu vertraglichen Aufklärungspflichten siehe Kap. 6 C. VI.

251 Im Ganzen: *Schleinitz/Bräutigam/Gehlert*, „Literaturreview", S. 45; *Evers*, BA 2003, 20 (25 und 29); *Marques*, BA 2003, 177 (193); *BASt Bericht*, „Alkohol-Interlocks für alkoholauffällige Kraftfahrer", S. 25.

1. Zuweisung

Die Verantwortung für die Administration und Durchführung von „AI-Programmen" liegt primär bei den ausführenden Organen der Verkehrssicherheit. Dazu zählen insbesondere die Fahrerlaubnisbehörden und die Organisatoren von Rehabilitationsmaßnahmen. Da das *AI-Programm* in einem engen Zusammenhang mit der Bewertung der Fahreignung steht, würden sich für die Programmleitung die vorhandenen Fachkräfte des Maßnahmensystems aus dem Fahreignungsrecht anbieten. Diese befassen sich u.a. auch mit der Bewertung bzw. Wiederherstellung der Fahreignung. Der Kreis an Fachkräften besteht dabei vor allem aus psychologischen oder ärztlichen Psychotherapeuten, speziell ausgebildeten Suchthelfern und Kursmoderatoren.[252]

2. Befähigung

Die Anforderungen an die Befähigung könnten sich an denen für die verkehrspsychologischen Leiter der Kurse gemäß § 70 FeV orientieren. Diese Therapeuten verfügen über eine verkehrspsychologische Ausbildung zur Begutachtung der Fahreignung. Neben den Kursen zur Wiederherstellung der Fahreignung sind sie auch zur Durchführung besonderer Aufbauseminare für alkohol- und drogenauffällige Kraftfahrer berechtigt. Dazu gehört auch die Vorbereitung auf medizinisch-psychologische Untersuchungen.[253]

V. Geeignete Fahrzeugtypen

Es stellt sich außerdem die praktische Frage, welche Fahrerlaubnisklassen überhaupt vom Anwendungsbereich der Zündsperre erfasst werden.

Neben der Fahrerlaubnisklasse B wurde der Anwendungsbereich der Zündsperre durch die Typengenehmigungsverordnung im November 2019 auf Einbauschnittstellen für die Fahrerlaubnisklassen M1–3 und N1–3 erweitert.[254] Der Ausweitung auf zweirädrige Kraftfahrzeuge stehen technische Schwierigkeiten bei der Installation der Zündsperre entgegen. Problematisch

---

[252] Vgl. dazu im Ganzen: *Bartelt-Lehrfeld*, BA 2019, 105 (108 f.); *Evers*, BA 2003, 20 (29); *Patermann/Reimann/Schubert*, DAR 2019, 11 (13).

[253] Vgl. dazu im Ganzen: „Best Practice Alkohol-Interlock"-*Seidl/Kollbach/Mehlhorn/Liemandt*, S. 133 f.

[254] Verordnung (EU) 2019/2144 des Europäischen Parlaments und des Rates vom 27. November 2019.

erscheint auch die Handhabung des Geräts während der Fahrt. Zweirädrige Kraftfahrzeuge sind deshalb vom Anwendungsbereich der Wegfahrsperre auszunehmen.[255] Es spricht jedoch nichts dagegen die Fahrerlaubnisklassen C und D miteinzubeziehen, um die zukünftige Interlock-Nutzung für LKWs (ab 3,5 t) und Busse (zur Beförderung von mehr als acht Personen) zu ermöglichen. Für die Zulässigkeit bedürfte es jedoch einer Ausweitung der Typengenehmigungsverordnung durch die EU.

VI. Nachvollziehbarkeit

Für den Rechtsverkehr muss ersichtlich sein, dass der betroffene Fahrer nur mit eingebauter Zündsperre am Straßenverkehr teilnehmen darf. In Verkehrskontrollen durch die Polizei muss deshalb bei der Prüfung der Fahrerlaubnis die Beschränkung auf Kraftfahrzeuge mit installierter Wegfahrsperre nachvollziehbar sein. Die Fahrerlaubnis stellt dabei die staatliche Genehmigung dar, ein Kraftfahrzeug im Straßenverkehr führen zu dürfen, wohingegen der Führerschein die beweisführende Urkunde diesbezüglich darstellt. Diese Genehmigung lässt sich grundsätzlich beschränken oder mit Auflagen versehen. Die Beschränkungen oder Auflagen in Bezug auf die Fahrerlaubnis werden sodann entsprechend auf dem Führerschein vermerkt.[256]

Europaweit lässt sich die Beschränkung – nur mit *Alkohol-Interlock* fahren zu dürfen – aufgrund der EU-Verordnung EN 50436 nachvollziehen. Beschränkt sich die Fahrerlaubnis auf Kraftfahrzeuge mit alkoholsensitiver Wegfahrsperre, kann dafür die Schlüsselzahl „69" in den betroffenen Führerschein eingetragen werden. Der installierte AI muss dabei den europäischen Vorgaben gemäß EN 50436 genügen. Sollte eine Person also nur mit einem ausgerüsteten Kraftfahrzeug am Straßenverkehr teilnehmen dürfen, lässt sich dies europaweit nachvollziehen.[257]

VII. Datenschutz

Die praktische Umsetzung des *AI-Programms* erfordert darüber hinaus eine datenschutzrechtliche Regelung.

---

[255] Zu zweirädrigen Kraftfahrzeugen: *Bartelt-Lehrfeld*, BA 2019, 105 (106).

[256] Vgl. dazu im Ganzen: L/B/M/R-*Müller*, § 2 StVG Rn 3 und B/H/H/J-*Hühnermann*, § 2 StVG Rn. 1.

[257] Zur Führerscheinschlüsselzahl: *Gehlert*, „Alkohol-Interlock in Deutschland", S. 4.

1. Personenbezogene Daten

Während der Inbetriebnahme des *Alkohol-Interlocks* werden regelmäßig personenbezogene Daten erhoben.

Der integrierte Datenspeicher zeichnet alle relevanten Ereignisse im Umgang mit dem Gerät auf. Neben der gemessenen Alkoholkonzentration wird u.a. auch das Datum und die Uhrzeit der Abgabe oder der Verweigerung einer Atemprobe, sowie Manipulationsversuche gespeichert. Darüber hinaus könnten weitere, höchstpersönliche Daten wie z.B. Gesichtsscans erhoben werden. Diese personenbezogenen Daten des Fahrers werden regelmäßig von den autorisierten Werkstätten ausgelesen. Die gewonnenen Informationen lassen sich sodann in einem Protokoll zusammenstellen. Anschließend wird dieses den überwachenden Behörden bzw. den betreuenden Verkehrspsychologen zur Verfügung gestellt. Damit wird das Testverhalten so genau wie möglich einer Person zugeordnet.[258]

Ein wohl unliebsamer Nebeneffekt der ausgerüsteten Kraftfahrzeuge liegt in der Nutzung durch zusätzliche Fahrer (z.B. Familienangehörige). Zur Inbetriebnahme des ausgerüsteten Kraftfahrzeugs ist für diese Nutzer ebenfalls die Durchführung einer Atemalkoholmessung notwendig. Der derzeitige Stand der Technik erlaubt hierbei keine Ausnahme. Auch in diesem Zusammenhang werden personenbezogene Daten erhoben und verarbeitet, obwohl diese Personen eigentlich nicht Adressat der Maßnahme sind. Für diese Daten ist deshalb datenschutzrechtlich ein strengerer Maßstab zu wählen.[259]

2. Daten-Managementsystem

Die Erfassung, Speicherung und Auswertung der Ereignisdaten eröffnen die Anwendungsbereiche der entsprechenden Datenschutzgesetze der Länder und des Bundes. Darüber hinaus standardisiert die europäische Norm EN 50436-6 die Vorgaben an den Datenschutz.[260]

Um den gesetzlichen Vorgaben gerecht zu werden, muss eine sichere und verschlüsselte, elektronische Infrastruktur bereitgestellt werden. Zur Datenorganisation und einheitlichen Speicherung bedarf es daher der Bereitstellung

---

258 Vgl. dazu im Ganzen: „Best Practice Alkohol-Interlock“-*Lagois/Velten*, S. 50 f.; *Lagois/Sohège*, BA 2003, 199 (204 f.); *Paul/Egbert*, NK 2019, 93 (101).

259 Vgl. dazu im Ganzen: *Bartelt-Lehrfeld*, BA 2019, 105 (108).

260 „Best Practice Alkohol-Interlock“-*Lagois/Velten*, S. 51.

eines Systems für Datenübertragung und -management. Dieses System muss gewährleisten, dass die gespeicherten Daten sodann nur von der zuständigen Behörde bzw. von der betreuenden Person des Trägers eingesehen werden können. Das Datenschutzkonzept muss insoweit Bestimmungen über Zugangsberechtigungen enthalten. Dabei ist auch zu klären, an wen die Daten weitergegeben werden dürfen.[261] Weiter bedarf es der Regelung von Aufbewahrungsfristen. Grundsätze, wie eine temporäre Speicherung der Daten, sollten dabei eingehalten werden. Die Aufbewahrung könnte insofern einen Zeitraum von bis zu sechs Monaten nach Aufhebung der Wegfahrsperre betreffen. Zur Qualitätssicherung eignen sich möglicherweise anonymisierte Datensätze.[262]

Zuletzt bleibt die Frage offen, wer das System für Datenübertragung und -management betreiben soll. Die Verwaltung des aufwendigen Datensystems ist mit einem erheblichen Kosten- und Betreuungsaufwand verbunden. Es bedarf daher der Schaffung zusätzlicher Verwaltungsstrukturen innerhalb der zuständigen Behörden.

C. Anordnungs- und Zuweisungspraxis

Nach einem Blick auf das *AI-Programm* stellt sich nunmehr die Frage, für welche Personengruppen es konzipiert werden sollte. Vordergründig ist daher das Herausfiltern geeigneter Fahrzeugführer. Im Anschluss ist zu klären, wie diese Personen dem Programm zugeführt werden. Dabei geht es um die Anordnung einer Programmteilnahme und deren Rechtsverbindlichkeit.

I. Zuweisungspraxis

Primär gilt es zu klären, an welchen Adressatenkreis sich das AI-Angebot richten soll. Dabei geht es um die Aufstellung bestimmter Anforderungen und Zuweisungskriterien, welche an die Betroffenen zu stellen sind. Es empfiehlt sich grundsätzlich eine diagnostische Einschätzung, bei der auch umfassend über die Programmteilnahme beraten wird. Die Teilnahme sollte

---

261 Weiterführend siehe Kap. 6 C. V.

262 Vgl. dazu im Ganzen: *Bartelt-Lehrfeld*, BA 2019, 105 (110); *Patermann/Reimann/Schubert*, DAR 2019, 11 (13); *BASt Bericht*, „Alkohol-Interlocks für alkoholauffällige Kraftfahrer", S. 19 f.

generell von der Bedingung der Geeignetheit abhängig gemacht werden. Diese Bedingungen sind bereits auf der Tatbestandsebene zu konstituieren, welche die Teilnahme an einem *AI-Programm* gebietet.[263]

1. Verkehrsmedizinische Eignung

Vor Beginn der Maßnahme muss geprüft werden, ob der Betroffene den allgemeinen verkehrsmedizinischen Anforderungen entspricht. Dabei sollte die Eignung eines jeden Fahrers individuell durch eine Begutachtung festgestellt werden. Es empfiehlt sich eine eingehende Zuweisungsdiagnose im Rahmen einer medizinisch-psychologischen Untersuchung. Diese Zuweisungsdiagnose eignet sich auch insbesondere für die Herausarbeitung des individuellen Ziels der Intervention.[264]

a. Gesundheitliche Anforderungen

Zur Teilnahme an einem *AI-Programm* müssen bestimmte Anforderungen an die gesundheitliche Konstitution erfüllt werden.

Grundsätzlich setzt die Programmteilnahme körperliche, geistige und sprachliche Fähigkeiten voraus. Die rehabilitativen Inhalte des Programms erfordern insbesondere eine kooperative und kommunikative Mitarbeit des Teilnehmers. Dieser muss außerdem jederzeit in der Lage sein, zuverlässig jeden angeforderten Atemtest absolvieren zu können. In Anbetracht des geforderten Mindestatemvolumens bedeuten vor allem Lungenerkrankungen möglicherweise einen generellen Ausschluss von der Programmteilnahme. Darüber hinaus muss die Person auch motorisch in der Lage sein, während der Fahrt den AI bedienen zu können, ohne dass es dabei zu einer Beeinträchtigung der Fahrsicherheit kommt. Diese kognitive Herausforderung könnte bei älteren oder körperlich beeinträchtigten Personen ein Problem darstellen. Grundsätzlich sind bei der Teilnehmerauswahl auch fahreignungsausschließende Erkrankungen zu berücksichtigen. Neben einer eingehenden

---

263 *BASt Bericht*, „Alkohol-Interlocks für alkoholauffällige Kraftfahrer", S. 53; *Graw*, NZV 2019, 15 (16).

264 Zur Zuweisungsdiagnose: *Paterman/Reimann/Schubert*, DAR 2019, 11 (12); *BASt Bericht*, „Alkohol-Interlocks für alkoholauffällige Kraftfahrer", S. 45; *DeVol/Schreiber*, BA 2019, 112 (113).

medizinischen Begutachtung empfiehlt sich deshalb eine praktische Unterweisung und Erprobung der Zündsperre.[265]

b. Alkoholproblematik

Vor dem Programmstart ist auch die Alkoholproblematik des potenziellen Teilnehmers zu untersuchen, welche sich insbesondere anhand der Kriterien der Begutachtungsleitlinien zur Kraftfahreignung einschätzen lässt.[266]

Die Beurteilung der Alkoholproblematik erfolgt anhand der Auswertung bestimmter Biomarker im Blut des Betroffenen, welche Rückschlüsse auf die Höhe des gewohnten Alkoholkonsums zulassen. Ein Urintest weist zudem auf den parallelen Konsum anderer, psychoaktiv wirksamer Stoffe hin. Ein sog. Parallelkonsum sollte einen generellen Ausschluss von der Programmteilnahme bedeuten. Darüber hinaus lassen Fragebögen zu Trinkmengen, Trinkhäufigkeit und nicht aufgedeckter Alkoholfahrten eine Einschätzung des eigenen Problembewusstseins zu. Dabei muss sich mit Hinblick auf die Eigenverantwortung am Zustandekommen der Alkoholverstöße eine realistische Bewertung des eigenen Fehlverhaltens zeigen. Die Auswertung der psychologischen Begutachtung sollte generell eine hinreichende Änderungsmotivation erkennen lassen. Zeigt sich die Person uneinsichtig, so könnte dies u.U. ebenfalls einen Ausschlussgrund bedeuten. Das gleiche sollte für kommunikative oder motivationale Mängel gelten.[267]

2. Alkoholauffälligkeit

Fraglich ist, ob eine weitere Vorselektierung anhand der Häufigkeit der festgestellten Alkoholauffälligkeit sinnvoll erscheint. Gemeint ist, wie oft jemand alkoholisiert im Straßenverkehr in Erscheinung getreten ist. Es bietet sich dabei an, verschiedene Alkoholfahrer zu typisieren.

Zu unterscheiden sind daher Personen, die erstmalig im Straßenverkehr alkoholauffällig wurden – sog. Ersttäter – und Personen, die wiederholt

---

265 Zu den gesundheitlichen Anforderungen im Ganzen: *Evers*, BA 2003, 20 (31); *BASt Bericht*, „Alkohol-Interlocks für alkoholauffällige Kraftfahrer", S. 54; *Paterman/Reimann/Schubert*, DAR 2019, 11 (13).

266 *Paterman/Reimann/Schubert*, DAR 2019, 11 (12).

267 Zur Alkoholproblematik im Ganzen vgl.: *DeVol/Schreiber*, BA 2019, 112 (113); *BASt Bericht*, „Alkohol-Interlocks für alkoholauffällige Kraftfahrer", S. 62; *Lohkamp*, BA 2003, 208 (210).

gegen das Alkoholverbot verstoßen haben – sog. Wiederholungstäter. Für und gegen die Einbeziehung der jeweiligen Gruppe sprechen unterschiedliche Argumente.[268]

a. Ersttäter

Für die Einbeziehung der Ersttäter spricht die Überschaubarkeit ihrer „Fehltritte", aufgrund derer sie vermutlich – noch – nicht über eine tiefgreifende Alkoholproblematik verfügen. Die Fähigkeit zwischen Alkoholkonsum und dem Führen von Kraftfahrzeugen hinreichend trennen zu können, mag in dieser Gruppe wohl noch eher vorliegen. Anders gesagt ist diese Teilnehmergruppe durch eine intervenierende Rehabilitation noch „formbar". Eine gezielte Alkoholprävention könnte also bereits das erforderliche Umdenken bewirken. Diese Annahme unterstreichen auch die vorgestellten Wirksamkeitsstudien, welche unter den Ersttätern auch nach Ausbau des Interlocks einen deutlicheren Rückgang der Wiederauffälligkeitsrate im Vergleich zu der Gruppe an Wiederholungstätern desselben Programms zeigten.[269]

Andererseits spricht die als gering anzusehende Alkoholproblematik dieser Gruppe auch gegen eine Einbeziehung. Weniger einschneidende Maßnahmen könnten bereits ausreichend sein, damit diese Personen ihr eigenes Fehlverhalten überdenken und korrigieren. Vielleicht genügt bereits die erste Entdeckung und Ahndung der Trunkenheitsfahrt, damit der Ersttäter seine „Lektion gelernt" hat. Möglicherweise bedarf es lediglich eines Denkzettels z.B. in Form eines Fahrverbots, um einen Lerneffekt und das gewünschte Umdenken herbeizuführen.[270]

b. Wiederholungstäter

Gegen ein Einbeziehen der Wiederholungstäter spricht eindeutig eine wohl tiefgreifende Alkoholproblematik.

Durch die Programmteilnahme würden diese Personen trotz sicherheitsrelevanter Mängel mit einem weiterhin erheblichen Risiko am Straßenverkehr teilnehmen. Die mangelnde Fähigkeit, zwischen Alkoholkonsum und Verkehrsteilnahme trennen zu können, manifestiert sich gerade in der

---

[268] Zur Differenzierung: *Evers*, BA 2003, 20 (31).

[269] Zur Wirksamkeitsstudie siehe Kap. 3 B. III. 2. b.

[270] *Nickel*, BA 2005 Sup. I, 8 (10).

wiederholten Alkoholauffälligkeit. Möglicherweise mangelt es in dieser Gruppe auch an der nötigen Bereitschaft zur Verhaltensaufarbeitung bzw. -änderung. Die mangelnde Bereitschaft zur Verhaltensänderung spiegelt sich auch in den Ergebnissen der aufgezeigten Evaluationsstudien wider. Anders als bei den Ersttätern stieg die Rückfallrate nach Deinstallation des Interlocks in dieser Gruppe deutlicher an.[271]

Auf der anderen Seite drückt die wiederholte Auffälligkeit gerade das Bedürfnis nach einer vollumfänglichen und effizient ausgestalteten Rehabilitation aus. Erst das Angebot einer adäquaten Betreuung ermöglicht die Aufarbeitung schwerwiegender Alkoholprobleme. Durch die Einbeziehung von Hoch-Risikogruppen könnte sozusagen „das Schlimmste verhindert" werden. Dagegen spricht jedoch, dass in diesen Fällen der Fahrerlaubnisentzug vielleicht das sicherere Mittel darstellt.[272]

c. Bewertung

Die Frage bleibt, ob der *Alkohol-Interlock* bei einer zahlenmäßig kleineren Hoch-Risikogruppe zur Anwendung kommt oder in der Breite fast schon eine generalpräventive Wirkung entfaltet. Festzuhalten ist, dass sich der *Alkohol-Interlock* sowohl für Ersttäter als auch für Wiederholungstäter als effektiv erwiesen hat. Daher gilt es auch unter diesem Aspekt den Grundsatz zu berücksichtigen, dass keine Person von vornherein von der Programmteilnahme ausgeschlossen wird. Die Geeignetheit zur Teilnahme an einem *AI-Programm* muss eine Frage des konkreten Einzelfalls sein.[273]

3. Akquise

Der gewünschte Änderungsprozess ist möglichst zeitnah anzustoßen, sodass die Programmteilnahme in einem engen zeitlichen Verhältnis zur festgestellten Alkoholauffälligkeit stehen sollte.

Es empfiehlt sich deshalb, die potenziellen Teilnehmer eines *AI-Programms* möglichst früh, umfassend zu informieren und aktiv anzusprechen. Dafür

---

[271] Zur Wirksamkeitsstudie vergleiche Kap. 3 B. III. 2. b.

[272] Vgl. dazu im Ganzen: *Nickel*, BA 2005 Sup. I, 8 (10 und 13); *Schleinitz/Bräutigam/Gehlert*, „Literaturreview", S. 45.

[273] *BASt Bericht*, „Alkohol-Interlocks für alkoholauffällige Kraftfahrer", S. 24 und 46; *Nickel*, BA 2005 Sup. I, 8 (10).

nehmen öffentlich zugängliche Informationsquellen, wie die Polizei, das Internet, Medien der Verkehrsüberwachung, Fahrerlaubnisbehörden, Begutachtungsstellen, Gerichte und Anwälte eine wichtige Rolle ein. Am besten wäre es, wenn der Betroffene schon vor Ahndung seines Alkoholverstoßes Kenntnis von dem AI-Angebot hat. Damit kann er bereits im Vorfeld selbst aktiv werden und den Kontakt zu den Anbietern suchen. Spätestens bei der Feststellung des Alkoholverstoßes sollte durch das Gericht ein Hinweis auf geeignete Stellen erfolgen.[274]

II. Anordnung und Rechtsverbindlichkeit

Im sekundärpräventiven Einsatz ist die Wegfahrsperre Folge einer festgestellten Alkoholauffälligkeit im Straßenverkehr. Bei der gerichtlichen Entscheidung über den Alkoholverstoß kann daher auch über die Anordnung der Zündsperre entschieden werden. Ist durch die Alkoholauffälligkeit eine Entscheidung durch die Fahrerlaubnisbehörden geboten, so wäre auch eine Anordnung durch den zuständigen Sachbearbeiter denkbar. Bei der Frage nach der rechtsverbindlichen Anordnung des *Alkohol-Interlocks* ist daher zwischen zwei Ebenen zu unterscheiden: (1.) Welche Rechtsverbindlichkeit hat das zu erlassende Gesetz für den Entscheidungsträger und (2.) Welchen Grad an Verbindlichkeit erlangt diese Entscheidung für den Betroffenen.

1. Rechtsverbindlichkeit für den Entscheidungsträger

Auf der ersten Stufe steht die Rechtsverbindlichkeit für den Entscheidungsträger.

Die Frage lautet deshalb: Welche Wirkung entfaltet die Tatbestandsverwirklichung des Normadressaten für den zuständigen Entscheidungsträger? Dabei ist im Wesentlichen zwischen zwei Ansätzen zu unterscheiden: (a.) Bei der Tatbestandsverwirklichung *ist* die Programmteilnahme anzuordnen. (b.) Bei der Tatbestandsverwirklichung *kann* die Programmteilnahme angeordnet werden.

a. Obligatorische Entscheidung

Die Entscheidung über die Anordnung durch den Richter oder die Behörde kann zum Beispiel obligatorischer Natur sein. Der Tatbestand des zu

---

[274] Vgl. dazu im Ganzen: *BASt Bericht*, „Alkohol-Interlocks für alkoholauffällige Kraftfahrer“, S. 54.

erlassenden Gesetzes würde im Falle der Verwirklichung zwingend die Anordnung einer Programmteilnahme vorsehen.

Dies hätte zur Folge, dass die zuständige Stelle zwingend die Programmteilnahme aussprechen *muss*. Der Richter oder Amtsträger ist also an die Anordnung gebunden – er hat damit keinen Entscheidungsspielraum. Eine obligatorische Anordnung erleichtert die Entscheidungsfindung, denn es muss gerade nicht in einer Gesamtwürdigung des Sachverhalts abgewogen werden. Dies ermöglicht eine sichere Ermittlung des Tatbestands, welcher eine zwingende Rechtsfolge gebietet.

In der Folge muss die Anordnung auch nicht gesondert begründet werden. Der bürokratische Aufwand einer solchen Entscheidung würde somit überschaubar bleiben. Ein vereinfachtes Verfahren spricht also für eine gebundene Anordnung der Programmteilnahme.

b. Ermessensentscheidung

Die Anordnung könnte jedoch auch der Ausübung pflichtgemäßem Ermessen unterliegen. Aufgrund der Tatbestandsverwirklichung *kann* die zuständige Stelle die Anordnung einer Programmteilnahme aussprechen, sie muss es jedoch nicht.

Dem Entscheidungsträger steht durch die Abwägung von Gründen ein Entscheidungsspielraum – besser gesagt ein Ermessensspielraum – zu. Bei der Entscheidung bedarf es somit einer Gesamtwürdigung aller Umstände des zugrundeliegenden Sachverhalts. Dabei sind Gründe für und gegen die Anordnung einer Programmteilnahme gegeneinander abzuwägen. Der Richter oder Amtsträger muss sodann für die Anordnung eine hinreichende Begründung vorbringen. Er hat insbesondere darzulegen, dass die Teilnahme an einem *AI-Programm* erforderlich bzw. zumindest sinnvoll erscheint.

Zur Erleichterung der Entscheidungsfindung könnten Regelbeispiele aufgestellt werden. Die Verwirklichung eines Beispiels indiziert – *in der Regel* – dann die Anordnung der Programmteilnahme. Unter gewichtigen Umständen kann der Entscheidungsträger jedoch von dieser Regel abweichen. Ein Entscheidungsspielraum stellt zwar das aufwändigere Verfahren dar, bietet jedoch eine individuellere Lösung im Einzelfall an, sodass gezielter auf die persönlichen Bedürfnisse des Einzelnen eingegangen werden kann. Diese Lösung würde somit besonders dem verfassungsrechtlichen Verhältnismäßigkeitsgrundsatz genügen.

c. Bewertung

Die Teilnahme an einem *AI-Programm* bedarf einer eingehenden Prüfung der infragestehenden Person. Neben der persönlichen Eignung für das Programm ist auch die Sachgerechtigkeit einer Teilnahme im Einzelfall zu untersuchen.

Eine Ermessensentscheidung bietet sich deshalb vor allem in den Fällen an, in denen die Sachgerechtigkeit einer Programmteilnahme durch den Entscheidungsträger selbst zu prüfen wäre. Diese Prüfung erfordert nämlich das Abwägen jeglicher Umstände des Einzelfalls, welche für oder gegen eine Programmteilnahme sprechen. Dabei wäre an Entscheidungen des Richters zu denken, der über die Alkoholauffälligkeit selbst und die Programmteilnahme zu entscheiden hätte. Trotzdem käme in einem gerichtlichen Verfahren auch eine gebundene Anordnung der Programmteilnahme in Frage, z.B. als zwingende Rechtsfolge auf eine strafbare Trunkenheitsfahrt.

Hingegen empfiehlt sich allgemein eine gebundene Entscheidung, wenn die Geeignetheit und Sachgerechtigkeit durch einen Dritten untersucht und auf dieser Grundlage sodann über die Programmteilnahme entschieden wird. In diesem Zusammenhang könnte die Untersuchung des infragestehenden Teilnehmers z.B. durch die Begutachtungsstellen des Fahreignungsrechts erfolgen, sodass die Fahrerlaubnisbehörde sodann aufgrund dieser Erwägungen entscheidet. Hat die Untersuchung des Alkoholauffälligen die Geeignetheit und Sachgerechtigkeit der Programmteilnahme zum Ergebnis so *muss* die Fahrerlaubnisbehörde die Programmteilnahme anordnen.

Letztlich liegt die Antwort auf die Rechtsverbindlichkeit der Tatbestandsverwirklichung in der konkreten Implementierung der alkoholsensitiven Wegfahrsperre.

2. Rechtsverbindlichkeit für den Betroffenen

Auf der zweiten Stufe steht die Rechtsverbindlichkeit der Entscheidung für den Adressaten. Auch hier ergeben sich unterschiedliche Gestaltungsmöglichkeiten: (1) Durch die Anordnung erwächst dem Betroffenen eine *echte Rechtspflicht* oder (2) es wird eine unverbindliche *Empfehlung* ausgesprochen, sodass die Teilnahme am *AI-Programm* letztlich freiwillig erfolgt.

a. Rechtspflicht

Aus der Anordnung könnte für den Betroffenen eine echte Rechtspflicht erwachsen, sodass der Adressat zur Teilnahme an einem *AI-Programm* verpflichtet wird.

Die Programmteilnahme wäre sodann unter Zwang durchsetzbar. Der rechtsverbindliche Charakter würde insbesondere den Sanktionsgedanken des Strafrechts ansprechen, sodass die Programmteilnahme in diesem Rechtsgebiet als zwingende Antwort auf eine strafbare Trunkenheitsfahrt in Frage kommt. Je nach Implementierung könnte bei einer Zuwiderhandlung gegen die Programmrichtlinien auch der sofortige Fahrerlaubnisentzug drohen oder die Neuerteilung einer Fahrerlaubnis ist zwingend von der Programmteilnahme abhängig. Ohne Nachweis des erfolgreichen Programmabschlusses hat der Betroffene in diesem Fall keinen Anspruch auf die Neuerteilung der Fahrerlaubnis.[275]

Gegen eine echte Rechtspflicht spricht jedoch der Rehabilitationsgedanke des *AI-Programms*. Insbesondere unterstreichen die Wirksamkeitsstudien die positive Einflussnahme einer freiwilligen Teilnahme auf den Programmverlauf.[276] Es ist davon auszugehen, dass bei einer verpflichtenden Teilnahme die Motivation zu regelwidrigem Verhalten und damit auch die Wahrscheinlichkeit einer Manipulation höher anzusetzen ist als bei einer freiwilligen Teilnahme. Der Grund mag darin liegen, dass bei der Auferlegung neuer – nicht selbst gewählter – Regeln durchaus mit Widerstand aufgrund von Uneinsichtigkeit oder Eigenmaßstäblichkeit zu rechnen ist.

Außerdem ist die tatsächliche Durchsetzbarkeit einer echten Rechtspflicht zweifelhaft. Welche Zwangsmittel sind für den Fall der Ablehnung bzw. gänzlichen Verweigerung der Programmteilnahme als nötig anzusehen? Bedarf es einer vorübergehenden polizeilichen Beschlagnahme des Kraftfahrzeugs, um die Installation der Wegfahrsperre vorzunehmen? Wird der Betroffene durch die Polizei mittels körperlichen Zwangs bei dem zuständigen Verkehrspsychologen vorgeführt? Wohl kaum lässt sich ein verkehrspsychologisches Gespräch über die Hintergründe der Delinquenz gegen den Willen des Betroffenen durchführen. Letztlich kann eine wirksame und nachhaltige Rehabilitation unter Zwang schlechthin nicht funktionieren, da es auf die kooperative Mitarbeit und die innere Einstellung bzw. Bereitschaft des Betroffenen zur Verhaltensänderung ankommt.

Der Anwendungsbereich des *AI-Programms* sollte sich daher auf eine freiwillige Programmteilnahme beschränken, trotzdem ist in Fällen schwerwiegender

---

275 Vgl. dazu: *Marques*, BA 2003, 177 (187); *Evers*, BA 2003, 20 (25); *Evers*, BA 2007, 154 (154).

276 Vgl. dazu die Wirksamkeitsstudien auf Kap. 3 B. III. 2. a.

Alkoholprobleme die Sicherungsfunktion der Wegfahrsperre zu bedenken. Besteht eine erhöhte Gefahr für den Straßenverkehr und die Allgemeinheit, so ist die Entscheidung zur Rehabilitation nicht dem Betroffenen zu überlassen. In Fällen von Hoch-Risiko-Fahrern hat der Staat regulierend einzugreifen. Diese Personen müssen einer gesicherten Überwachung und Kontrolle zugeführt werden. Für schwerwiegende Alkoholprobleme kommt daher u.U. die Anordnung einer echten Rechtspflicht in Betracht.[277]

b. Empfehlung

Auf der anderen Seite wäre eine bloße Empfehlung zur Teilnahme an einem *AI-Programm* denkbar. Das zu erlassende Gesetz könnte dabei so ausgestaltet sein, dass nur Personen mit einer Empfehlung an dem Rehabilitationsangebot teilnehmen *können*.

Dadurch würde eine gewisse Homogenität innerhalb der Teilnehmergruppe erzeugt werden.[278]

Aufgrund der Tatbestandsverwirklichung und der Geeignetheitsprüfung qualifiziert sich der Betroffene für eine Rehabilitation mittels *Alkohol-Interlock*. Die ausgesprochene Empfehlung enthält sodann keine Rechtspflicht zur Teilnahme, sondern stellt ein unverbindliches Angebot dar. Die Entscheidung, ob das Programmangebot letztlich wahrgenommen wird, liegt also bei dem Betroffenen selbst. Dieser kann für sich selbst abwägen, ob er die Kosten und den Mehraufwand einer Teilnahme in Kauf nehmen möchte. Der unverbindliche Charakter einer Empfehlung würde sich deshalb weniger im Strafrecht, als vielmehr im Fahrerlaubnisrecht anbieten. Betroffene könnten selbst aktiv werden und auf die Wiedererlangung oder den weiteren Erhalt ihrer Fahrerlaubnis einwirken. Denkbar wäre auch, dass das *AI-Programm* die Wiederherstellung der Fahreignung nach einem Fahrerlaubnisentzug aufgrund alkoholbedingter Eignungsmängel unterstützt. Sollte die Person das Angebot nicht wahrnehmen, steht es ihr frei, sich in dem üblichen Verfahren zur Wiedererteilung, um eine Fahrerlaubnis zu bewerben.[279]

---

277 Vgl. dazu im Ganzen: *Klipp*, BA 2009, 190 (192); *Graw*, NZV 2019, 15 (16).

278 *Evers*, BA 2007, 154 (154).

279 Vgl. dazu im Ganzen: *Paterman/Reimann/Schubert*, DAR 2019, 11 (13); *DeVol/Schreiber*, BA 2019, 112 (113); *Schleinitz/Bräutigam/Gehlert*, „Literaturreview", S. 46; *Nickel*, BA 2005 Sup. I, 8 (13).

Gegen eine bloße Empfehlung könnte jedoch sprechen, dass dem *Alkohol-Interlock* dadurch jede Geltung entzogen wird. Ohne Verbindlichkeit zur Teilnahme würde das Programm wohl an praktischer Relevanz verlieren.

aa. Mittelbarer Zwang

Der Empfehlung kann zu mehr Geltung verholfen werden, indem die Programmteilnahme an Konsequenzen für die Fahrerlaubnis geknüpft ist. Zum Beispiel könnte sich eine Nichtteilnahme negativ auf die Bewertung der Fahreignung auswirken. Dieser Umstand wäre möglicherweise bei einer MPU zu berücksichtigen. Sowohl im Strafrecht als auch im Fahrerlaubnisrecht könnte das *AI-Programm* als Alternative anstelle der herkömmlichen Sanktionen und Maßnahmen angeboten werden. Statt eines Fahrerlaubnisentzugs oder eines Fahrverbots vermag der betroffene Fahrer sodann an einem Programm mit Wegfahrsperre teilnehmen. Grundsätzlich gilt: Je unattraktiver die Alternativen, desto relevanter wird in diesem Fall das *AI-Programm*.[280]

Durch die drohenden Nachteile bzw. Alternativen würde also ein mittelbarer Zwang zur Teilnahme entstehen. Trotzdem erscheint es dem Adressaten, als würde er selbst – freiwillig – die Entscheidung zur Teilnahme treffen.

bb. Positiver Anreiz

Das Programm könnte ebenso an Vorteile geknüpft sein, sodass ein positiver Anreiz zur Teilnahme geschaffen wird. Durch die freiwillige Teilnahme wäre es dem Betroffenen möglich, schneller seine Fahreignung wiederherzustellen, falls diese zuvor aufgrund von Alkoholvergehen angezweifelt wurde.

Ein erfolgreicher Programmabschluss ließe sich insbesondere in einer MPU vorlegen. Aufgrund der Neubewertung der Fahreignung könnte der Betroffene sodann seine entzogene Fahrerlaubnis zurückerlangen. Möglicherweise lässt sich eine Teilnahme auch im Fahreignungsregister mit einem Punkteabbau berücksichtigen. Im Strafrecht vermag der Programmabschluss eine Sperrfristverkürzung zu bedeuten oder das ausgerüstete Kraftfahrzeug wird gänzlich von dem Fahrerlaubnisentzug ausgenommen.

---

[280] *Schleinitz/Bräutigam/Gehlert*, „Literaturreview", S. 45; *DVR*, BA 2021, 69 (76); *Graw*, NZV 2019, 15 (15); *BASt Bericht*, „Alkohol-Interlocks für alkoholauffällige Kraftfahrer", S. 30; *Marques*, BA 2003, 177 (187).

Außerdem lassen sich auch praktische Anreize für eine Teilnahme schaffen. Dazu gehört ein weitverbreitetes Netzwerk an Servicewerkstätten und die Bereitstellung eines 24-Stunden-Notdienstes. Generell sollte der bürokratische Aufwand des Programms so gering wie möglich gehalten werden.[281]

Es ist davon auszugehen, dass das Programm bei einer positiv besetzten Assoziation eine größere Resonanz in der Öffentlichkeit erfahren wird. Mit der richtigen Ausgestaltung kann daher auf eine echte Rechtspflicht verzichtet werden. Mit der Folge, dass das *AI-Programm* für die Teilnehmer eine echte Möglichkeit darstellt – freiwillig – auf die Wiedererlangung der Fahreignung einzuwirken.

3. Zusammenfassung und Empfehlung

Gemäß der internationalen Auffassung sollte, wenn möglichst auf eine verpflichtende Teilnahme an einem *AI-Programm* verzichtet werden. Durch die Auferlegung einer echten Rechtspflicht ergeben sich nämlich Probleme bei der tatsächlichen Durchsetzbarkeit dieser Pflicht. Gegen eine Rechtspflicht und für ein unverbindliches Angebot spricht besonders die rehabilitative Ausrichtung der Intervention. Trotzdem wird diese Frage letztlich von der gesetzlichen Implementierung bestimmt, welche den vorherrschenden Wertungen der jeweiligen Rechtsdogmatik unterliegt. So können sich insbesondere im Straf oder Fahrerlaubnisrecht abweichende Erwägungen bei der Ausgestaltung der Rechtsverbindlichkeit für den Teilnehmer ergeben.

Gleiches gilt für die Rechtsverbindlichkeit der Tatbestandsverwirklichung für den Entscheidungsträger. Die Frage, ob die Entscheidung über eine Programmteilnahme verbindlicher Natur oder dem Ermessen unterliegen soll, ist abhängig von der konkreten Implementierung des *AI-Programms*. Ausschlaggebend für diese Frage wäre, ob die notwendige Prüfung der Geeignetheit und Sachgerechtigkeit z.B. durch die Begutachtungsstellen des Fahrerlaubnisrechts erfolgt.

Die konkrete Ausgestaltung der Rechtsverbindlichkeit des Tatbestands und der Entscheidung für den Betroffenen ist daher im Rahmen der gesetzlichen Implementierung im folgenden Kapitel zu untersuchen.

---

281 Vgl. dazu im Ganzen: *Schleinitz/Bräutigam/Gehlert*, „Literaturreview", S. 45; *Lagois/Sohège*, BA 2003, 199 (205); *Marques*, BA 2003, 177 (187).

Einsatzmöglichkeiten

Um das *AI-Programm* implementieren zu können, bedarf es einer Erweiterung des bestehenden Maßnahmensystems. Das deutsche Verkehrsrecht bietet dabei im Wesentlichen drei verschiedene Rechtsgebiete an, in denen das Programm gesetzlich verankert werden könnte: Das Strafrecht, das Ordnungswidrigkeitenrecht und das Verwaltungsrecht.[282] Im Folgenden wird die rechtliche Umsetzbarkeit in den jeweiligen Rechtsgebieten geprüft und bewertet.

A. Strafrecht

Im Strafrecht ist die Anwendbarkeit der Zündsperre grundsätzlich in den Rechtsfolgen einer Tat zu suchen. Möglicherweise ergibt sich bereits bei den tatbezogenen Hauptstrafen und der Strafaussetzung zur Bewährung eine Implementierungsmöglichkeit. Des Weiteren kann der Einsatz als Nebenstrafe oder Maßregel zur Besserung und Sicherung des Täters untersucht werden.

I. Hauptstrafe

Als tatbezogene Sanktionsmaßnahme und Rechtsfolge einer rechtswidrigen und schuldhaften Tatbegehung kennt das gegenwärtige Strafrecht ausschließlich die Geld- oder die Freiheitsstrafe.

---

282 *Schleinitz/Bräutigam/Gehlert*, „Literaturreview", S. 17.

Es ist zu überlegen, ob die Teilnahme an einem *AI-Programm* vielleicht als Alternative zu den Hauptstrafen infrage kommen könnte. Vor allem bei Trunkenheitsdelikten im Straßenverkehr wäre die Anordnung einer Programmteilnahme als Rechtsfolge denkbar. Die Teilnahme an einem *AI-Programm* müsste insoweit geeignet sein, die bestehenden Hauptstrafen zu ersetzen oder zu ergänzen. Bei der Verhängung einer Strafe sind jedoch insbesondere die mit einer Strafe verfolgten Zwecke maßgeblich. Der *Alkohol-Interlock* müsste deshalb den dogmatischen Anforderungen an eine zulässige Hauptstrafe entsprechen.[283]

1. Anwendung de lege lata

Die zur Verfügung stehenden Sanktionsmöglichkeiten sind im ersten Teil (Strafen) des dritten Abschnitts im StGB abschließend geregelt. Dabei ist die Verhängung einer Programmteilnahme als zulässige Strafmöglichkeit nicht vorgesehen. Der Einsatz der atemalkoholsensitiven Zündsperre kommt somit ausschließlich aufgrund eines zu erlassenden Gesetzes in Frage.

2. Anwendung de lege ferenda

Soll der *Alkohol-Interlock* als Hauptstrafe in das StGB implementiert werden, muss die zu formulierende Norm mit den Wertungen des StGB in Einklang stehen. Dabei gilt es die gesetzlich normierten Anforderungen an eine zulässige Hauptstrafe zu beachten. Das zu erlassende Gesetz müsste in seiner Rechtsfolge daher insbesondere den Strafzwecken des StGB genügen.

a. Strafzwecke

Zunächst gilt es die gesetzlichen Anforderungen an eine zulässige Hauptstrafe herauszuarbeiten. Die Strafzwecke bilden insofern den Grund und die Grenze des staatlichen Strafens und rechtfertigen letztlich den staatlichen Eingriff in die Freiheit des verurteilten Täters. Auch die Art und die Höhe der Strafe lassen sich durch die Strafzwecke vorbestimmen.[284]

---

283 *Seidl/Feustel-Seidl*, BA 2019, 1 (8 und 14); *Zopfs*, BA 2019, 120 (120 ff.).

284 M/R-*Bußmann*, § 46 Rn. 2.

aa. Schuldprinzip

Neben der Schwere der konkreten Tat und ihrer Bedeutung für die verletzte Rechtsordnung bildet gemäß § 46 I 1 StGB der Grad der persönlichen Schuld des Täters die Grundlage für die Strafzumessung. Das Unrecht einer Tat darf daher nur insoweit bei der Strafzumessung berücksichtigt werden, wie es aus dem schuldhaften Verhalten des Täters erwachsen ist. Maßgeblich für die Schuld ist also die durch den Täter verwirklichte Tat. Eine Strafe darf in ihrem Umfang nur schuldangemessen verhängt werden und muss einem gerechten Schuldausgleich dienen.

Die Schuld des Täters begrenzt entsprechend auch die Art und die Höhe der zu verhängenden Strafe.[285]

bb. Präventionszwecke

Neben dem Schuldausgleich kann eine Strafe auch Präventionszwecken dienen, welche darin bestehen, den Täter von Straftaten abzuhalten, ihn in die Gemeinschaft wieder einzugliedern, die Allgemeinheit vor ihm zu sichern (Spezialprävention) oder Dritte von der Begehung von Straftaten abzuhalten bzw. ihr Rechtsbewusstsein durch die Bestrafung des Täters zu stärken (Generalprävention). Die präventiven Überlegungen finden sodann innerhalb des konkreten Strafrahmens Berücksichtigung. Die positive Spezialprävention bezieht ausdrücklich auch die Rehabilitation und Resozialisierung des Täters in die Strafzumessung mit ein.[286]

b. Anwendung auf den Alkohol-Interlock

Im Folgenden ist zu prüfen, ob und inwiefern eine angeordnete Zündsperre den gesetzlichen Vorgaben einer Strafe entsprechen würde. Dabei müsste die Teilnahme an einem *AI-Programm* insbesondere einen gerechten Schuldausgleich herbeiführen.

aa. Tatschuldausgleich

Um überhaupt dem Sanktionsgedanken einer Strafe genügen zu können, kommt für das *AI-Programm* als Hauptstrafe ausschließlich eine Verpflichtung des Täters zur Programmteilnahme in Frage. Das Urteil muss deshalb eine

---

285 Zum Schuldprinzip: M/R-*Bußmann*, § 46 Rn. 2–6; MüKoStGB-*Maier*, § 46 Rn. 35 ff.

286 Zu den Präventionszwecken: L/K/H-*Heger*, § 46 StGB Rn. 23, 26 ff.

echte Rechtspflicht für den Täter zur Folge haben. Jedoch lässt bereits das rehabilitative Wesen der Zündsperre an der Annahme zweifeln, dass durch eine verpflichtende Programmteilnahme ein gerechter Tatschuldausgleich bewirkt wird.

Für einen gerechten Schuldausgleich spricht erstmal, dass die auferlegte Maßnahme unmittelbar an die verwirklichte Tat (Trunkenheitsfahrt) anknüpft.

Das Programm geht insbesondere konkret auf das in der Tat zum Vorschein getretene Unrecht (abstrakte Gefahr für den Straßenverkehr) ein. Inhaltlich kann das *AI-Programm* eine Antwort auf eine strafbare Trunkenheitsfahrt darstellen, da sich dieses mit dem verwirklichten Unrecht auseinandersetzt.

Dagegen ist jedoch einzuwenden, dass das *AI-Programm* vielmehr an der Tätergefährlichkeit und weniger an die in der Tat zum Vorschein getretene Schuld des Täters anknüpft. Durch die alkoholbedingte Leistungsminderung gefährdet der Täter (abstrakt) den Straßenverkehr und die Rechtsgüter der Allgemeinheit. Das *AI-Programm* und insbesondere die eingebaute Wegfahrsperre bewirken die Verhinderung des delinquenten Verhaltens in der Zukunft, indem der Täter davon abgehalten wird, erneut eine Trunkenheitsfahrt zu begehen. Der gefährliche Täter wird dadurch gesichert und die Allgemeinheit vor weiteren Tatbegehungen geschützt. Gemäß dem Schuldprinzip wird die Sanktion aber von der verwirklichten Tatschuld bestimmt, sodass die Tätergefährlichkeit in diesem Zusammenhang keine Berücksichtigung findet. Da die Teilnahme an einem *AI-Programm* ausschließlich an der Gefährlichkeit des Täters anknüpft, kommt es nicht zur Vergeltung der verwirklichten Tatschuld. Die verpflichtende Programmteilnahme zeigt also keinen Tatschuldbezug auf und stellt deshalb kein geeignetes Mittel dar, um einen Tatschuldausgleich herbeizuführen.[287]

bb. Repressive Wirkung

Generell ist an einer ausreichenden Vergeltungswirkung durch eine verpflichtende Programmteilnahme zu zweifeln. Eine Strafe muss nämlich ein gewisses Maß an repressiver Wirkung entfalten, damit diese auch als Strafe empfunden wird. Erst so können potenzielle Täter von Straftaten

---

287 Zum fehlenden Tatschuldausgleich: S/S-*Kinzig*, § 46 Rn. 4 und § 61 Rn. 3; *Zopfs*, BA 2019, 120 (121).

abgeschreckt (negative Spezialprävention) bzw. das Rechtsbewusstsein der Allgemeinheit (positive Generalprävention) gestärkt werden.[288] Wird dem Täter wegen der Tat lediglich die Programmteilnahme auferlegt, bleibt diesem trotz vorangegangenem Trunkenheitsdelikt weiter die Mobilität im Straßenverkehr erhalten. Während der Programmlaufzeit empfindet der Täter lediglich die durchzuführenden Atemproben und die finanzielle Belastung[289] als Unannehmlichkeit.[290] Die Einschränkungen durch das *AI-Programm* treffen den Täter somit nicht empfindlich genug. Es lässt sich deshalb argumentieren, dass dem *AI-Programm* aufgrund seiner Ausgestaltung auch eine nicht ausreichend Strafschärfe bzw. Vergeltungswirkung innewohnt.[291]

cc. *Wertungen des § 69 StGB*

Die Systematik des § 69 StGB spricht ebenfalls für eine ungenügende Vergeltungswirkung, sollte das *AI-Programm* de lege ferenda eine zulässige Hauptstrafe darstellen.

Nach geltendem Recht kommt es in den Fällen von strafbaren Trunkenheitsfahrten meistens zum Entzug der Fahrerlaubnis aufgrund der Regelbeispiele des § 69 II StGB. Wird der AI also als Hauptstrafe verhängt, kommt logischerweise auch kein Entzug der Fahrerlaubnis mehr in Betracht, da eine bestehende Fahrerlaubnis für die Programmteilnahme vorausgesetzt wird. Auch wenn der Entzug der Fahrerlaubnis selbst nicht den Strafzwecken dient,[292] ergibt sich jedoch insgesamt eine fehlende Sanktionsschwere.

Bei gesamtheitlicher Betrachtung ist somit davon auszugehen, dass das *AI-Programm* die verwirklichte Tatschuld nicht ausreichend vergelten könnte. Der nicht ausreichende Tatschuldausgleich einer verpflichtenden Programmteilnahme spricht im Ergebnis gegen eine Implementierung als Hauptstrafe.[293]

---

288 S/S-*Kinzig*, Vorbemerkung zu den §§ 38 ff. Rn. 3.
289 Zur finanziellen Belastung siehe Kap. 4 B. III.
290 *Lohkamp*, BA 2003, 208 (212).
291 Zur fehlenden Strafschärfe: *BASt Bericht*, „Alkohol-Interlocks für alkoholauffällige Kraftfahrer“, S. 44; *Zopfs*, BA 2019, 120 (121).
292 *Mahlberg*, NZV 1992, 10 (10).
293 Zu den Wertungen des § 69 StGB: *Zopfs*, BA 2019, 120 (121).

dd. Spezialprävention

Möglicherweise steht die Wirkrichtung der Wegfahrsperre einer Implementierung als Hauptstrafe jedoch nicht gänzlich entgegen. Die Wirkung der Wegfahrsperre setzt weniger an der Schuld, sondern vielmehr an der Gefährlichkeit des Täters an.

Die Gefahr, an die der *Alkohol-Interlock* anknüpft, spricht auch aus der Tat, da der Täter trotz leistungsmindernder und damit nicht mehr zulässiger Alkoholisierung am Straßenverkehr teilgenommen hat.[294] Diese Gefahr wird durch die Zündsperre gesichert, indem der Täter davon abgehalten wird, eine erneute Trunkenheitsfahrt zu begehen. Die zutage getretene Gefahr kann sich zukünftig also nicht mehr realisieren. Dadurch wird insbesondere die Allgemeinheit vor dem gefährlichen Täter geschützt. Zudem kommt die rehabilitative Ausrichtung des Programms der Besserung des Täters zugute. Damit wird die Wiedereingliederung des Täters in den Straßenverkehr verfolgt. Das *AI-Programm* knüpft insoweit nicht nur an die Tat selbst an, sondern an die für die Gefahr ausschlaggebenden Tätereigenschaften. Es lässt sich somit feststellen, dass das *AI-Programm* fast ausschließlich spezialpräventiv wirkt. Dementsprechend ist zu prüfen, ob die spezialpräventive Wirkung des AI gegen eine Anwendung als Hauptstrafe spricht.[295]

ee. Verhältnis zwischen Strafe und Maßregel

Es ist anerkannt, dass die Spezialprävention des Täters einen legitimen Strafzweck darstellt. Jedoch darf die Strafe nicht vorrangig oder ausschließlich die Spezialprävention des Täters betreffen. Die Sicherung der Allgemeinheit vor einem gefährlichen Täter wird vorrangig durch die Maßregeln zur Besserung und Sicherung (§§ 61 ff. StGB) erfüllt. Die Maßregeln des StGB regeln speziell Maßnahmen, die ausschließlich der Spezialprävention des Täters gelten.[296] Dem *AI-Programm* lässt sich fast ausschließlich eine spezialpräventive Wirkung entnehmen, sodass die Anordnung einer Programmteilnahme wohl eher einer Maßregel zur Besserung und Sicherung des Täters entspricht.

---

294 *Schäfer/Sander/van Gemmeren*, Praxis der Strafzumessung, Rn. 398.
295 Zur spezialpräventiven Wirkung: *Klipp*, BA 2009, 190 (192); *Zopfs*, BA 2019, 120 (121).
296 M/R-*Bußmann*, § 46 Rn. 4.

Das Verhältnis zwischen Strafe und Maßregel spricht neben dem fehlenden Tatschuldausgleich und einem ungenügenden Sanktionscharakter gegen eine Implementierung des *AI-Programms* als Hauptstrafe.

c. Ergebnis

Letztlich wäre die Teilnahme an einem *AI-Programm* kein geeignetes Mittel, um einen ausreichenden Tatschuldausgleich herbeizuführen, da die Wegfahrsperre einen Tatschuldbezug vermissen lässt und ausschließlich an die Tätergefährlichkeit anknüpft. Der verpflichtenden Programmteilnahme lässt sich außerdem keine repressive, sondern eine spezialpräventive Wirkung entnehmen. Das Verhältnis zwischen Strafe und Maßregel spricht insoweit ebenfalls gegen eine Implementierung als Hauptstrafe. Die Programmteilnahme würde somit den dogmatischen Strafzwecken nicht genügen und könnte de lege ferenda keine zulässige Hauptstrafe darstellen. Eine Implementierung der Wegfahrsperre als Ergänzung der gegenwärtigen Hauptstrafen kann deshalb nicht empfohlen werden.

II. Bewährungsweisung

Gemäß der § 56 ff. StGB kann die Verhängung einer Freiheitsstrafe unter Umständen zur Bewährung ausgesetzt werden. Dabei obliegt es dem Richter, für die Bewährungszeit Weisungen gemäß § 56c StGB anzuordnen. Die Bewährungsweisungen tragen dabei in besonderem Maße dem Resozialisierungsgedanken im Strafrecht Rechnung. Die spezialpräventiven Inhalte gewähren dem Täter insoweit Hilfen, um zukünftig nicht mehr straffällig zu werden. Durch die Anordnung einer Weisung entsteht eine Verpflichtung des Täters, deren Einhaltung jedoch nicht erzwungen werden kann. Ein Verstoß gegen die Bewährungsweisungen hat gemäß § 56f StGB unter Umständen den Widerruf der Strafaussetzung zur Folge.[297]

Möglicherweise könnte das *AI-Programm* als Bewährungsweisung in das allgemeine Strafrecht implementiert werden. Die in Frage stehende Weisung hätte insoweit eine Pflicht zur Programmteilnahme und eine fahrerlaubnisrechtliche Beschränkung zum Inhalt. Der Täter wird verpflichtet, für eine befristete Zeit nur mit einem ausgerüsteten Kraftfahrzeug am

---

[297] Vgl. dazu im Ganzen: K/N/P/S-*Ostendorf/Bartsch*, § 56c Rn. 1; *Mrozynski*, JR 1983, 397 (397); L/K/H-*Heger*, § 56 Rn. 1 f.; MüKoStGB-*Groß/Kett-Straub*, § 56c Rn. 1 f.

Straßenverkehr und darüber hinaus an einem *AI-Programm* teilzunehmen. Aufgrund der Wirkrichtung würde sich eine solche Weisung für Täter eignen, die aufgrund eines Trunkenheitsdelikts im Straßenverkehr verurteilt wurden.[298]

1. Anwendung de lege lata

Die zu erteilenden Weisungen sind in § 56c II und III StGB geregelt. Allgemein anerkannt ist, dass der Katalog der zulässigen Weisungen nicht abschließend formuliert ist. Für den erkennenden Richter besteht deshalb die Möglichkeit, auch Weisungen „eigener Art" anzuordnen. Die Teilnahme an einem *AI-Programm* als Weisung „eigener Art" lässt sich daher vielleicht im Wege der Auslegung unter den Anwendungsbereich der Norm subsumieren. Die Verpflichtung zur Programmteilnahme könnte also bereits nach geltender Rechtslage eine zulässige Weisung gemäß § 56c StGB darstellen. Dementsprechend ist eine Berücksichtigung der Wegfahrsperre de lege lata zu untersuchen.[299]

Fraglich ist also, ob das Gebot, an einem *AI-Programm* teilzunehmen, dem Rechtsgedanken und den Wertungen des zugrundeliegenden Weisungsbegriffs entspricht. Der Anwendungsbereich der gegenständlichen Norm erschließt sich dabei im Wege der Auslegung. Die Untersuchung umfasst insbesondere die beabsichtigte Wirkrichtung und den systematischen Kontext der Norm.

a. Telos

Zuerst wird die beabsichtigte Wirkung einer Weisung gemäß § 56c StGB untersucht. Daraufhin ist zu prüfen, ob eine Programmteilnahme als Bewährungsweisung dieser Zielrichtung entsprechen würde.

Weisungen dienen ausschließlich der Spezialprävention und nicht dem Schuldausgleich, daher bedarf es auch keinerlei Zusammenhang zur verwirklichten Tatschuld des Täters. In Abgrenzung zu den Nebenstrafen darf einer Bewährungsweisung auch keinerlei Strafcharakter zukommen. Gemäß dem Resozialisierungsgedanken müssen Weisungen zumindest den

---

298 *Gilg/Hutzler/Tourneur/Eisenmenger*, BA 1998, 331 (340); *Eisenmenger*, BA 2007, 159 (160); *Schöch*, BA 2010, 340 (341).

299 *Lohkamp*, BA 2003, 208 (213); L/K/H-*Heger*, § 56 Rn. 6.

prophylaktischen Zweck verfolgen, den Täter bei der Vermeidung von Straftaten in seiner zukünftigen Lebensführung zu unterstützen. Weisungen sind jedoch unzulässig, die ausschließlich die Sicherung und Überwachung des Täters bewirken. Im Falle von Trunkenheitsdelikten im Straßenverkehr ist das Weisungsgebot, an einem Nachschulungskurs für alkoholauffällige Kraftfahrer teilzunehmen, bereits allgemein anerkannt.[300]

Die rehabilitativen Inhalte des *AI-Programms* unterstützen den Täter bei seiner zukünftigen Legalbewährung und Reintegration in den Straßenverkehr. Das Gerät selbst sichert und überwacht den Täter während der Bewährungszeit. Außerdem ist die präventive Wirkrichtung der Nachschulungskurse für alkoholauffällige Kraftfahrer insoweit mit der Wirkung des *AI-Programms* vergleichbar. Die Teilnahme an einem *AI-Programm* während der Bewährungszeit wäre somit eine geeignete Hilfestellung, damit der Täter zukünftig keine weitere Alkoholfahrt begeht. Die Bewährungsweisung, ausschließlich ein Fahrzeug mit eingebauter Zündsperre zu fahren und sich einem *AI-Programm* zu unterziehen, entspricht deshalb in seiner Zielrichtung den aufgeführten Hilfen des Beispielkatalogs gemäß § 56c II StGB.[301]

b. Systematik

Im Wege der Systematik sind Normen zu berücksichtigen, die ebenfalls Wertungen bzw. Rechtsfolgen im Falle einer strafbaren Alkoholfahrt beinhalten. Der Implementierung als Bewährungsweisung könnte deshalb die Wertung des § 69 StGB entgegenstehen.

Die Verwirklichung einer strafbewehrten Trunkenheitsfahrt hat in den meisten Fällen gemäß § 69 I, II StGB die Ungeeignetheit des Täters und den Entzug der Fahrerlaubnis zur Folge. Liegen die Tatbestandsvoraussetzungen des § 69 StGB vor, so *muss* der Strafrichter die Entziehung anordnen. In den Konstellationen der Strafaussetzung zur Bewährung wird dies zumeist der Fall sein. Aufgrund der ausgeurteilten Freiheitsstrafe ist davon auszugehen, dass der Täter die Sicherheit des Straßenverkehrs in besonderem Maße gefährdet hat oder bereits wiederholt in Erscheinung getreten ist. Im ersten Fall wird ohnehin bereits die Verwirklichung eines der Regelbeispiele des

---

300 Vgl. dazu im Ganzen: L/K/H-*Heger*, § 56 Rn. 4, 6; MüKoStGB-*Groß/Kett-Straub*, § 56c Rn. 2 und 34.

301 *Lohkamp*, BA 2003, 208 (213).

§ 69 II StGB gegeben sein. Die Ungeeignetheit des Täters liegt in solchen Fällen besonders auf der Hand, sodass zwingend die Fahrerlaubnis zu entziehen ist. Im Ergebnis ist also davon auszugehen, dass in den Fällen der Strafaussetzung zur Bewährung aufgrund einer Trunkenheitsfahrt auch ein Fahrerlaubnisentzug stattfindet.

Die Teilnahme an einem *AI-Programm* setzt jedoch das Vorliegen einer Fahrerlaubnis voraus. Soll dem Täter also durch die Weisung die weitere Teilnahme am Straßenverkehr ermöglicht werden, steht dies in einem Widerspruch zu seiner festgestellten Ungeeignetheit. Die Verkehrsteilnahme setzt nämlich gerade die Eignung bzw. zumindest die bedingte Eignung voraus. Jedoch wird diese dem Täter gerade abgesprochen und eine bedingte Fahreignung kennt das gegenwärtige Strafrecht nicht. Die Anordnung einer Wegfahrsperre würde somit im Widerspruch zu der Wertung des § 69 StGB stehen. Die fehlende Fahrerlaubnis steht einer Programmteilnahme während der Bewährungszeit entgegen.[302]

c. Ausnahme

Nach *Schöch* könnte sich ausschließlich in einem Ausnahmefall eine Interlock-Weisung als praktikabel erweisen: Die Bewährungszeit beträgt signifikant länger als die angeordnete Sperrfrist gemäß § 69a StGB.

Damit wäre der *Alkohol-Interlock* als Bewährungsauflage allenfalls gegen Ende einer Bewährungszeit – bereits de lege lata – umsetzbar. Läuft die Sperrfrist ab und verbleibt noch ein gewisser Rest an Bewährungszeit, so könnte dem Täter für diese Zeit eine Fahrerlaubnis[303] erteilt werden mit der Weisung, umgehend an einem *AI-Programm* teilzunehmen.[304] Inwiefern sich gemäß dieser Konstellation eine praktische Relevanz und ein Bedürfnis nach einer gesetzlichen Implementierung ergibt, ist jedoch fraglich. Zumal anzunehmen ist, dass in Fällen derartiger Verkehrsgefährdung oder wiederholter Begehung die Sperrfrist nicht unbedingt kurz ausfallen wird.

---

302 Zum Wertungswiderspruch im Ganzen: *Klipp*, BA 2009, 190 (191 f.); *Zopfs*, BA 2019, 120 (122); so auch *Schöch*, BA 2005 Sup. I, 20 (22); *DVR*, BA 2021, 69 (72).

303 In diesem Zusammenhang wäre die Erteilung einer beschränkten Fahrerlaubnis denkbar. Für die ausstehende Bewährungs und Programmlaufzeit beschränkt sich die Fahrerlaubnis des Täters auf Fahrzeuge mit eingebauter Zündsperre.

304 Zum Ausnahmefall im Ganzen: *Schöch*, BA 2005 Sup. I, 20 (22); *Schöch*, BA 2010, 340 (341); so auch *Gilg/Hutzler/Tourneur/Eisenmenger*, BA 1998, 331 (340).

Gegen die Annahme von *Schöch* spricht insbesondere der Umstand, dass der Täter nach Ablauf der Sperrfrist wieder über eine uneingeschränkte Eignung zum Führen von Kraftfahrzeugen verfügt. Die prognostizierte Ungeeignetheit gilt nämlich nur für die Zeit der Sperrfrist. Dementsprechend kann der Täter nach dem Ablauf der Sperrfrist auch eine uneingeschränkte Fahrerlaubnis beantragen. Würde man dem Täter nach Ablauf der Sperrfrist eine Beschränkung der Fahrerlaubnis auf Fahrzeuge mit installierter Wegfahrsperre anordnen, so hätte dies eine vehemente Verschärfung der gegenwärtigen Rechtslage zur Folge. Nach dem Ablauf der Sperrfrist besteht gemäß der gegenwärtigen Fahreignungsdogmatik des Strafrechts also kein Bedürfnis und kein Raum für eine Intervention mittels *Alkohol-Interlock*.

d. Ergebnis

Die Teilnahme an einem *AI-Programm* würde der gesetzgeberischen Zielrichtung einer Bewährungsweisung gemäß § 56c StGB entsprechen. Jedoch ergibt sich ein systematischer Wertungswiderspruch zur Maßregel des Fahrerlaubnisentzugs. Im Falle einer Strafaussetzung zur Bewährung ist von der Ungeeignetheit des Täters gemäß § 69 I, II StGB auszugehen, sodass der Täter während der Bewährungszeit nicht über die notwendige Fahrerlaubnis verfügt.

Die Auslegung des § 56c StGB unter Berücksichtigung der Wertigkeiten des § 69 StGB spricht somit gegen eine Einbeziehung der Wegfahrsperre in den Anwendungsbereich der Norm. Nach geltender Rechtslage ist es den erkennenden Gerichten deshalb nicht möglich, eine Programmteilnahme als Bewährungsweisung auszusprechen.

Eine Berücksichtigung des *AI-Programms* wäre also nur aufgrund eines zu erlassenden Gesetzes möglich.

2. Anwendung de lege ferenda

Dem Einsatz aufgrund eines zu erlassenden Gesetzes würde die strafrechtliche Fahreignungsdogmatik entgegenstehen. Für eine Implementierung des *AI-Programms* müsste deshalb die regelvermutete Ungeeignetheit gemäß § 69 II StGB überwunden werden, was eine umfassende Reform des strafrechtlichen Fahreignungsbegriffs erforderlich machen würde.[305] Im Ergebnis

---

305 Zur Überwindung der Regelvermutung gemäß § 69 II StGB siehe Kap. 5 A. IV. 1. b. bb.

ist eine Implementierung des *Alkohol-Interlocks* als Bewährungsweisung daher nicht zu empfehlen.

III. Nebenstrafe

Nach der Hauptstrafe gilt es den Blick auf die Nebenstrafe – das Fahrverbot gemäß § 44 StGB – zu richten. Das Fahrverbot bewirkt ein Verbot der Ingebrauchnahme des Führerscheins. Zur Sicherung dieser Maßnahme wird der gegenständliche Führerschein bei Gericht zur Verwahrung hinterlegt. Der Bestand der verwaltungsrechtlichen Fahrerlaubnis bleibt durch das Fahrverbot jedoch unberührt.[306]

An dieser Stelle ist zu überlegen, ob und inwiefern die Teilnahme an einem *AI-Programm* bei der Entscheidung über ein Fahrverbot als milderes Mittel oder bei der Beschränkung des Verbots auf bestimmte Fahrzeugarten berücksichtigt werden könnte. Um dem Repressionscharakter der Nebenstrafe gerecht zur werden, kommt nur die Auferlegung einer echten Rechtspflicht zur Programmteilnahme in Betracht.[307]

1. Alternative zum Fahrverbot

Die Teilnahme an einem *AI-Programm* könnte in Fällen einer strafbaren Trunkenheitsfahrt eine mildere Alternative zum gegenwärtigen Fahrverbot gemäß § 44 StGB darstellen.

Möglicherweise lässt sich das Regelfahrverbot für Trunkenheitsfahrten gemäß § 44 I 3 StGB um diese Alternative erweitern.[308]

a. Anwendung de lege lata

Der gegenwärtige § 44 StGB bietet keine Rechtsgrundlage für die alternative Anordnung einer Programmteilnahme, sodass de lege lata das *AI-Programm* nicht berücksichtigt werden kann. Der Einsatz der atemalkoholsensitiven Wegfahrsperre erscheint somit ausschließlich aufgrund eines zu erlassenden Gesetzes möglich.

---

306 Zur Wirkung des Fahrverbots: H/K/Q-*Kerkmann*, § 44 StGB Rn. 6.
307 *Lohkamp*, BA 2003, 208 (212 f.); *DVR*, BA 2021, 69 (70).
308 *DVR*, BA 2021, 69 (70); *Lohkamp*, BA 2003, 208 (212 f.).

b. Anwendung de lege ferenda

Soll die Programmteilnahme als Alternative zum Regelfahrverbot gemäß § 44 I 3 StGB implementiert werden, so muss sich das zu erlassende Gesetz in die Wertungen der Norm einfügen. Die gesetzlichen Wertungen des § 44 StGB werden durch die Auslegung ermittelt, welche insbesondere die Untersuchung der beabsichtigten Zielrichtung der Norm unter Berücksichtigung ihrer systematischen Stellung betrifft.

aa. Telos

Das Telos des § 44 StGB beschreibt die durch den Gesetzgeber beabsichtigte Ziel und Wirkrichtung der Norm. Die alternative Programmteilnahme müsste de lege ferenda dieser Ziel und Wirkrichtung entsprechen.

Das Fahrverbot verfolgt im Sinne der negativen Spezialprävention eine gewisse Warn und Besinnungsfunktion, die den Täter zukünftig davon abhalten soll, weitere Straftaten zu begehen. Durch den Denkzettel soll der Täter sein eigenes – delinquentes – Verhalten nochmals überdenken. Der Täter vermag somit zur Einsicht gelangen, zukünftig die Regeln im Straßenverkehr zu beachten und seinen Pflichten als Kraftfahrzeugfahrer zu entsprechen. Auf der anderen Seite wirkt die Nebenstrafe jedoch auch repressiv und vergeltet – spürbar – die begangene Tat.

Dementsprechend findet der Strafcharakter und die belastende Wirkung des Fahrverbots stets bei der Bemessung der Hauptstrafe Berücksichtigung.[309]

bb. Verschiebung der Nebenstrafe

Angewandt auf das *AI-Programm* lässt sich eine negative Spezialprävention unproblematisch bejahen, da durch die Maßnahme und insbesondere durch das Gerät selbst der Täter ebenfalls von einer weiteren Tatbegehung abgehalten wird. Außerdem überdenkt der Betroffene durch die Intervention sein delinquentes Verhalten, da er im Laufe des Programms stets damit konfrontiert wird.

Problematisch ist jedoch der repressive, sanktionierende Charakter einer Nebenstrafe. Die Pflicht, an einem *AI-Programm* teilzunehmen, stellt insoweit kein ausreichend spürbares Übel für den Täter dar. Zwar muss er sich

---

309 Zum Normzweck im Ganzen: H/K/Q-*Kerkmann*, § 44 StGB Rn. 2 f.; *Hentschel/Krumm*, Fahrerlaubnis Alkohol/Drogen, 2 Teil Rn. 433.

fortlaufend den Atemalkoholmessungen und den verkehrspsychologischen Sitzungen unterziehen, jedoch kann er weiterhin am Straßenverkehr teilnehmen. Im Ergebnis wird der Täter durch das *AI-Programm* zwar zuverlässig von einer weiteren Tatbegehung abgehalten, jedoch fehlt es der Maßnahme an einem ausreichenden Strafcharakter. Das *AI-Programm* entspricht somit nur teilweise den Wertungen einer Nebenstrafe.

Die infragestehende Implementierung der Zündsperre hätte damit eine Novellierung des Charakters der Nebenstrafe zur Folge. Die Nebenstrafe würde sich durch die Implementierung zu einer verstärkt rehabilitativ ausgerichteten Maßnahme verschieben.[310]

cc. Anwendungsbedürfnis

Unabhängig von dem Aufweichen des Sanktionscharakters der Nebenstrafe, stellt sich die Frage, inwiefern für den Täterkreis des gegenwärtigen § 44 StGB überhaupt das Bedürfnis nach einem *AI-Programm* besteht.

Die Adressaten des Fahrverbots verfügen über eine uneingeschränkte Fahreignung und würden durch das *AI-Programm* eine intensive verkehrspsychologische Rehabilitation erfahren. Die gegenwärtige Zielrichtung und Ausgestaltung des Fahrverbots (Denkzettel) lässt die Annahme zu, dass der Adressatenkreis eigentlich keiner weiteren und tiefgreifenden Intervention bedarf. Für diese Personen besteht also keine Notwendigkeit einer derartigen Verhaltensänderung, welche das *AI-Programm* zu leisten vermag.

Gegen diese Annahme spricht jedoch die Regelvermutung des § 44 I 3 StGB. Demnach wird in der Regel ein Fahrverbot für strafbare Trunkenheitsfahrten angeordnet, soweit eine Entziehung gemäß § 69 StGB unterblieben ist. Dabei wird besonders die Tätergruppe der Trunkenheitsfahrer ins Auge gefasst, um durch das Regelfahrverbot ausdrücklich vor einem drohenden Fahrerlaubnisentzug zu warnen. Die Inhalte des *AI-Programms* können diese Warnfunktion und die Einwirkung auf den Täter verstärken, sodass ein möglicher Fahrerlaubnisentzug in der Zukunft vorgebeugt werden könnte. Durch die Teilnahme an einem *AI-Programm* kann dem Täter die Trennung zwischen Alkohol und Verkehrsteilnahme sogar unter realen Bedingungen vermittelt werden, anders als bei einem bloßen Fahrverbot.[311]

---

[310] Vgl. dazu im Ganzen: *Zopfs*, BA 2019, 120 (123).
[311] Vgl. dazu im Ganzen: *Zopfs*, BA 2019, 120 (123).

dd. Bewertung

Im Ergebnis erscheint unter diesem Aspekt eine Erweiterung des Regelfahrverbots gemäß § 44 I 3 StGB doch wiederum als sinnvoll, obgleich die Implementierung des *AI-Programms* zu einer Verschiebung des Normcharakters führen würde.

Es gilt jedoch zu berücksichtigen, dass die Neuausrichtung des gegenwärtigen Fahrverbots eine Mehrbelastung des Justizapparats zur Folge hätte. Die Gerichte müssten zur Überwachung der Maßnahme im engen Kontakt mit den Programmanbietern stehen. Außerdem ist zu entscheiden, in welchen Fällen die Programmteilnahme eine sachgerechte Alternative zum Fahrverbot darstellt. Die Frage der Sachgerechtigkeit ist dabei stets im Einzelfall zu prüfen.[312]

Aufgrund der erforderlichen Mindestdauer des *AI-Programms* kommen vor allem Konstellationen in Betracht, in denen ein Fahrverbot von sechs Monaten verhängt werden würde. In diesen Fällen zeigt der Täter ein besonderes Bedürfnis nach einer rehabilitativen Intervention und es besteht ausreichend Zeit, um an dem Programm teilzunehmen und die erforderliche Einstellungsänderung zu bewirken.[313] Dem Täter wird während dieser Zeit gestattet, ausschließlich Kraftfahrzeuge mit *Alkohol-Interlock* im Straßenverkehr zu führen, wohingegen für alle nicht ausgerüsteten Kraftfahrzeuge ein Fahrverbot besteht.[314] Diese Einschränkung bedarf einer entsprechenden Kenntlichmachung im Führerschein.[315]

ee. Systematik

In sämtlichen Fällen der strafbaren Alkoholfahrten stellt sich die Frage nach der Anwendbarkeit des § 69 StGB. Möchte das *AI-Programm* als Alternative zum gegenwärtigen Fahrverbot implementiert werden, ist daher zu prüfen, ob dabei die Wertungen des § 69 StGB entgegenstehen würden.

---

312 *Zopfs*, BA 2019, 120 (123 f.).

313 Zur Problematik der Dauer eines Fahrverbots: *Gehlert*, „Alkohol-Interlock in Deutschland", S. 18; *Lohkamp*, BA 2003, 208 (212 f.).

314 Zur praktischen Umsetzung der alternativen Programmteilnahme siehe: Kap. 5 A. III. 2.

315 Die Verwaltungsbehörde erteilt einen ausweisenden Ersatzführerschein (MüKoStVR-*Schwerdtfeger*, § 44 StGB Rn. 62).

Die strafrechtliche Entziehung der Fahrerlaubnis setzt die Ungeeignetheit des Täters voraus, welche sich aus der begangenen Straftat ergibt. Das Fahrverbot hingegen setzt in seinem Anwendungsbereich nicht die Ungeeignetheit des Täters voraus, sodass der weitere Erhalt der Fahrerlaubnis unberührt bleibt. Aufgrund der unterschiedlichen Wirkung und Zielrichtung schließen sich das Fahrverbot und die Entziehung der Fahrerlaubnis gegenseitig aus. Ist also der Anwendungsbereich des Regelfahrverbots gemäß § 44 I 3 StGB eröffnet, so kann nicht gleichzeitig ein Entzug der Fahrerlaubnis gemäß § 69 StGB stattfinden.[316]

Da der Anwendungsbereich des § 69 StGB vorliegend nicht eröffnet ist, können auch die Wertungen dieser Norm einer Implementierung des *AI-Programms* nicht im Wege stehen. Systematisch ergeben sich daher an den gegenständlichen Implementierungsüberlegungen keine Bedenken.

ff. Gesetzliche Implementierung

Für eine gesetzliche Implementierung des *AI-Programms* als milderes Mittel zum Fahrverbot könnte der § 44 I StGB um folgenden Satz 4 erweitert werden: *Kommt ein Verbot von sechs Monaten in Betracht, so kann das Gericht auch die Teilnahme an einem AI-Programm und die ausschließliche Nutzung eines mit einer atemalkoholsensitiven Wegfahrsperre ausgerüsteten Kraftfahrzeugs anordnen.*

gg. Ergebnis

Die Zielrichtung des *AI-Programms* entspricht aufgrund des fehlenden Strafcharakters nur teilweise den Wertigkeiten des § 44 StGB. Die dogmatischen Differenzen sprechen deshalb gegen eine Implementierung des *AI-Programms* in das Regelwerk der Nebenstrafe.

Ist der Gesetzgeber jedoch gewillt, das gegenwärtige Fahrverbot als Nebenstrafe neu auszurichten und damit eine verstärkt rehabilitative Wirkrichtung zuzulassen, könnte das *AI-Programm* eine sinnvolle Erweiterung des § 44 I 3 StGB darstellen. Systematisch würde auch der Geltungsbereich des § 69 StGB einer solchen Implementierung nicht entgegenstehen. Das *AI-Programm* könnte insbesondere in Fällen eines Fahrverbots mit einer Dauer von sechs Monaten eine sachgerechte Alternative zur Einwirkung auf

---

316 Zur Systematik vgl. im Ganzen: H/K/Q-*Kerkmann*, § 44 StGB Rn. 6; Xanke-*Schaefer*, § 44 StGB Rn. 2.

den Täter darstellen. Als milderes Mittel würde die ausschließliche Nutzung eines ausgerüsteten Kraftfahrzeugs besonders dem Verhältnismäßigkeitsgrundsatz entsprechen.

2. Umsetzung des Fahrverbots für Kraftfahrzeuge mit *Alkohol-Interlock*

Gemäß § 44 I 1 StGB kann sich das Fahrverbot auf jede oder bestimmte Arten von Kraftfahrzeugen beziehen.

Dem Gericht steht es somit in einer Ermessensentscheidung offen, das Fahrverbot auf bestimmte Kraftfahrzeugarten zu beschränken.[317]

Fraglich ist in diesem Zusammenhang, ob ein mit einer Wegfahrsperre ausgerüstetes Kraftfahrzeug gemäß § 44 I 1 StGB berücksichtigt werden könnte. Wäre dies der Fall, könnte bereits nach geltender Rechtslage das Fahrverbot alle übrigen Kraftfahrzeugarten erfassen, mit Ausnahme von Kraftfahrzeugen mit installierter Wegfahrsperre. Dem Täter wäre es somit möglich, während des Fahrverbots weiter am Straßenverkehr und an einem *AI-Programm* teilzunehmen.[318]

a. Anwendung de lege lata

Es ist also zu untersuchen, welche Kraftfahrzeugarten von dem Anwendungsbereich des § 44 I 1 StGB erfasst werden. Die infragestehende Norm regelt nicht abschließend die erfassten Kraftfahrzeugarten, sodass möglicherweise im Wege der Auslegung ein ausgerüstetes Fahrzeug unter den Anwendungsbereich der Norm zu subsumieren wäre. Folglich kommt eine Berücksichtigung ausgerüsteter Fahrzeuge de lege lata in Betracht.

aa. Begriff der Kraftfahrzeugart

Es gilt zu klären, ob ein mit einem AI ausgerüstetes Kraftfahrzeug unter den strafrechtlichen Begriff der Kraftfahrzeugart zu subsumieren ist. Der Anwendungsbereich erschließt sich dabei durch die Auslegung des Begriffs.

---

317 H/K/Q-*Kerkmann*, § 44 StGB Rn. 16.

318 *Lohkamp*, BA 2003, 208 (212 f.); *Seidl/Feustel-Seidl*, BA 2019, 1 (14).

(1) Systematik

Zu dem technischen Begriff der Kraftfahrzeugart treffen u.a. spezielle Gesetze außerhalb des Strafrechts allgemeingültige Aussagen. Die Wertungen dieser Normen gilt es bei der Auslegung des strafrechtlichen Kraftfahrzeugbegriffs zu berücksichtigen.

Insbesondere beschreibt § 6 I 3 FeV ausdrücklich bestimmte Arten von Kraftfahrzeugen. Demnach kann gemäß § 6 I 3 FeV die Fahrerlaubnis auf bestimmte Kraftfahrzeugarten der Fahrerlaubnisklassen beschränkt werden. Gemeint sind dabei die Fahrzeugklassen, die in § 6 I 1 FeV aufgelistet sind. Für diese Fahrzeugarten ist vor allem der Verwendungszweck maßgeblich, soweit dieser zu einer bauartlichen Unterscheidung führt.[319]

(2) Anwendung auf den Alkohol-Interlock

Es erscheint äußerst fraglich, inwiefern ein eingebautes Interlock-Gerät den Verwendungszweck eines Kraftfahrzeugs beeinflusst. Das Fahrzeug wird nach wie vor – auch mit eingebauter Wegfahrsperre – ausschließlich zur Fortbewegung genutzt. Außerdem kann die Zündsperre ohne großen Aufwand jederzeit wieder entfernt werden, sodass sich das Fahrzeug auch in seiner baulichen Eigenart nicht verändert. Durch die Installation eines *Alkohol-Interlocks* wird somit nicht eine neue bauliche Eigenart des Fahrzeugs begründet. Im Ergebnis entsteht durch den Einbau auch nicht eine neue Kraftfahrzeugart. Folglich stellt ein ausgerüstetes Kraftfahrzeug gemäß der systematischen Auslegung keine eigene Kraftfahrzeugart i.S.d. § 44 I 1 StGB dar.[320]

bb. Ergebnis

Nach geltender Rechtslage findet ein mit einer Wegfahrsperre ausgerüstetes Kraftfahrzeug keine Berücksichtigung bei der Beschränkung des Fahrverbots auf bestimmte Kraftfahrzeugarten gemäß § 44 I 1 StGB. Der *Alkohol-Interlock* könnte daher nur aufgrund eines zu erlassenden Gesetzes zur Anwendung kommen.

---

319 H/K/D-*König*, § 69a StGB Rn. 6; H/K/Q-*Kerkmann*, § 44 StGB Rn. 17.

320 Vgl. dazu: *Eisenmenger*, BA 2007, 159 (160); *Lohkamp*, BA 2003, 208 (212); *Schöch*, BA 2005 Sup. I, 20 (22).

b. Anwendung de lege ferenda

Fraglich ist, ob und inwiefern ein ausgerüstetes Kraftfahrzeug de lege ferenda bei der Beschränkung eines Fahrverbots berücksichtigt werden könnte. Dabei ist insbesondere die mit der Ausnahme verfolgte Zielrichtung zu beachten.

aa. Telos

Fraglich ist, ob ein Kraftfahrzeug mit installierter Wegfahrsperre der Zielrichtung der Ausnahmeregelung gemäß § 44 I 1 StGB entspricht.

Da bei der Entscheidung über ein Fahrverbot Strafzumessungskriterien maßgeblich sind, könnte ein unbeschränktes Fahrverbot u.U. gegen das verfassungsrechtliche Übermaßverbot verstoßen. Trotzdem wird stets der Ausnahmecharakter dieser Vorschrift betont, sodass in der Praxis vor allem landwirtschaftliche Nutzfahrzeuge von dem Verbot ausgenommen werden. Ein Grund dafür mag in der notwendigen Kontrollierbarkeit der einzuhaltenden Beschränkung liegen. Diese setzt voraus, dass der Betroffene bei der zuständigen Behörde einen Ersatzführerschein beantragen kann, aus dem die Beschränkung ersichtlich wird.[321]

Könnte ein mit einer Wegfahrsperre ausgerüstetes Kraftfahrzeug von einem Fahrverbot ausgenommen werden, so würde die Maßnahme als milderes Mittel zumindest dem verfassungsrechtlichen Übermaßverbot genügen. Aufgrund der steten Überwachung des Programmteilnehmers wäre die erforderliche Kontrollierbarkeit der einzuhaltenden Beschränkung gewährleistet. Außerdem ist bereits eine zulässige Schlüsselzahl („69“) für die Eintragung der Beschränkung in den Führerschein vorhanden. Im Ergebnis könnte ein ausgerüstetes Kraftfahrzeug den dogmatischen Anforderungen an eine Ausnahme gemäß § 44 I 1 StGB gerecht werden.

bb. Systematik

Die Implementierung eines mit einem *Alkohol-Interlock* ausgerüsteten Kraftfahrzeugs als eigene Kraftfahrzeugart steht jedoch insbesondere die abschließende Regelung des § 6 FeV entgegen. Die infrage kommenden Kraftfahrzeugarten sind insoweit bereits abschließend geregelt. Möchte man

---

321 Vgl. dazu im Ganzen: MüKoStVR-*Scherdtfeger*, § 44 StGB Rn. 42; H/K/Q-*Kerkmann*, § 44 StGB Rn. 17.

ein ausgerüstetes Kraftfahrzeug als eigene Kraftfahrzeugart implementieren, bedürfte es einer grundlegend Neuausrichtung des Kraftfahrzeugartenbegriffs.

cc. Gesetzliche Implementierung

Die wohl naheliegende Lösung liegt daher in der ausdrücklichen Nennung von Kraftfahrzeugen, welche mit einer atemalkoholsensitiven Zündsperre ausgerüstet sind. Ein solches Kraftfahrzeug würde deshalb in der Formulierung *neben* den Kraftfahrzeugarten stehen. Damit kann das Problem einer grundlegenden Neudefinierung des bestehenden Kraftfahrzeugartenbegriffs umgangen werden. § 44 I 1 StGB könnte daher wie folgt um einen Nebensatz erweitert werden: *Beträgt das Fahrverbot sechs Monate, so kann das Gericht Kraftfahrzeuge mit atemalkoholsensitiver Wegfahrsperre von dem Verbot ausnehmen und die Teilnahme an einem AI-Programm anordnen.*

dd. Ergebnis

Ein mit einer Wegfahrsperre ausgerüstetes Kraftfahrzeug kann nach geltender Rechtslage nicht von einem Fahrverbot gemäß § 44 I 1 StGB ausgenommen werden, da die infragestehenden Kraftfahrzeugarten bereits abschließend geregelt sind. Jedoch könnte ein ausgerüstetes Kraftfahrzeug de lege ferenda durch eine ausdrückliche Erweiterung der Norm implementiert werden. Durch die ausdrückliche Nennung *neben* den Kraftfahrzeugarten würde es nicht zum Widerspruch zum bereits ausdefinierten Begriff der Kraftfahrzeugarten kommen.

3. Zusammenfassung der Einsatzmöglichkeiten als Nebenstrafe

De lege lata kann das *AI-Programm* im Rahmen der Nebenstrafe keine Berücksichtigung finden. Jedoch würde sich der gesetzgeberische Aufwand einer Implementierung de lege ferenda als überschaubar darstellen, indem lediglich gewisse Modifizierungen des § 44 I StGB vorgenommen werden. Insbesondere für Fahrverbote mit einer Dauer von sechs Monaten könnte sich die alternative Teilnahme an einem *AI-Programm* als sinnvoll und sachgerecht erweisen. Das Programm ließe sich dabei sowohl als mildere Alternative als auch im Wege der Ausnahme bestimmter Kraftfahrzeugarten implementieren. Für die praktische Umsetzung und rechtssichere Anwendung der Norm ist sicherzustellen, dass dem Täter ausschließlich das Führen ausgerüsteter Kraftfahrzeuge gestattet wird. Für alle anderen Kraftfahrzeuge muss für die Zeitspanne ein entsprechendes Fahrverbot gelten. Daher empfiehlt sich eine Modifizierung der Regelung über die Ausnahme bestimmter Kraftfahrzeugarten, da so gewährleistet wird, dass für alle übrigen – nicht ausgerüsteten – Kraftfahrzeuge ein Fahrverbot besteht. Neben der Modifizierung des StGB bedürfte es eine entsprechende verwaltungsrechtliche Norm, die eine Beschränkung der Nutzung der Fahrerlaubnis für diesen Fall gebieten würde. Bei der Modifizierung des § 44 I StGB ist jedoch zu beachten, dass dadurch der Strafcharakter der Nebenstrafe aufgeweicht und zu einer spezialpräventiven Rehabilitationsmaßnahme verschoben wird.

IV. Maßnahme der Besserung und Sicherung

Das *AI-Programm* entspricht aufgrund seiner sichernden und rehabilitativen Wirkrichtung wohl eher einer Maßregel als einer Strafe. Unter den Maßregeln zur Besserung und Sicherung des Täters (§ 61 ff. StGB) gibt möglicherweise der Entzug der Fahrerlaubnis gemäß § 69 ff. StGB Raum für den Einsatz der alkoholsensitiven Zündsperre. Die Maßregel sieht als Rechtsfolge, insbesondere für strafbare Trunkenheitsfahrten, den Entzug der verwaltungsrechtlichen Fahrerlaubnis vor.

Als mildere Alternative zum Entzug der Fahrerlaubnis könnte der Täter zur Teilnahme an einem *AI-Programm* und der ausschließlichen Nutzung eines mit einer Wegfahrsperre ausgerüsteten Kraftfahrzeugs verpflichtet werden. Möglicherweise wäre ein mit einem *Alkohol-Interlock* ausgerüstetes Kraftfahrzeug auch von einer Sperrfrist gemäß § 69a II StGB auszunehmen. Im Anschluss ist eine vorzeitige Aufhebung der Sperre gemäß § 69a VII StGB für den Fall zu prüfen, dass sich der Täter zur Teilnahme an einem *AI-Programm* verpflichtet.[322]

1. Alternative zum Fahrerlaubnisentzug

Als Rechtsfolge einer strafbaren Trunkenheitsfahrt wird dem Täter in den meisten Fällen (siehe Regelbeispiele des § 69 II StGB) die Fahrerlaubnis entzogen. Es ist daher zu untersuchen, ob alternativ zum Entzug der Fahrerlaubnis

---

322 *Lohkamp*, BA 2003, 208 (211 f.); *Seidl-Feustel-Seidl*, BA 2019, 1 (14); *Eisenmenger*, BA 2007, 159 (159 ff.).

auch die Teilnahme an einem *AI-Programm* als milderes Mittel angeordnet werden könnte.[323]

a. Anwendung de lege lata

§ 69 I StGB sieht als gebundene Entscheidung den Entzug der Fahrerlaubnis vor, sofern sich aus der festgestellten Tat ergibt, dass der Täter ungeeignet zum Führen von Kraftfahrzeugen ist. Einer Anordnung der Programmteilnahme als mildere Alternative zum Fahrerlaubnisentzug fehlt insoweit die gesetzliche Grundlage. Es kommt somit nur eine Anwendung gemäß eines zu erlassenden Gesetzes in Frage.

b. Anwendung de lege ferenda

Möchte man das *AI-Programm* in die Maßregeln zur Besserung und Sicherung des Täters implementieren, muss sich das zu erlassende Gesetz in das gegenwärtige Regelwerk einfügen. Insbesondere dürfen bestehende Wertungen nicht gegen das zu erlassende Gesetz sprechen. Die Wertungen der gegenständlichen Maßregel zur Besserung und Sicherung des Täters ermitteln sich im Wege der Auslegung der zugrundeliegenden Normen. Diese Wertungen werden anhand der gesetzgeberischen Zielrichtung unter Berücksichtigung der systematischen Stellung der jeweiligen Norm untersucht.

aa. Telos

Zuerst wird die beabsichtigte Regelungswirkung des strafrechtlichen Fahrerlaubnisentzugs beleuchtet. Das *AI-Programm* muss in seiner konkreten Ausgestaltung als zu erlassendes Gesetz zumindest dieser gesetzgeberischen Zielrichtung entsprechen.

(1) Schutzzweck der Maßregel

Im Mittelpunkt dieser Zielrichtung steht der mit dem Fahrerlaubnisentzug verfolgte Schutzzweck.

Der Schutzzweck des § 69 I, II StGB betrifft die Sicherung der Allgemeinheit vor einem ungeeigneten und gefährlichen Kraftfahrer und die allgemeine Wahrung der Verkehrssicherheit. Dieser Schutz wird dadurch gewährleistet,

---

[323] *Schöch*, BA 2010, 340 (341); *DVR*, BA 2021, 69 (71).

dass der ungeeignete Täter durch den Entzug der Fahrerlaubnis von der Teilnahme am Straßenverkehr ausgeschlossen wird. Die Gefährlichkeit des Täters kann sich dadurch nicht mehr zum Nachteil der Allgemeinheit im öffentlichen Straßenverkehr realisieren. Mit dem Entzug der Fahrerlaubnis wird also ein gewisser Präventionszweck verfolgt.[324] Es stellt sich nun die Frage, ob das *AI-Programm* in seiner Ausgestaltung diesem Schutzzweck ebenso gerecht werden könnte.

Das verbaute Interlock-Gerät stellt zuverlässig sicher, dass der betroffene Fahrer nicht über dem gesetzlichen Grenzwert alkoholisiert am Straßenverkehr teilnimmt. Die Gefährlichkeit des Täters – alkoholisiert am Straßenverkehr teilzunehmen –, welche sich durch die Anlasstat gezeigt hat, kann sich durch das Gerät nicht zum Nachteil der Allgemeinheit realisieren. Die alkoholsensitive Zündsperre vermag also eine vergleichbare Prävention zu leisten und kommt somit einem ausreichenden Schutz der Allgemeinheit nach.[325] Der Kritik[326], der Täter könnte jederzeit auf ein nicht ausgerüstetes Fahrzeug umsteigen, sodass der beabsichtigte Schutzzweck verfehlt werden würde, ist entgegenzuhalten, dass der Täter auch bei einem Fahrerlaubnisentzug jederzeit – eben ohne Fahrerlaubnis – fahren könnte.[327]

Im Ergebnis gebietet der *Alkohol-Interlock* einen vergleichbaren Schutz der Allgemeinheit vor einem ungeeigneten Täter wie der gegenwärtige Fahrerlaubnisentzug.

(2) Wirkung auf den Eignungsmangel

Die Maßregel des § 69 StGB setzt unmittelbar am Eignungsmangel des Täters an, der sich durch die Tatbegehung gezeigt hat und durch die Verurteilung festgestellt wurde. Der Täter zeigt sich aufgrund einer Trunkenheitsfahrt als ungeeignet zum Führen eines Kraftfahrzeugs. Damit sich dieser Eignungsmangel nicht realisieren kann, sieht die Rechtsfolge – de lege lata – den Entzug der Fahrerlaubnis vor. Die Sperrfrist sorgt dafür, dass der Täter so lange nicht am Verkehr teilnehmen darf wie der Eignungsmangel besteht. Fraglich ist

---

324 MüKoStGB-*van Gemmeren*, § 61 StGB Rn. 1 ff.; H/K/Q-*Kerkmann*, § 69 StGB Rn. 1, 16.

325 *BASt Bericht*, „Alkohol-Interlocks für alkoholauffällige Kraftfahrer", S. 52.

326 *Schöch*, BA 2005 Sup. I, 20 (21).

327 Insofern ist ebenfalls auf die Gründe aus Kap. 3 A. VII. 5 b. bb. zu verweisen.

daher, inwiefern der *Alkohol-Interlock* tatsächlich auf den Eignungsmangel des Täters wirken würde.

Übertragen auf die alkoholsensitive Wegfahrsperre könnte einzuwenden sein, dass sich diese lediglich auf das Fahrzeug, nicht aber auf den Eignungsmangel des Täters auswirkt. Durch den bloßen Einbau einer atemalkoholsensitiven Zündsperre ändert sich in diesem Sinne jedoch nichts an der festgestellten Ungeeignetheit des Täters. Man könnte daher annehmen, dass der Eignungsmangel des Täters trotz eingebauter Wegfahrsperre unberührt bleiben würde.[328]

Dem ist jedoch entgegenzuhalten, dass die installierte Zündsperre selbst nur einen Teil des *AI-Programms* ausmacht. Mittelpunkt der Maßregel ist vielmehr der verkehrspsychologische Inhalt des Programms, welcher sich ausschließlich und intensiv mit dem alkoholbedingten Eignungsmangel des Täters auseinandersetzt.[329] In seiner Gesamtheit knüpft das *AI-Programm* also unmittelbar an den festgestellten Eignungsmangel des Täters an und wirkt sich positiv auf diesen aus.[330]

(3) Ergebnis

Das installierte Interlock-Gerät verhindert zuverlässig eine weitere Trunkenheitsfahrt und sichert damit den gefährlichen Täter. Die verkehrspsychologischen Inhalte des *AI-Programms* setzten sich ausdrücklich mit dem alkoholbedingten Eignungsmangel auseinander, sodass der Täter dadurch eine Besserung erfährt. Im Ergebnis kann das *AI-Programm* der gesetzgeberischen Zielrichtung der Maßregel gemäß § 69 StGB entsprechen.[331]

bb. Systematik

Möglicherweise ergibt sich jedoch auch an dieser Stelle ein Wertungswiderspruch zu den zwingenden Rechtsfolgen des § 69 StGB. Dieser Wertungswiderspruch ergibt sich insbesondere aufgrund § 69 II StGB und der regelvermuteten Ungeeignetheit des Täters.

---

328 *Schöch*, BA 2005 Sup. I, 20 (21).

329 *BASt Bericht*, „Alkohol-Interlocks für alkoholauffällige Kraftfahrer", S. 52.

330 Im Übrigen würde der Fahrerlaubnisentzug die Eignung des Täters nicht vergleichbar beeinflussen, da in diesem Fall keine verkehrspsychologische Betreuung stattfindet.

331 *Klipp*, BA 2009, 190 (192).

(1) Wertungswiderspruch

Im Falle einer strafbaren Trunkenheitsfahrt (§ 315c I Nr. 1a StGB oder § 316 StGB) wird der Täter *in der Regel* als ungeeignet zum Führen von Kraftfahrzeugen angesehen. In der Folge *ist* bei Ungeeignetheit die Fahrerlaubnis zu entziehen. In den meisten Fällen strafbarer Alkoholfahrten ist deshalb der Anwendungsbereich des § 69 I StGB gemäß der Regelbeispiele des § 69 II StGB eröffnet, sodass der Täter als ungeeignet zum Führen von Kraftfahrzeugen anzusehen ist und entsprechend die Fahrerlaubnis entzogen wird.

Ein *AI-Programm*, welches zum Zeitpunkt der gerichtlichen Entscheidung über den Fahrerlaubnisentzug erst noch durchzuführen wäre, kann an dieser festgestellten Ungeeignetheit nichts ändern. Der *Alkohol-Interlock* vermag erst mit dem Einbau in das Kraftfahrzeug und den verkehrspsychologischen Inhalten des *AI-Programms* seine Wirkung zu entfalten, sodass vor dem Programmabschluss eine andere Bewertung der Fahreignung des Täters nicht gerechtfertigt ist. Da das *AI-Programm* zum Zeitpunkt der gerichtlichen Entscheidung über den Fahrerlaubnisentzug noch nicht abgeschlossen wurde, kann die gesetzliche Vermutung des § 69 II StGB nicht widerlegt werden. Allein die Möglichkeit und Bereitschaft an einem solchen Rehabilitationsprogramm teilzunehmen, rechtfertigt eben nicht die Entscheidung von dem Fahrerlaubnisentzug abzusehen.[332]

(2) Zwischenergebnis

Die Programmteilnahme entspricht der Zielrichtung einer Maßregel zur Besserung und Sicherung des Täters. Jedoch ergibt sich ein Widerspruch zu dem gebotenen Fahrerlaubnisentzug in den Fällen des § 69 II StGB. Durch die festgestellte Trunkenheitsfahrt zeigt sich der Täter als ungeeignet zum Führen von Kraftfahrzeugen und die Fahrerlaubnis ist zwingend zu entziehen. In der Folge besteht aufgrund der zwingenden Rechtsfolge gemäß § 69 I, II StGB kein Raum für eine alternative Programmteilnahme, denn für diese muss der Täter über eine Fahrerlaubnis verfügen. Gemäß der gegenwärtigen Fahreignungsdogmatik des Strafrechts ist dem Täter jedoch diese Fahrerlaubnis in den Fällen strafbarer Trunkenheitsfahrten zu entziehen. Im

---

332 Vgl. dazu im Ganzen: *Schöch*, BA 2010, 340 (341); *Krismann*, NZV 2011, 417 (421); *DVR*, BA 2021, 69 (72 f.).

Ergebnis kann der Täter nach der Verurteilung aufgrund einer Alkoholfahrt nicht an einem *AI-Programm* teilnehmen.

Eine Implementierung des *AI-Programms* als Alternative zum Fahrerlaubnisentzug bedarf daher einer Novellierung der Regelbeispiele des § 69 II StGB. De lege ferenda müsste die regelvermutete Ungeeignetheit für bestimmte Fallkonstellationen überwunden werden, damit dem Täter die Fahrerlaubnis erhalten bleibt.[333]

(3) Ausnahme von der Regelvermutung

Der Anwendungsbereich der Regelvermutung müsste für strafbare Trunkenheitsfahrten eingeschränkt werden, damit der Täter nicht in allen Fällen als ungeeignet angesehen wird und so über die nötige Fahrerlaubnis zur Programmteilnahme verfügt.

Für eine Einschränkung des § 69 II StGB müssten bestimmte Tätergruppen von der generellen Vermutung der Ungeeignetheit ausgenommen werden, sofern sie für die Teilnahme an einem *AI-Programm* infrage kommen. Trotz alkoholbedingter Eignungsmängel wäre diesen Personen also eine gewisse Fahreignung zuzusprechen. In diesem Sinne erscheint es erforderlich, Umstände zu formulieren, die die Annahme einer bedingten Fahreignung unter ausschließlicher Nutzung einer atemalkoholsensitiven Zündsperre und der Teilnahme an dem *AI-Programm* rechtfertigen.[334] Es ist jedoch höchst fraglich, wie diese obligatorische Ausnahme rechtlich zu konstruieren wäre, da die Bewertung der Fahreignung immer eine Frage des konkreten Einzelfalls sein sollte.[335] Ebenso wäre die Geeignetheit zur Teilnahme an einem *AI-Programm* stets im Einzelfall zu prüfen.[336]

Für eine regelbasierte Ausnahme von dem gegenwärtigen § 69 II StGB spricht die bisweilen gesetzgeberische Praxis. So konnte sich der Gesetzgeber bereits in der Vergangenheit auf Regelbeispiele festlegen, die widerlegbar die Ungeeignetheit des Täters vermuten lassen. Im umgekehrten Sinne wäre solch eine Praxis auch für die bedingte Fahreignung denkbar. Trotzdem ist von dem Aufstellen allgemeingültiger Kriterien für eine Programmteilnahme

---

333 *DVR*, BA 2021, 69 (72).

334 *DVR*, BA 2021, 69 (72).

335 H/K/Q-*Kerkmann*, § 69 StGB Rn. 21.

336 Zur Prüfung der Geeignetheit im Einzelfall siehe Kap. 4 C. I. 1.

anstelle des Fahrerlaubnisentzugs abzuraten. Wann die Programmteilnahme eine sinnvolle Alternative zum Fahrerlaubnisentzug darstellen könnte, muss stets im konkreten Einzelfall bewertet werden. Eine regelbasierte „Gegenvermutung" für die bedingte Fahreignung mit *Alkohol-Interlock* in bestimmten Fällen wäre daher weder sachgerecht noch zielführend.[337]

(4) Wertungsoffene Ersatzmöglichkeit

Da in einer regelbasierten Ausnahme von der Regelvermutung des § 69 II StGB nicht die Lösung liegt, könnte stattdessen eine wertungsoffene Ersatzmöglichkeit geschaffen werden. Diese wertungsoffene Ersatzmöglichkeit würde die Berücksichtigung aller Umstände des Einzelfalls zulassen. Der Gesetzgeber könnte also eine Ausnahme konstruieren, die nach der Bewertung des Einzelfalls eine Programmteilnahme anstelle des Fahrerlaubnisentzugs zulässt.

Dieses Vorgehen würde jedoch die Verfahrenserleichterung durch die Regelbeispiele des § 69 II StGB obsolet machen. Die Eignung des Täters müsste so in jedem Fall ausführlich geprüft und begründet werden, sodass die Regelvermutung ins Leere laufen würde. Außerdem hätte der Tatrichter in jedem Fall zusätzlich die sachgerechte Teilnahme an einem *AI-Programm* zu prüfen und entsprechend zu begründen. Im Ergebnis kann de lege ferenda sowohl eine regelbasierte als auch eine wertungsoffene Ausnahme von der Regelvermutung des § 69 II StGB nicht empfohlen werden.[338]

cc. Ergebnis

Aufgrund einer fehlenden Rechtsgrundlage kommt das *AI-Programm* als Alternative zum Fahrerlaubnisentzug nach geltendem Recht nicht in Betracht. Grundsätzlich entspricht das *AI-Programm* in seinen Inhalten den Wertungen der Maßregel gemäß § 69 StGB. Eine Implementierung de lege ferenda scheitert jedoch an der regelvermuteten Ungeeignetheit des Täters in Fällen strafbewehrter Trunkenheitsfahrten gemäß § 69 I, II StGB. Auch eine Novellierung der Regelbeispiele durch eine Ausnahme von der Regelvermutung kommt nicht in Frage, da ansonsten die Verfahrenserleichterung durch die Regelbeispiele untergraben wird.

---

337 Vgl. dazu: *Zopfs*, BA 2019, 120 (124).

338 Vgl. dazu im Ganzen: *Zopfs*, BA 2019, 120 (124).

Die Implementierung des *AI-Programms* als Alternative zum Fahrerlaubnisentzug kann daher nicht empfohlen werden.

2. Ausnahme bestimmter Kraftfahrzeugarten

Der strafrechtliche Fahrerlaubnisentzug ermöglicht gemäß § 69a II StGB die Ausnahme bestimmter Kraftfahrzeugarten von der zu verhängenden Sperrfrist. Die Fahrerlaubnis wird trotz der Ausnahme ebenso vollumfänglich entzogen, jedoch kann der Täter, unabhängig von der Sperrfrist, für die ausgenommene Kraftfahrzeugart eine neue Fahrerlaubnis beantragen. Die Fahrerlaubnisbehörde hat sodann in eigener Zuständigkeit zu entscheiden, ob sie die entsprechend auf die ausgenommene Kraftfahrzeugart beschränkte Fahrerlaubnis erteilt.[339]

Möglicherweise könnte ein mit einer atemalkoholsensitiven Zündsperre ausgerüstetes Kraftfahrzeug von einer zu verhängenden Sperrfrist ausgenommen werden. Da § 69a II StGB die infragestehenden Kraftfahrzeugarten nicht abschließend regelt, wäre die Berücksichtigung eines ausgerüsteten Kraftfahrzeugs bereits nach geltender Rechtslage denkbar.[340]

a. Anwendung de lege lata

Es ist daher zu untersuchen, welche Arten von Kraftfahrzeugen von dem Anwendungsbereich des § 69a II StGB erfasst werden. Möglicherweise lässt sich im Wege der Auslegung ein ausgerüstetes Kraftfahrzeug unter den Anwendungsbereich der Norm subsumieren.

aa. Begriff der Kraftfahrzeugart

Es gilt zu klären, ob ein mit einer alkoholsensitiven Wegfahrsperre ausgerüstetes Kraftfahrzeug dem strafrechtlichen Begriff der Kraftfahrzeugart entspricht.

Die vom Anwendungsbereich des § 69a II StGB erfassten Kraftfahrzeugarten sind insoweit abschließend in § 6 I FeV geregelt. Wie bereits dargestellt entspricht ein mit einer Wegfahrsperre ausgerüstetes Kraftfahrzeug nicht einer eigenen Kraftfahrzeugart.[341]

---

339 Vgl. dazu: MüKoStVG-*Kretschmer*, § 69a Rn. 19; H/K/Q-*Kerkmann*, § 69a StGB Rn. 24.

340 *Schöch*, BA 2005 Sup. I, 20 (22); *Sperhake/Tsokos/Püschel*, BA 1998, 344 (351).

341 Zum Begriff der Kraftfahrzeugart siehe bereits Kap. 5 A. III. 2. a. aa.

bb. Ergebnis

Der installierte *Alkohol-Interlock* verändert nicht die bauliche Art des betroffenen Fahrzeugs und begründet somit keine eigene Kraftfahrzeugart i.S.d. § 69a II StGB. Auf Grund der geltenden Rechtslage kann ein ausgerüstetes Kraftfahrzeug also nicht von der Sperrfrist gemäß § 69a II StGB ausgenommen werden. Eine Berücksichtigung der Wegfahrsperre würde sich somit allenfalls aufgrund eines zu erlassenden Gesetzes ergeben.

b. Anwendung de lege ferenda

Es ist zu prüfen, ob und inwiefern ein mit einer Wegfahrsperre ausgerüstetes Kraftfahrzeug aufgrund eines zu erlassenden Gesetzes von der Sperrfrist ausgenommen werden könnte. Das zu erlassende Gesetz müsste insofern den Wertungen der gegenwärtigen Ausnahmeregelung gemäß § 69a II StGB entsprechen, welche sich im Wege der Auslegung ergeben. Bei der Auslegung der Norm wird insbesondere die vom Gesetzgeber beabsichtigte Zielrichtung unter Berücksichtigung der systematischen Stellung untersucht.

aa. Telos

Eine Ausnahme von der Sperrfrist ist gemäß § 69a II StGB allgemein zulässig, wenn besondere Umstände die Annahme rechtfertigen, dass der Zweck der Maßregel dadurch nicht gefährdet wird.

Die gerichtliche Entscheidung über eine Ausnahme stützt sich dabei ebenfalls auf eine Prognose. Trotz festgestellter Ungeeignetheit darf der Täter bei der Benutzung der von der Sperre ausgenommenen Kraftfahrzeuge keine über die allg. Betriebsgefahr hinausgehende Gefährdung für den Straßenverkehr darstellen. Insbesondere darf sich der in der Anlasstat gezeigte Eignungsmangel durch das Führen der bestimmten Kraftfahrzeugart nicht sicherheitsgefährdend auf die Allgemeinheit auswirken. Eine solche Prognose stellt sich jedoch bei alkoholbedingten Eignungsmängeln als äußerst schwierig dar, da grundsätzlich in solchen Fällen von der Unteilbarkeit der Eignung ausgegangen wird. Alkoholbedingte Eignungsmängel sind dementsprechend nicht ausgleichbar bzw. auf bestimmte Kraftfahrzeuge beschränkt und erstrecken sich deshalb stets auf sämtliche Kraftfahrzeugarten.[342] Diese Grundannahme

---

342 Zur Unteilbarkeit alkoholbedingter Eignungsmängel: *Mahlberg*, NZV 1992, 10 (12); *Krismann*, NZV 2011, 417 (417 f.).

macht die Ausnahme bestimmter Kraftfahrzeugarten in Fällen der alkoholisierten Verkehrsteilnahme praktisch unmöglich.

Trotzdem ist bei Trunkenheitsdelikten eine Ausnahme nicht gänzlich ausgeschlossen. In der Praxis wird daher besonders der Ausnahmecharakter der Norm hervorgehoben und zumeist lediglich landwirtschaftliche Nutzfahrzeuge von der Sperrfrist ausgenommen oder auf wirtschaftliche Härtefälle abgestellt. Ein solcher wirtschaftlicher Härtefall wäre etwa bei alkoholauffälligen Berufskraftfahrern denkbar, sodass beruflich geführte Kraftfahrzeuge eine Ausnahme erfahren könnten.[343]

Zur Eindämmung einer Gefahrenrealisierung, setzt § 69a II StGB voraus, dass eine gewisse Gefahrabschirmung sichergestellt wird. Eine Ausnahme von der Sperre kommt insofern nur in Betracht, wenn beim Führen der von der Sperre ausgenommenen Kraftfahrzeugart trotz bestehendem Eignungsmangel keine Gefahr für den Straßenverkehr ausgeht.[344] Die richterliche Bewertung einer hinreichenden Gefahrabschirmung ist ebenfalls eine in die Zukunft gerichtete Prognoseentscheidung. Dabei gilt es zum einen objektive Umstände, wie das Gefährdungspotential der ausgenommenen Kraftfahrzeugart, zu berücksichtigen. Zum anderen wird eine subjektive Komponente, wie die Persönlichkeit des Täters, zur Bewertung der Gefahrabschirmung herangezogen. Die objektive Komponente stellt dabei auf eine geringere Gefährdung der Allgemeinheit ab, wohingegen das subjektive Element Ausdruck einer verringerten individuellen Rückfallgefahr ist. Das verbleibende Risiko für die Verkehrssicherheit muss sich sodann gegenüber der Allgemeinheit als vertretbar erweisen.[345]

Durch die Installation einer atemalkoholsensitiven Wegfahrsperre wird das Gefährdungspotential des auszunehmenden Kraftfahrzeugs minimiert, da so eine erneute Trunkenheitsfahrt technisch verhindert wird. Die Einbettung in ein vollumfängliches *AI-Programm* gewährleistet darüber hinaus die erforderliche Kontrolle der aktiven Gefahrabschirmung.[346] Der Verbau

---

343 *Schöch*, BA 2005 Sup. I, 20 (22); MüKoStVR-*Kretschmer*, § 69a StGB Rn. 21 f.

344 *Hentschel/Krumm*, Fahrerlaubnis Alkohol/Drogen, 2. Teil Rn. 248; *Krumm*, DAR 2004, 56 (57).

345 Vgl. dazu im Ganzen: MüKoStVR-*Kretschmer*, § 69a StGB Rn. 21 ff.; K/N/P/S-*Böse/Bartsch*, § 69a Rn. 9; *Krismann*, NZV 2011, 417 (418); *Hentschel/Krumm*, Fahrerlaubnis Alkohol/Drogen, 2. Teil Rn. 253 f.

346 *Krumm*, DAR 2004, 56 (57 f.); *Schöch*, BA 2005 Sup. I, 20 (22).

eines *Alkohol-Interlocks* und die Teilnahme an einem *AI-Programm* können also zumindest den objektiven Anforderungen an die Gefahrabschirmung gemäß § 69a II StGB entsprechen.[347] Liegen bereits bei der gerichtlichen Entscheidung über die Sperrfrist gewisse Anzeichen in der Persönlichkeit des Täters für ein Problembewusstsein und der Bereitschaft zur Aufarbeitung und Verhaltensänderung vor, so würden auch subjektive Umstände für eine verringerte Rückfallgefahr sprechen. In der Folge wäre de lege ferenda eine Ausnahme von Kraftfahrzeugen mit *Alkohol-Interlock* gemäß § 69a II StGB gerechtfertigt.

Im Ergebnis entspricht die Ausnahme von Kraftfahrzeugen mit eingebauter Wegfahrsperre und die Teilnahme an einem *AI-Programm* der gesetzgeberischen Zielrichtung und den Voraussetzungen des § 69a II StGB.

bb. Systematik

Der Implementierung der Wegfahrsperre in die Ausnahmevorschrift des § 69a II StGB stehen jedoch möglicherweise die Wertungen und Rechtsfolgen verkehrsrechtlicher Vorschriften entgegen.

(1) Begriff der Kraftfahrzeugart

Wie bereits dargestellt[348] steht der Erweiterung des Kraftfahrzeugartbegriffs die abschließende Regelung des § 6 I FeV entgegen. Um eine Verwerfung mit dem ausdefinierten Begriff zu vermeiden, bietet es sich an, den Alkohol-Interlock *neben* die gegenwärtige Formulierung der Kraftfahrzeugarten zu integrieren.

(2) Fahreignungsdogmatik des § 69 StGB

Die Ausnahme von Kraftfahrzeugen mit installierter Wegfahrsperre widerspricht unter Umständen den Wertungen des § 69 I, II StGB.

Im Falle alkoholbedingter Eignungsmängel geht die strafrechtliche Fahreignungsdogmatik von der Unteilbarkeit des Eignungsmangels aus. Diese Unteilbarkeit wird dahingehend verstanden, dass sich der alkoholbedingte Eignungsmangel auf ausnahmslos alle Kraftfahrzeugarten bezieht und nicht durch Beschränkungen oder Auflagen auszugleichen ist. Diese Annahme stützt

---

[347] *Krismann*, NZV 2011, 417 (421); K/N/P/S-*Böse/Bartsch*, § 69a Rn. 9.

[348] Siehe Kap. 5 A. III. 2. b. bb. zur Systematik des Kraftfahrzeugartenbegriffs.

sich auf den Umstand, dass Alkoholauffälligkeiten den charakterlichen Eignungsmerkmalen zuzuschreiben und diese grundsätzlich nicht auszugleichen sind.[349] Entsprechend unterscheidet die geltende Rechtsordnung in § 69 StGB ausschließlich zwischen der Eignung und der Ungeeignetheit des Täters zum Führen von Kraftfahrzeugen. Unter Berücksichtigung dieser Grundannahme kann im Falle von Alkoholverstößen eine Ausnahme bestimmter Kraftfahrzeugarten gemäß § 69a II StGB in der Regel nicht gewährt werden.[350]

(a) Wertungswiderspruch

Möchte der *Alkohol-Interlock* in die Ausnahmeregelung des § 69a II StGB implementiert werden, so wird die eignungsdogmatische Grundannahme zur Unteilbarkeit verkannt. Die Ausnahme hätte nämlich de lege ferenda zur Folge, dass Voraussetzungen geschaffen werden, die im Einzelfall die prognostizierte Ungeeignetheit mittels einer installierten Wegfahrsperre umgehen. Trotz bestehender Ungeeignetheit wird dem Täter somit die Teilnahme am Straßenverkehr ermöglicht. Die prognostizierte Ungeeignetheit erfasst jedoch gemäß der Unteilbarkeit alkoholbedingter Eignungsmängel ausnahmslos alle Kraftfahrzeuge, also auch Kraftfahrzeuge mit einer installierten Wegfahrsperre. Der Versuch, Voraussetzungen zu schaffen, die eine Ausnahme von der unteilbaren Ungeeignetheit des Täters und die Teilnahme an einem *AI-Programm* zur Folge haben, kann damit nur als eine bedingte Fahreignung durch die Hintertür verstanden werden. Eine bedingte Fahreignung im Falle alkoholbedingter Eignungsmängel ist dem Strafrecht jedoch gänzlich fremd. Folglich steht § 69 I, II StGB einer Implementierung der Wegfahrsperre in den Tatbestand des § 69a II StGB entgegen.[351]

(b) Ausnahmecharakter des § 69a II StGB

Der vermeintliche Widerspruch zur prognostizierten und nicht teilbaren Ungeeignetheit des Täters ist jedoch anhand der Wertigkeiten des § 69a II StGB zu beurteilen.

---

349 Zur Unteilbarkeit charakterlicher Eignungsmängel: *Mahlberg*, NZV 1992, 10 (12) und *Krumm*, DAR 2004, 56 (57); Zur kritischen Auseinandersetzung mit der Ausgleichbarkeit charakterlicher Eignungsmängel: Kap. 5 E. I. 3. d. bb.

350 *Krumm*, DAR 2004, 56 (57); S/S-*Kinzig*, § 69a Rn. 16.

351 *Krismann*, NZV 2011, 417 (418); S/S-*Kinzig*, § 69a Rn. 16.

§ 69a II StGB eröffnet den Gerichten – auch für die Fälle der alkoholbedingten Eignungsmängel – die Möglichkeit, bestimmte Kraftfahrzeugarten von der anzuordnenden Sperrfrist auszunehmen. Unter bestimmten Voraussetzungen kann der als ungeeignet angesehene Täter also doch am Straßenverkehr teilnehmen. Trotz bestehender Eignungsmängel wird dem Täter eine gewisse Fahreignung in einem begrenzten Bereich zugesprochen, sofern die Voraussetzungen (u.a. Gefahrenabschirmung) des § 69a II StGB erfüllt sind.[352] Die prognostizierte Ungeeignetheit des Täters muss sich also nicht zwingend auf alle Kraftfahrzeugarten erstrecken und ist demnach wohl auch nicht unteilbar. Die Voraussetzungen des § 69a II StGB bilden für das Gericht somit die Möglichkeit, im Einzelfall von der unteilbaren Ungeeignetheit des Täters abzuweichen. Erfüllt der Täter diese Voraussetzungen in Bezug auf die konkrete Kraftfahrzeugart, so ist anzunehmen, dass sich die prognostizierte Ungeeignetheit nicht auf die ausgenommene Kraftfahrzeugart bezieht.

Der Ausnahmecharakter des § 69a II StGB lässt daher eine gesetzgeberische Abkehr von der Grundannahme der Unteilbarkeit alkoholbedingter Eignungsmängel vermuten.[353]

(c) Folgen für eine bedingte Fahreignung

Zweifelhaft erscheint jedoch, ob der Ausnahmecharakter des § 69a II StGB auch die Annahme einer bedingten Fahreignung des Täters zulassen würde.

Gegen ein derart weites Verständnis spricht eindeutig die strafrechtliche Fahreignungsdogmatik, die eben lediglich zwischen der Eignung und der Ungeeignetheit des Täters unterscheidet. § 69a II StGB ist nicht als Ausdruck einer Hinwendung zu einer bedingten Fahreignung im Strafrecht zu verstehen, da dies einen vehementen Bruch mit der bestehenden Systematik des § 69 I, II StGB zur Folge hätte. Der Gedanke einer bedingten Fahreignung ist dem Strafrecht gänzlich fremd und dem Ausnahmetatbestand des § 69a II StGB daher nicht zu entnehmen. Allenfalls geht § 69a II StGB von einer partiellen

---

352 *Hentschel/Krumm*, Fahrerlaubnis Alkohol/Drogen, 2. Teil Rn. 248; L/K/H-*Heger*, § 69a Rn. 3.

353 *Krismann*, NZV 2011, 417 (417 f.); *Fischer*, § 69a StGB Rn. 33; Leipziger-KO-*Valerius*, § 69a StGB Rn. 9 und § 69 StGB Rn. 186; BeckOK StGB-*Heuchemer*, § 69a StGB Rn. 13; S/S-*Kinzig*, § 69 Rn. 54 und 62; A.A.: B/H/H/J-*Niehaus*, § 69a StGB Rn. 8.

Ungeeignetheit bzw. Geeignetheit des Täters aus.[354] Etwas anderes kann sich auch nicht aus praktischen Erwägungen ergeben, da die Fahreignung des Täters durch den Strafrichter nur eingeschränkt überprüfbar ist.

Die Beurteilung einer bedingten Fahreignung macht jedoch eine eingehende medizinische bzw. psychologische Begutachtung erforderlich.[355]

Die Möglichkeit, unter bestimmten Voraussetzungen de lege ferenda auch Kraftfahrzeuge mit installierter Wegfahrsperre von der Sperrfrist auszunehmen, entspricht somit nicht der systematischen Stellung des § 69a II StGB. Auch wenn der Ausnahmetatbestand des § 69a II StGB eine Abkehr von der Unteilbarkeit alkoholbedingter Eignungsmängel vermuten lässt, so ist die Norm dennoch im Lichte der Wertungen des § 69 StGB auszulegen und zu verstehen. Diese Wertungen lassen im Ergebnis keinen Raum für die Annahme einer bedingten Fahreignung im Falle strafrechtlicher Trunkenheitsfahrten und widersprechen insofern einer Implementierung der Wegfahrsperre.

cc. Ergebnis

Auf den ersten Blick erscheint § 69a II StGB für eine Implementierung des *Alkohol-Interlocks* vielversprechend, da der Norm möglicherweise eine Ausnahme von der Unteilbarkeit alkoholbedingter Eignungsmängel zu entnehmen ist. Die Ungeeignetheit des Täters muss sich demnach nicht zwingend auf alle Kraftfahrzeugarten erstrecken. Auf den zweiten Blick zeigt sich jedoch, dass diese Ausnahme aufgrund der systematischen Stellung des § 69a II StGB wohl eine partielle Ungeeignetheit bzw. Geeignetheit des Täters zur Folge hat. Eine bedingte Fahreignung ist dem § 69a II StGB jedoch gerade nicht zu entnehmen. Die bedingte Fahreignung des Täters ist aber elementare Voraussetzung für die Teilnahme an einem *AI-Programm*. Im Ergebnis wird der Ausnahmetatbestand des § 69a II StGB von den Wertungen der strafrechtlichen Fahreignungsdogmatik gemäß § 69 StGB tangiert.

Soll der *Alkohol-Interlock* dennoch in den Ausnahmetatbestand des § 69a II StGB implementiert werden, so bedarf es einer Überwindung der bestehenden strafrechtlichen Fahreignungsdogmatik.[356]

---

354 *Fischer*, § 69a StGB Rn. 33; Leipziger-KO-*Valerius*, § 69 StGB Rn. 186.

355 Leipziger-KO-*Valerius*, § 69 StGB Rn. 186; Zur Sachkunde des Strafrichters hinsichtlich der Fahreignung des Täters siehe Kap. 6 A. I. 3. a.

356 Zur Überwindung des § 69 StGB sieh Kap. 5 A. IV. 1. b. bb.

3. Sperrfristverkürzung

Nach Bestimmung der Sperrfrist obliegt es dem Gericht, gemäß § 69a VII StGB die Sperre vorzeitig aufzuheben. Die Aufhebung der Sperrfrist kann sich dabei auf einzelne Kraftfahrzeugarten i.S.d. § 69a II StGB beschränken.[357] Voraussetzung für eine vorzeitige Aufhebung ist, dass nach Festlegung der Sperrfrist neue Umstände in der Person des Täters hinzugetreten sind. Diese Umstände müssen den Eignungsmangel des Täters betreffen und das Gericht zu der Annahme bewegen, dass der Täter zum Führen von Kraftfahrzeugen nicht mehr ungeeignet ist. Die prognostizierte Ungeeignetheit des Täters wird somit entsprechend aktualisiert.[358]

Die Teilnahme an einem *AI-Programm* und die ausschließliche Nutzung eines ausgerüsteten Kraftfahrzeugs könnten ebenfalls einen Anlass zur Neubewertung der Fahreignung gemäß § 69a VII StGB geben. Durch einen positiven Verlauf des Programms zeigt sich der Täter als nicht mehr ungeeignet zum Führen von Kraftfahrzeugen und in der Folge wäre eine vorzeitige Aufhebung der Sperrfrist gerechtfertigt. Die Regelung des § 69a VII StGB bietet somit möglicherweise einen Raum für die gesetzliche Implementierung der alkoholsensitiven Wegfahrsperre.[359]

Bei der vorzeitigen Aufhebung der Sperrfrist aufgrund einer Programmteilnahme kann an zwei unterschiedliche Zeitpunkte angeknüpft werden: (a.) Der Täter nimmt bereits während der laufenden Sperrfrist an einem *AI-Programm* teil und bei erfolgreichem Verlauf wird die Sperrfrist vorzeitig aufgehoben. (b.) Die Sperrfrist wird bereits unter der Bedingung einer verpflichtenden Programmteilnahme nach Neuerteilung der Fahrerlaubnis vorzeitig aufgehoben.[360]

---

357 H/K/Q-*Kerkmann*, § 69a StGB Rn. 28. Nach Anordnung der Sperrfrist kann eine Ausnahme nach § 69a II StGB nur nach Ablauf der Fristen des § 69a VII 2 StGB erfolgen.

358 MüKoStVR-*Kretschmer*, § 69a StGB Rn. 23 f.

359 *DVR*, BA 2021, 69 (73); *Graw*, NZV 2019, 15 (15); „Best Practice Alkohol-Interlock"-*Schubert/Stewin/Nickel*, S. 104.

360 *Gehlert*, „Alkohol-Interlock in Deutschland", S. 18.

a. Nach der Programmteilnahme wird die Sperrfrist vorzeitig aufgehoben

Zuerst ist zu prüfen, ob und inwiefern sich die Teilnahme an einem *AI-Programm* bereits während der laufenden Sperrfrist realisieren lässt. Vermag der Täter während der laufenden Sperrfrist einen positiven Programmverlauf vorzuweisen, könnte dieser Umstand das erkennende Gericht zu der Annahme bewegen, dass der Täter nicht mehr ungeeignet zum Führen von Kraftfahrzeugen ist. In der Folge wäre eine vorzeitige Aufhebung der Sperrfrist gerechtfertigt.

Da § 69 VII StGB die infragestehenden Umstände nicht abschließend regelt, könnte der erfolgreiche Programmverlauf bereits nach geltender Rechtslage unter den Anwendungsbereich der Norm zu subsumieren sein. Daher ist zuerst eine Berücksichtigung des *AI-Programms* de lege lata zu prüfen.

aa. Anwendung de lege lata

Fraglich ist, welche Umstände unter den Anwendungsbereich des § 69 VII StGB zu subsumieren sind. Diese Umstände rechtfertigen in der Folge eine vorzeitige Aufhebung der Sperrfrist.

(1) Hinzugetretener Umstand

§ 69a VII StGB setzt einen Umstand voraus, der *nach* Festlegung der Sperrfrist hinzugetreten ist und eine Neubewertung der Fahreignung des Täters veranlasst.

Der hinzugetretene Umstand kann sich auf alle nachträglichen Tatsachen beziehen, die sich positiv auf die Kraftfahreignung des Täters auswirken. Besonders rehabilitative Maßnahmen von anerkannten Stellen haben dabei ein gewisses Gewicht. Der bloße Zeitablauf hingegen gibt insoweit noch keinen Anlass zur Neubewertung der Fahreignung. Ob eine durchgeführte Maßnahme tatsächlich zu einer positiven Aktualisierung der prognostizierten Ungeeignetheit führt, hängt jedoch letztlich von der Persönlichkeit des Täters ab. In der Person des Täters muss also ein gewisser Einstellungswandel stattgefunden haben.[361]

---

[361] MüKoStVR-*Kretschmer*, § 69a Rn. 23 f.; H/K/Q-*Kerkmann*, § 69a Rn. 36 f.

Es ist bereits Praxis, dass Gerichte aufgrund von freiwilligen Nachschulungen in Aufbaukursen für Alkoholfahrer eine Sperrfristverkürzung von zwei bis drei Monaten zulassen. Der Nachweis der Teilnahme an einer solchen Nachschulung stellt also einen ausreichenden Umstand dar, mit dem die Gerichte zu einer Neubewertung der Fahreignung gelangen. Das *AI-Programm* ist aufgrund der Inhalte und der rehabilitativen Zielrichtung mit diesen Maßnahmen zumindest vergleichbar und könnte insofern eine ähnliche Wirkung auf den Täter entfalten. Das *AI-Programm* setzt insbesondere an der Täterpersönlichkeit an und begünstigt einen nachhaltigen Einstellungswandel in Bezug auf Alkohol. Verläuft das *AI-Programm* also positiv und ist dadurch ein gewisser Einstellungswandel in der Persönlichkeit des Täters zu erkennen, wäre eine Neubewertung der Kraftfahreignung gerechtfertigt. Diesen nachträglich hinzugetretenen Umstand hätte das Gericht sodann gemäß § 69a VII StGB zu berücksichtigen.[362]

Im Ergebnis ist davon auszugehen, dass ein positiver Verlauf oder erfolgreicher Programmabschluss einen ausreichenden Umstand darstellt, um die Fahreignung des Täters anders zu bewerten. In der Folge wäre die Sperrfrist de lege lata gemäß § 69a VII StGB vorzeitig aufzuheben.

(2) Bewertung

Unabhängig von der Frage, inwiefern die Programmteilnahme den Eignungsmangel i.S.d. § 69 I, II StGB beseitigen kann, ist zu klären, ob der Täter überhaupt rechtlich in der Lage ist, während der Sperrfrist an einem *AI-Programm* teilzunehmen.

Zur Teilnahme an der rehabilitativen Maßnahme müsste der Täter zumindest über eine beschränkte Fahrerlaubnis verfügen, da er weiter – mit eingebauter Zündsperre – am Straßenverkehr teilnehmen wird. Dies erscheint jedoch äußerst fragwürdig, zumal diese Fahrerlaubnis erst durch das Urteil im Strafverfahren entzogen wurde. Grund dafür ist die beim Entzug der Fahrerlaubnis aufgestellte Prognose hinsichtlich der Ungeeignetheit des Täters. Das erkennende Gericht erachtet den Täter für die Zeit der Sperrfrist als ungeeignet zum Führen von Kraftfahrzeugen im Straßenverkehr und entzieht entsprechend die Fahrerlaubnis. Insbesondere wird in Fällen der

---

362 Vgl. dazu im Ganzen: *Schöch*, BA 2005 Sup. I, 20 (22); *Eisenmenger*, BA 2007, 159 (161); *Gilg/Hutzler/Tourneur/Eisenmenger*, BA 1998, 331 (341).

strafbaren Trunkenheitsfahrt die Ungeeignetheit durch das Verwirklichen eines Regelbeispiels gemäß § 69 II StGB indiziert sein. Der bloße Einbau der Zündsperre bzw. die Zusage zur Programmteilnahme ändert insofern noch nichts an der festgestellten Ungeeignetheit. Erst ein hinreichender Einstellungswandel bzw. ein positiver Programmverlauf kann die Neubewertung der Fahreignung rechtfertigen. Vor diesem Zeitpunkt ist jedoch weiterhin von der prognostizierten Ungeeignetheit des Täters auszugehen.[363]

Für die Zeit der Sperrfrist ist die Teilnahme an einem *AI-Programm* also bereits rechtlich nicht möglich, da der Täter als ungeeignet anzusehen ist und über keine Fahrerlaubnis verfügt.

(3) Ergebnis

Dem Täter ist es während der Sperrfrist nicht möglich, an einem *AI-Programm* teilzunehmen, da er nicht über die erforderliche Fahrerlaubnis verfügt. In der Folge kann dem Gericht auch kein Nachweis über eine positive Programmteilnahme vorgelegt werden. Im Ergebnis vermag das Gericht nicht zu der Annahme gelangen, dass der Täter nicht mehr ungeeignet zum Führen von Kraftfahrzeugen ist. Die vorzeitige Aufhebung der Sperrfrist aufgrund einer Programmteilnahme ist somit nach geltender Rechtslage nicht möglich.

bb. Anwendung de lege ferenda

Die Berücksichtigung einer eingebauten Zündsperre während der Sperrfrist lässt sich ausschließlich aufgrund eines zu erlassenden Gesetzes realisieren. Notwendig wäre dafür ein Gesetz, welches die nachträgliche Aufhebung der Sperrfrist im Falle einer positiv verlaufenden Programmteilnahme ermöglicht. Voraussetzung für die Teilnahme an einem *AI-Programm* während der Sperrfrist ist jedoch das Bestehen einer Fahrerlaubnis. Trotz festgestellter Ungeeignetheit müsste dem Täter also zumindest eine Fahrerlaubnis beschränkt auf Kraftfahrzeuge mit installierter Wegfahrsperre erhalten bleiben. Bei einem erfolgreichen Programmverlauf könnte sodann die Sperrfrist für eine unbeschränkte Fahrerlaubnis vorzeitig aufgehoben werden.[364]

---

[363] Vgl. dazu im Ganzen: *DVR*, BA 2021, 69 (73); *Lohkamp*, BA 2003, 208 (212); *Krismann*, NZV 2011, 417 (421 f.).

[364] *Gehlert*, „Alkohol-Interlock in Deutschland“, S. 18; *Zopfs*, BA 2019, 120 (126).

(1) Wertungswiderspruch

Für die Zeit der Sperrfrist greift jedoch letztlich stets die richterlich prognostizierte Ungeeignetheit gemäß § 69 I, II StGB. Für eine Anwendung de lege ferenda bedarf es somit der Überwindung dieser Regelvermutung. Da das Strafrecht jedoch nur die Eignung und die Nichteignung zum Führen von Kraftfahrzeugen kennt, müsste zumindest der Rechtsbegriff einer bedingten Eignung (zum Führen von Kfz mit Wegfahrsperre) geschaffen werden. Die zu formulierenden Umstände würden eine Ausnahme von der regelvermuteten Ungeeignetheit in Fällen der strafbaren Trunkenheitsfahrten rechtfertigen. Im Ergebnis würde der Täter trotz alkoholbedingter Eignungsmängel weiterhin am Straßenverkehr teilnehmen. Dieses Vorgehen entspricht dem Versuch, eine bedingte Fahreignung durch die Hintertür in das Strafrecht zu implementieren. Letztlich bedarf es für dieses Unterfangen stets eines gravierenden Eingriffs in die strafrechtliche Fahreignungsdogmatik und das Regelungswerk des § 69 StGB.[365]

(2) Modifikation des § 69a II StGB

Eine sachgerechtere Lösung vermag in der Modifikation des § 69a II StGB liegen.[366]

Um dem Täter die Fahrerlaubnis zu erhalten, könnte das Gericht bereits bei der Entscheidung über die Sperrfrist Kraftfahrzeuge mit eingebautem *Alkohol-Interlock* gemäß § 69a II StGB von der Sperrwirkung ausnehmen. Eine Ausnahme von der Sperrfrist erscheint de lege ferenda zulässig, wenn von dem Täter schon zu diesem Zeitpunkt eine verringerte individuelle Rückfallgefahr (sub. Element der Gefahrabschirmung) ausgeht.[367]

Dem Täter obliegt es nun, eine beschränkte Fahrerlaubnis zu beantragen, welche ihn an einem *AI-Programm* teilnehmen lassen würde. Verläuft das Programm sodann positiv und zeigt sich eine nachhaltige Einstellungsänderung in der Persönlichkeit des Täters, hat das Gericht Grund zu der Annahme, dass die Fahreignung neu zu bewerten ist. Eine Aufhebung der Sperrfrist für eine unbeschränkte Fahrerlaubnis wäre unter diesem Umstand gemäß

---

365 Vgl. zur Überwindung der regelvermuteten Ungeeignetheit: Kap. 5 A. IV. 1. b. bb. (3) und (4).

366 Zur Implementierung in § 69a II StGB siehe Kap. 5 A. IV. 2. b.

367 Zu den Anforderungen an die Gefahrabschirmung vgl. Kap. 5 A. IV. 2. b. aa.

§ 69a VII StGB zulässig. Für eine Implementierung der Wegfahrsperre in den Ausnahmetatbestand des § 69a II StGB bedarf es jedoch ebenfalls einer Auseinandersetzung mit der zugrundeliegenden Fahreignungsdogmatik gemäß § 69 StGB.[368]

cc. Ergebnis

Die rechtliche Realisierung des *AI-Programms* während der Sperrfrist offenbart sich als dogmatisch schwierig. Nach geltender Rechtslage ist die Teilnahme an einem *AI-Programm* während der Sperrfrist nicht möglich, da der Täter nicht über die erforderliche Fahreignung und Fahrerlaubnis verfügt. Auch die Anwendung aufgrund eines zu erlassenden Gesetzes erscheint äußerst zweifelhaft. Dies würde eine grundlegende Novellierung der Regelvermutung des § 69 II StGB erforderlich machen, die aus Gründen der Rechtssicherheit nicht empfohlen werden kann. Eine Programmteilnahme während der laufenden Sperrfrist käme allenfalls aufgrund einer Modifikation des § 69a II StGB in Frage. Durch die Ausnahme von Kraftfahrzeugen mit installierter Wegfahrsperre könnte der Täter mit einer beschränkten Fahrerlaubnis an einem *AI-Programm* teilnehmen. Zeigt sich im Verlauf der Programmteilnahme die erforderliche Persönlichkeitsveränderung, so wäre die vorzeitige Aufhebung der Sperrfrist für eine unbeschränkte Fahrerlaubnis gemäß § 69a VII StGB gerechtfertigt. Eine Modifikation des § 69a II StGB würde jedoch ebenfalls eine tiefgreifende Auseinandersetzung mit der Fahreignungsdogmatik des § 69 StGB erforderlich machen.

b. Vorzeitige Aufhebung der Sperrfrist unter der Bedingung der Programmteilnahme nach Neuerteilung der Fahrerlaubnis

§ 69a VII StGB lässt noch einen zweiten Implementierungsansatz zu: Die Sperrfrist könnte bereits unter der Bedingung der umgehenden Programmteilnahme nach Wiedererteilung der Fahrerlaubnis vorzeitig aufgehoben werden. Dabei wäre die Sperrfrist nur in Bezug auf Kraftfahrzeuge mit installierter Wegfahrsperre (§ 69a II StGB) vorzeitig aufzuheben.

Das Gericht könnte möglicherweise einen Teil der Sperrfrist erlassen, wenn sich der Täter zur Teilnahme an einem *AI-Programm* und der ausschließlichen

---

368 Zur systematischen Einordnung des § 69a II StGB siehe Kap. 5 A. IV. 2. b. bb. (2).

Nutzung eines ausgerüsteten Kraftfahrzeugs verpflichten lässt. Dadurch könnte dem dogmatischen Problem der Ungeeignetheit während der Sperrfrist entgegengetreten werden. Während der Sperrfrist ist es dem Täter nicht möglich, an einem *AI-Programm* teilzunehmen, da er als ungeeignet gilt und dementsprechend nicht über eine Fahrerlaubnis verfügt.[369] Zeigt sich der Täter aber als weniger gefährlich und trotz bestehender Eignungsmängel als bedingt geeignet zur Teilnahme am Straßenverkehr, so könnte die vorzeitige Aufhebung der Sperrfrist gerechtfertigt sein. Folglich ist der Täter in der Lage, eine beschränkte Fahrerlaubnis zu beantragen und umgehend an dem *AI-Programm* teilzunehmen.[370]

aa. Anwendung de lege lata

Zur Rechtfertigung einer Sperrfristverkürzung, damit der Täter über die erforderliche Fahreignung und Fahrerlaubnis zur Teilnahme an einem *AI-Programm* verfügt, müsste jedoch gemäß § 69a VII StGB ein nachträglicher Umstand hinzugetreten sein, der eine Neubewertung der Fahreignung des Täters rechtfertigt.

(1) Hinzugetretener Umstand

Maßgeblicher Zeitpunkt für die Bewertung, ob ein neu hinzugetretener Umstand i.S.d. § 69a VII StGB durch das Gericht zu berücksichtigen ist, ist die Entscheidung über die Sperrfristverkürzung.

Da der Täter das *AI-Programm* bei der Entscheidung über die Sperrfristverkürzung weder begonnen noch durchlaufen hat, kann die Programmteilnahme selbst also nicht ein Umstand des § 69a VII StGB sein. Als hinzugetretener Umstand zum Zeitpunkt der Entscheidung kann daher nur der Wille, die Zusage bzw. die Verpflichtung zur Programmteilnahme gelten. Der Täter verpflichtet sich insofern freiwillig zur Teilnahme an einer verhaltens- und einstellungsändernden Rehabilitationsmaßnahme. Diese Maßnahme stellt eine hinreichende Auseinandersetzung mit dem zutage getretenen Eignungsmangel in Aussicht, bei welcher der Täter einer engmaschigen Kontrolle und Überwachung unterliegt. Die Rehabilitation lässt

---

369 Siehe Kap. 5 A. IV. 3. a. aa. (2).

370 *Schöch*, BA 2010, 340 (341); *DVR*, BA 2021, 69 (72 f.).

erwarten, dass der festgestellte Eignungsmangel durch die Maßnahme früher beseitigt werden kann.[371]

Bei der Frage nach dem hinzugetretenen Umstand gemäß § 69a VII StGB, wäre somit allein auf die freiwillige Verpflichtung des Täters abzustellen, an einem *AI-Programm* teilzunehmen und ausschließlich ein ausgerüstetes Kraftfahrzeug im Straßenverkehr zu führen.

(2) Bewertung

Es ist jedoch fraglich, ob die Verpflichtung zur Programmteilnahme als Umstand bereits ausreichend ist, um die infragestehende Fahreignung des Täters anders zu bewerten. Dieser Umstand müsste unmittelbar die Fahreignung des Täters betreffen. Aufgrund der Wirkweise der Wegfahrsperre und des Programms ist diese Annahme jedoch äußerst zweifelhaft.

Der *Alkohol-Interlock* kann erst mit dem Einbau seine Wirkung auf den alkoholbedingten Eignungsmangel entfalten. Erst mithilfe der verkehrspsychologischen Inhalte lässt sich überhaupt eine Einstellungsänderung erzeugen. Letztlich kann auch erst dieser Einstellungswandel die Annahme rechtfertigen, dass der Täter weniger gefährlich ist und zumindest über eine bedingte Fahreignung verfügt. Bevor das Programm jedoch noch nicht angelaufen und ein positiver Verlauf zu erkennen ist, kann eine solche Annahme nicht auf hinreichende Tatsachen gestützt werden. Einzig hinzugetretener Umstand ist insoweit die bloße Verpflichtung des Täters, an einer rehabilitativen Maßnahme teilzunehmen. Zu diesem Zeitpunkt hat der Täter erst die Aussicht auf eine vielversprechende Verhaltens und Einstellungsänderung, die eine Neubewertung seiner Fahreignung zulassen würde. Allein der Wille ändert jedoch noch nichts an der prognostizierten Ungeeignetheit zum Führen von Kraftfahrzeugen. Zum Zeitpunkt der Entschließung, an dem Programm teilzunehmen, konnte die Zündsperre daher noch nicht ihre Wirkung entfalten. Dementsprechend ergibt sich aus der Verpflichtung auch keine zu berücksichtigende Tatsache in der Persönlichkeit des Täters, die eine Neubewertung der Fahreignung zulässt. Zum Zeitpunkt der Entscheidung gemäß § 69a VII StGB liegt also kein hinzugetretener Umstand vor, der

---

[371] *Lohkamp*, BA 2003, 208 (212).

eine vorzeitige Aufhebung der Sperrfrist in Bezug auf Kraftfahrzeuge mit eingebauter Wegfahrsperre rechtfertigen würde.[372]

Im Ergebnis rechtfertigen der Wille und die Verpflichtung, nach vorzeitiger Aufhebung der Sperrfrist an einem *AI-Programm* teilzunehmen, nicht deren vorzeitige Aufhebung, damit der Täter über die nötige Fahrerlaubnis verfügt, um an dem *AI-Programm* tatsächlich teilnehmen zu können.

(3) Ergebnis

Nach geltender Rechtslage ist es den erkennenden Gerichten nicht möglich, eine Sperrfrist gemäß § 69a VII StGB unter der Bedingung vorzeitig aufzuheben, dass der Täter bei Neuerteilung der Fahrerlaubnis umgehend an einem *AI-Programm* teilnimmt.

Es fehlt an einem hinzugetretenen Umstand in der Person des Täters, der eine Aktualisierung der Eignungsprognose zulassen würde.

bb. Anwendung de lege ferenda

Da nach geltender Rechtslage eine Sperrfristverkürzung unter der Bedingung einer umgehenden Programmteilnahme nicht möglich erscheint, ist zu fragen, ob eine Modifikation des § 69a VII StGB de lege ferenda die vorzeitige Aufhebung der Sperrfrist unter den genannten Bedingungen zulassen würde.

(1) Ausdrückliche Regelung

Das zu erlassende Gesetz könnte ausdrücklich die Verpflichtung zur Programmteilnahme als einen gemäß § 69a VII StGB zu berücksichtigenden Umstand vorsehen. Dies hätte zur Folge, dass sich der Täter nach frühestens drei Monaten bzw. einem Jahr nach Entzug der Fahrerlaubnis freiwillig zur Teilnahme an einem *AI-Programm* verpflichten lassen könnte.[373] In der Folge wäre die restliche Sperrfrist vorzeitig aufzuheben und die daraufhin zu erteilende Fahrerlaubnis auf Kraftfahrzeuge mit installierter Wegfahrsperre zu beschränken. Durch die beschränkt erteilte Fahrerlaubnis wäre es dem Täter sodann möglich, an einem *AI-Programm* teilzunehmen.

Dieses gesetzliche Vorgehen würde jedoch vehement gegen den Rechtsgedanken des gegenwärtigen § 69a VII StGB sprechen. Dieser stellt auf

---

372 Vgl. dazu im Ganzen: *DVR*, BA 2021, 69 (73); *Lohkamp*, BA 2003, 208 (212).

373 MüKoStVR-*Kretschmer*, § 69a StGB Rn. 27.

hinzugetretene Umstände in der Persönlichkeit des Täters ab, die eine Neubewertung der Fahreignung rechtfertigen. Allein der Wille sich einer verkehrsrechtlichen Rehabilitationsmaßnahme zu unterziehen, stellt jedoch noch nicht einen zu berücksichtigenden Einstellungswandel dar. Die Verpflichtung zur Programmteilnahme ändert insoweit nichts an der Ungeeignetheit des Täters. Eine Implementierung dieser Art würde somit mit dem grundlegenden Rechtsgedanken der Vorschrift brechen. Von einer ausdrücklich geregelten Aufhebung der Sperrfrist bei gleichzeitiger Verpflichtung zur Teilnahme an einem *AI-Programm* ist daher abzuraten.[374]

(2) Hinreichender Einstellungswandel

Um der Dogmatik des § 69a VII StGB gerecht zu werden, müssten vielmehr neben der Verpflichtung zur Programmteilnahme noch weitere Umstände in der Persönlichkeit des Täters hinzugetreten sein. Erst dann erscheint de lege ferenda eine Neubewertung und die Annahme einer bedingten Fahreignung sowie eine vorzeitige Aufhebung der Sperrfrist als gerechtfertigt.

Dabei ist insbesondere an Umstände zu denken, die vielleicht allein noch nicht zu einer vorzeitigen Aufhebung der Sperrfrist führen, jedoch in Kombination mit der Verpflichtung zur Programmteilnahme eine Neubewertung der Fahreignung zulassen würden. Möglicherweise zeigt der Täter innerhalb der Sperrfrist einen gewissen Einstellungswandel, der durch die Teilnahme an einem *AI-Programm* stabilisiert und gefestigt werden könnte. In diesem Zusammenhang gilt es zu klären, welche Anforderungen an diesen Einstellungswandel zu stellen sind. Die Beantwortung dieser Frage könnte in einer Voruntersuchung liegen, welche sich mit der Programmgeeignetheit des Täters auseinandersetzt. Dabei wird untersucht, inwieweit sich der Täter bereits selbstständig mit seiner Eignungsproblematik beschäftigt hat, eine Bereitschaft zur Einstellungsänderung zeigt und die Teilnahme an dem *AI-Programm* entsprechend sachgerecht wäre. Gelangt diese Voruntersuchung also zu dem Ergebnis, dass durch den Täter bereits ein Einstellungswandel angestoßen wurde, der durch die Teilnahme an einem *AI-Programm* weiter vertieft und unterstützt werden könnte, so erscheint ein Antrag auf

---

374 Siehe bereits Kap. 5 A. IV. 3. b. aa. (2).

vorzeitige Aufhebung der Sperrfrist unter den genannten Bedingungen als gerechtfertigt.[375]

(3) Gesetzliche Umsetzung

Die nachfolgende Modifikation des § 69a VII StGB könnte de lege ferenda eine vorzeitige Aufhebung der Sperrfrist unter der Bedingung einer verpflichtenden Programmteilnahme rechtfertigen: „Ergibt sich Grund zu der Annahme, daß der Täter zum Führen von Kraftfahrzeugen nicht mehr ungeeignet ist" *oder der Einstellungswandel durch die Teilnahme an einem AI-Programm und der ausschließlichen Nutzung eines mit einer alkoholsensitiven Wegfahrsperre ausgerüsteten Kraftfahrzeugs unterstützt werden kann*, „so kann das Gericht die Sperre vorzeitig aufheben."

(4) Bewertung

Letztlich bleibt jedoch die Frage, ob eine derartige Implementierung des *AI-Programms* den systematischen Wertungen des § 69 I, II StGB gerecht werden könnte.

(a) Mittelbarer Wertungswiderspruch

Die vorzeitige Aufhebung der Sperrfrist und die anschließende Teilnahme an einem *AI-Programm* kommt nur infrage, wenn der Täter zwar einen gewissen Einstellungswandel bereits vollzogen hat, jedoch noch nicht über die vollumfängliche Fahreignung verfügt. Die vorzeitige Aufhebung der Sperrfrist würde sich deshalb lediglich auf Kraftfahrzeuge mit installierter Wegfahrsperre beschränken. Die gewissen Restmängel können dann durch das *AI-Programm* schlussendlich beseitigt werden.[376] Verläuft das Programm anschließend positiv, so wäre auch die Sperrfrist für eine unbeschränkte Fahrerlaubnis vorzeitig aufzuheben.

Die Voraussetzungen an den bereits angestoßenen Eignungswandel des Täters, welcher durch ein *AI-Programm* unterstützt werden könnte, lassen im Ergebnis den Täter trotz noch vorhandener Eignungsmängel wieder am Straßenverkehr teilnehmen. Die Verkehrsteilnahme ist deshalb auf Kraftfahrzeuge mit installierter Wegfahrsperre beschränkt. Dieses Vorgehen kann nur

---

[375] Vgl. dazu im Ganzen: *Zopfs*, BA 2019, 120 (126); *Eisenmenger*, BA 2007, 159 (161).

[376] Vgl. dazu: *Zopfs*, BA 2019, 120 (125).

als Einführung einer bedingten Fahreignung in das Strafrecht verstanden werden. Gegenwärtig unterscheidet die strafrechtliche Fahreignungsdogmatik jedoch ausschließlich zwischen der Geeignetheit und der Ungeeignetheit des Täters. Der Wertungswiderspruch zur Grundannahme des § 69 I, II StGB ergibt sich an dieser Stelle erst mittelbar, da im Falle des § 69a VII StGB bereits über den Entzug der Fahrerlaubnis entschieden wurde. Letztlich wird aber auch hier ein Mittelweg zwischen Ungeeignetheit und vollumfänglicher Fahreignung unternommen. Mit der Folge, dass die regelvermutete Ungeeignetheit gemäß § 69 II StGB für die Zeit der Sperrfrist umgangen wird. Für diese Implementierung bedarf es somit ebenfalls einer tiefgreifenden Auseinandersetzung mit der strafrechtlichen Fahreignungsdogmatik.[377]

(b) Modifikation des § 69a II StGB

Letztlich ist auch hier auf die Ausnahme bestimmter Kraftfahrzeugarten gemäß § 69a II StGB zu verweisen, die gemäß § 69a VII StGB auch nachträglich vorgenommen werden kann.[378] Eine Modifikation des § 69a II StGB könnte den Strafrichter in die Lage versetzen, auch *nach* Bestimmung der Sperrfrist ausgerüstete Kraftfahrzeuge von der Sperrwirkung auszunehmen. Zeigt sich also *nach* Festsetzung der Sperrfrist ein gewisser Einstellungswandel in der Persönlichkeit des Täters (sub. Komponente gemäß § 69a II StGB), der durch das *AI-Programm* weiter gefestigt werden kann, so erscheint de lege ferenda eine *nachträgliche* Ausnahme von Kraftfahrzeugen mit installierter Wegfahrsperre gerechtfertigt. Die nachträgliche Ausnahme würde unter der Bedingung einer unverzüglichen Programmteilnahme nach Erteilung der beschränkten Fahrerlaubnis erfolgen. Verläuft das *AI-Programm* daraufhin positiv, so kann die Sperrfrist für eine unbeschränkte Fahrerlaubnis gemäß § 69a VII StGB vorzeitig aufgehoben werden.[379] Es gilt jedoch zu beachten, dass auch eine Implementierung der Wegfahrsperre in den Ausnahmetatbestand des § 69a II StGB eine grundlegende Neuausrichtung der strafrechtlichen Fahreignungsdogmatik erforderlich macht, da § 69a II StGB

---

[377] Vgl. zur Überwindung des § 69 II StGB: Kap. 5 A. IV. 1. b. bb. (2) und (3).
[378] H/K/Q-*Kerkmann*, § 69a StGB Rn. 28; H/K/D-*König*, § 69a StGB Rn. 6b.
[379] *Zopfs*, BA 2019, 120 (126).

gleichermaßen ausschließlich zwischen der Geeignetheit und der Ungeeignetheit des Täters unterscheidet.[380]

(5) Ergebnis

Nach geltender Rechtslage ist gemäß § 69a VII StGB eine vorzeitige Aufhebung der Sperrfrist unter der Bedingung einer verpflichtenden Programmteilnahme nach Erteilung der beschränkten Fahrerlaubnis nicht möglich. Auch eine Berücksichtigung de lege ferenda erscheint aufgrund dogmatischer Widersprüche nicht sachgerecht.

Insbesondere steht die prognostizierte Ungeeignetheit des Täters einer vorzeitigen Aufhebung der Sperrfrist unter diesen Bedingungen entgegen. Von einer gesetzlichen Implementierung in das Regelwerk des § 69a VII StGB ist daher abzuraten. Erst durch eine Modifikation des § 69a II StGB könnte eine Programmteilnahme gemäß § 69a VII StGB Bedeutung erlangen.

4. Zusammenfassung der Einsatzmöglichkeiten als Maßregel

Zusammenfassend wird deutlich, dass die strafrechtliche Fahreignungsdogmatik gemäß § 69 I, II StGB die Rechtsfolgen einer strafbaren Trunkenheitsfahrt bestimmt.

Der Programmteilnahme als Alternative zum Fahrerlaubnisentzug steht daher die regelvermutete Ungeeignetheit des Täters und der zwingende Fahrerlaubnisentzug entgegen. Eine Implementierung de lege ferenda würde insoweit die Überwindung der Regelvermutung gemäß § 69 II StGB erforderlich machen.[381] Gleiches gilt für eine Implementierung in die Regelung der Sperrfristverkürzung. Zwar kommt in diesem Fall die Rechtsfolge des § 69 StGB nicht unmittelbar zur Anwendung, jedoch gilt für die Zeit der Sperrfrist die prognostizierte Ungeeignetheit des Täters. Die Implementierung des *AI-Programms* würde somit eine tiefgreifende Auseinandersetzung mit der strafrechtlichen Fahreignungsdogmatik erforderlich machen.

Bei der Ausnahme bestimmter Kraftfahrzeugarten gemäß § 69a II StGB könnte sich auf den ersten Blick etwas anderes ergeben. Bereits die geltende Rechtslage lässt eine Ausnahme von der Unteilbarkeit alkoholbedingter Eignungsmängel vermuten. Trotz der festgestellten Ungeeignetheit des Täters

---

380 Zur Systematik des § 69a II StGB vgl. Kap. 5 A. IV. 2. b.

381 Zur Überwindung der Regelvermutung siehe Kap. 5 A. IV. 1. b. bb. (2) und (3).

können einzelne Kraftfahrzeugarten von der Sperrfrist gemäß § 69a II StGB ausgenommen werden, sofern die Tätergefährlichkeit in Bezug auf die auszunehmende Kraftfahrzeugart auf die allg. Betriebsgefahr reduziert ist.[382] Trotz verbleibender – alkoholbedingter – Eignungsmängel wird dem Täter durch diese Ausnahme die weitere Teilnahme am Straßenverkehr ermöglicht. Der *Alkohol-Interlock* entspricht diesem Rechtsgedanken und kann eine ausreichende Gefahrabschirmung i.S.d. § 69a II StGB leisten, sodass eine Implementierung zunächst vielversprechend erscheint. Die Untersuchung der systematischen Stellung des § 69a II StGB zeigt jedoch, dass bei der Anwendung dieser Norm der strafrechtliche Fahreignungsbegriff des § 69 StGB zu beachten ist und insofern lediglich zwischen der Geeignetheit und der Ungeeignetheit des Täters unterschieden wird. Der Ausnahmecharakter des § 69a II StGB kann daher nicht als eine Hinwendung zur bedingten Fahreignung im Falle alkoholbedingter Eignungsmängel, sondern allenfalls als eine partielle Geeignetheit bzw. Ungeeignetheit des Täters verstanden werden. Folglich bedarf es auch für eine Implementierung der Wegfahrsperre in den § 69a II StGB einer umfangreichen Auseinandersetzung mit dem strafrechtlichen Fahreignungsbegriff.[383]

Wird der *Alkohol-Interlock* dennoch in die Regelung des § 69a II StGB implementiert, hätte dies auch weitreichende Folgen für eine vorzeitige Aufhebung der Sperrfrist gemäß § 69a VII StGB. Bereits bei oder nach Bemessung der Sperrfrist könnten Kraftfahrzeuge mit *Alkohol-Interlock* von der anzuordnenden Sperrfrist ausgenommen werden, sofern bereits gewisse Umstände in der Persönlichkeit des Täters vorliegen. In der Folge könnte der Täter mit beschränkter Fahrerlaubnis an einem *AI-Programm* teilnehmen. Zeigt sich anschließend durch die Programmteilnahme eine nachhaltige Einstellungs und Verhaltensänderung in der Persönlichkeit des Täters, die eine Neubewertung der Fahreignung zulässt, so wäre die vorzeitige Aufhebung der Sperrfrist für eine unbeschränkte Fahrerlaubnis gemäß § 69a VII StGB gerechtfertigt.[384]

---

382 Zum Ausnahmecharakter des § 69a II StGB siehe Kap. 5 E. IV. 2. b. bb. (2) (b).
383 Zur Systematik des § 69a II StGB siehe Kap. 5 E. IV. 2. b. bb. (2).
384 Vgl. insofern Kap. 5 E. IV. 3. a. bb. (2) und Kap. 5 E. IV. 3. b. bb. (4) (b).

B. Jugendstrafrecht

Nach den Implementierungsüberlegungen für das Strafrecht gilt es auch Anwendungsmöglichkeiten im Jugendstrafrecht zu untersuchen. Das Jugendstrafrecht bietet als Spezialgesetz differenzierte Lösungen für Jugendliche[385] und Heranwachsende. Für eine Implementierung der atemalkoholsensitiven Wegfahrsperre bieten sich insbesondere die Erziehungsmaßregeln in Form von Weisungen gemäß § 9 Nr. 1 i.V.m. § 10 JGG an. Es stellt sich deshalb die Frage, ob und inwiefern solch eine Weisung auch die Beschränkung einer Fahrerlaubnis auf Kraftfahrzeuge mit installierter Zündsperre und die Teilnahme an einem *AI-Programm* vorsehen könnte.[386]

I. Anwendung de lege lata

Die zu erteilenden Weisungen werden nicht abschließend, sondern nur beispielhaft in § 10 I 3 JGG aufgezählt. Für den Jugendrichter ergibt sich daher die Möglichkeit, Weisungen eigener Art anzuordnen. Fraglich ist demnach, ob das *AI-Programm* als Weisung eigener Art unter den Anwendungsbereich des § 10 I JGG zu subsumieren ist. Die Untersuchung des Anwendungsbereichs erfolgt dabei im Wege der Auslegung. Die Auslegung der gegenständlichen Norm erschließt sich anhand der gesetzgeberischen Zielrichtung unter Berücksichtigung der systematischen Stellung im Gesetz. Die Teilnahme an einem *AI-Programm* müsste als zulässige Erziehungsmaßregel sodann diesen Wertigkeiten entsprechen.

1. Telos

Für eine Anwendung de lege lata ist zu klären, welches Ziel der Gesetzgeber mit den gegenwärtigen Weisungen verfolgen möchte.

Weisungen i.S.d. § 10 JGG sind Maßnahmen, die die Lebensführung des Jugendlichen positiv beeinflussen und dadurch seine Erziehung fördern und sichern. Für die Zulässigkeit einer Weisung muss grundsätzlich die erzieherische Einflussnahme möglich erscheinen. Bei dieser Einzelfallentscheidung ist insbesondere die individuelle Entwicklung des Betroffenen und die sozialisatorische Problemstellung zu berücksichtigen. Außerdem muss

---

385 Aus Gründen der Übersichtlichkeit wird im Folgenden nur von Jugendlichen gesprochen, gemeint sind jedoch auch Heranwachsende i.S.d. JGG.

386 *Lohkamp*, BA 2003, 208 (213).

die Weisung für den Jugendlichen sinnvoll und einleuchtend sein, sodass ein inhaltlicher Bezug zur Tat förderlich ist. Da die Weisungen ausschließlich der Erziehung des Jugendlichen gelten, darf von ihnen keine sanktionierende und repressive Wirkung ausgehen. Im Übrigen muss die Weisung inhaltlich bestimmt und ihre Einhaltung überprüfbar sein.[387]

Die rehabilitative Ausrichtung und die verkehrsrechtliche Schulung durch das *AI-Programm* entsprechen dem Erziehungsgedanken einer Weisung gemäß § 10 I JGG. Außerdem geht von der Rehabilitationsmaßnahme keine merkliche Repression aus, da der Täter trotz vorangehender Trunkenheitsfahrt weiter am Straßenverkehr teilnehmen darf. Die Programmteilnahme als Folge einer strafbaren Trunkenheitsfahrt stellt auch einen hinreichenden Bezug zur Tat dar, indem durch die Programminhalte eine Aufarbeitung des verwirklichten Unrechts und der zugrundeliegenden Alkoholproblematik stattfindet. Durch das Erlernen eines verantwortungsvollen Umgangs mit Alkohol in Bezug auf die Teilnahme am Straßenverkehr wird insbesondere die verkehrsrechtliche Erziehung des Jugendlichen gesichert und gefördert. Im Ergebnis entspricht das *AI-Programm* in seiner Ausgestaltung der beabsichtigten Zielrichtung einer Weisung i.S.d. § 10 I JGG.[388]

2. Systematik

Nun ist zu untersuchen, welche Konsequenzen die systematische Stellung des § 10 JGG für den Anwendungsbereich der Norm hat. Möglicherweise kommen in einem Jugendstrafverfahren auch die Regelungen aus dem allgemeinen Teil des Strafrechts, insbesondere die Rechtsfolgen einer strafbaren Trunkenheitsfahrt zur Anwendung.

Gemäß § 7 I JGG kann auch in einem Strafverfahren gegen einen Jugendlichen der Fahrerlaubnisentzug als Maßregel der Besserung und Sicherung angeordnet werden. Für eine Implementierung in das Jugendstrafrecht könnte sich daher ebenfalls ein Wertungswiderspruch zu den zwingenden Rechtsfolgen des § 69 StGB ergeben.

Im Jugendstrafrecht ist eine isolierte Anordnung der Erziehungsmaßregeln möglich. Das bedeutet, dass die Anordnung unabhängig von der Verhängung von Zuchtmitteln oder Jugendstrafen erfolgen kann. Die Anordnung selbst

---

[387] E/K-*Kölbel*, § 10 JGG Rn. 3 ff.

[388] *Lohkamp*, BA 2003, 208 (213).

liegt dabei im Ermessen des Jugendrichters. Angenommen das *AI-Programm* findet de lege lata Einzug in die Praxis der isolierten Erziehungsmaßregeln gemäß § 10 JGG, so sind Fallkonstellationen denkbar, in denen sowohl der Entzug der Fahrerlaubnis als auch die Interlock-Weisung infrage kommen würden. Dabei ist insbesondere an die Fälle zu denken, in denen die Verwirklichung eines Regelbeispiels gemäß § 69 II StGB vorliegt. *Lohkamp* merkt hierzu an, dass mit Einführung der verkehrsrechtlichen Weisung für diese Fallkonstellationen die Gefahr der Gesetzesumgehung geschaffen wird. Aus Sorge um den Arbeitsplatz des Jugendlichen könnte z.B. die Teilnahme an einem *AI-Programm* angeordnet werden, obgleich die Voraussetzungen für den Entzug der Fahrerlaubnis vorliegen. In diesen Fällen wäre jedoch zwingend der Fahrerlaubnisentzug anzuordnen, da § 69 StGB gerade nicht dem richterlichen Ermessen unterliegt.[389]

Dies hat zur Folge, dass die Weisung an einem *AI-Programm* teilzunehmen, nur in bestimmten Fallkonstellationen denkbar wäre. Erfasst würden lediglich die Fälle, in denen der Anwendungsbereich des § 69 StGB sicher ausgeschlossen werden könnte. Angesichts der Regelvermutung des § 69 II StGB im Falle strafbarer Trunkenheitsfahrten würde sich deshalb in der Praxis ein doch sehr überschaubares Anwendungsfeld für eine Weisung mit *Alkohol-Interlock* ergeben.

3. Ergebnis

Strafbare Trunkenheitsfahrten durch Jugendliche werden ebenso von der Regelvermutung des § 69 II StGB tangiert, sodass sich de lege lata kein Raum für die Programmteilnahme als Weisung gemäß § 10 I JGG ergibt.

II. Anwendung de lege ferenda

Die Berücksichtigung einer Programmteilnahme könnte nur aufgrund eines zu erlassenden Gesetzes erfolgen.

Der gesetzlichen Implementierung des *AI-Programms* als Weisung in das JGG steht insbesondere die zwingende Rechtsfolge des § 69 I, II StGB entgegen. Für eine Implementierung müsste also die regelvermutete Ungeeignetheit des Täters im Falle strafbarer Trunkenheitsfahrten überwunden

---

389 *Lohkamp*, BA 2003, 208 (213 f.); *OLG Düsseldorf*, NJW 1968, 2156 (2156 f.); E/K-*Kölbel*, § 10 JGG Rn. 39.

werden. Aufgrund der einschneidenden Auseinandersetzung mit der strafrechtlichen Fahreignungsdogmatik ist von solch einer Implementierung jedoch abzuraten.[390]

C. Strafprozessrecht

Bereits vor der Eröffnung des Hauptverfahrens obliegt es der Staatsanwaltschaft Maßnahmen zu ergreifen, die unter Umständen auch die Teilnahme an einem *AI-Programm* gebieten könnten. So kann bereits vor einer gerichtlichen Entscheidung über die Verurteilung die Fahrerlaubnis gemäß § 111a StPO vorläufig entzogen werden. Für eine Implementierung des *AI-Programms* als Alternative zum vorläufigen Fahrerlaubnisentzug ergeben sich möglicherweise ähnliche Überlegungen wie bereits im Rahmen des § 69 StGB. Darüber hinaus besteht gemäß § 153a StPO die Möglichkeit, ein Verfahren unter der Anordnung von Weisungen einzustellen. Eine solche Weisung vermag ebenfalls die Teilnahme an einem *AI-Programm* vorzusehen.

I. Vorläufige Entziehung der Fahrerlaubnis

Die vorläufige Entziehung einer Fahrerlaubnis gemäß § 111a StPO stellt im Wesentlichen auf die Verwirklichung eines der Regelbeispiele gemäß § 69 II StGB ab. Besteht der Verdacht einer strafbaren Trunkenheitsfahrt und sprechen dringende Gründe für einen Fahrerlaubnisentzug im Hauptverfahren, so ist bereits ein vorläufiger Entzug der Fahrerlaubnis gerechtfertigt. Dadurch wird die Allgemeinheit vor weiteren Trunkenheitsfahrten durch den Beschuldigten geschützt und der spätere Führerscheineinzug bei der Verurteilung im Hauptverfahren gesichert.[391]

Möglicherweise könnte als mildere Alternative zum vorläufigen Fahrerlaubnisentzug die Teilnahme an einem *AI-Programm* angeordnet werden. Eine andere Implementierungsmöglichkeit ergibt sich bei der Ausnahme bestimmter Kraftfahrzeugarten gemäß § 111a I 2 StPO.[392]

Es erscheint jedoch zweifelhaft, inwiefern eine verpflichtende Programmteilnahme (de lege ferenda) anstelle des vorläufigen Fahrerlaubnisentzugs der

---

390 Zur Überwindung des § 69 StGB wird auf Kap. 5 A. IV. 1. b. bb. (3) und (4) verwiesen.

391 MüKoStVR-*Krafka*, § 111a StPO Rn. 1 und 3 ff.

392 *Gehlert*, „Alkohol-Interlock in Deutschland", S. 17; *DVR*, BA 2021, 69 (70).

Verfahrenssituation des § 111a StPO gerecht werden kann. Der Fahrerlaubnisentzug gemäß § 111a StPO hat nämlich nur einen vorläufigen Charakter, sodass im anschließenden Hauptverfahren der endgültige Fahrerlaubnisentzug droht. Fraglich ist somit, inwiefern eine Programmteilnahme unter diesem Umstand sachgerecht erscheint, zumal für den Betroffenen durch das *AI-Programm* gewisse Kosten entstehen und bis zur Entscheidung im Hauptverfahren nur ein befristetes Zeitfenster für die Programmteilnahme besteht. Besonders für Berufskraftfahrer könnte eine alternative Programmteilnahme in Anbetracht der Einwände dennoch von Interesse sein, da sie so – zumindest eine gewisse Zeit (bis zur Entscheidung im Hauptverfahren) – weiter im Straßenverkehr mobil wären.

1. Alternative zum vorläufigen Fahrerlaubnisentzug

Es ist zu prüfen, ob das zuständige Gericht im Vorverfahren anstelle der vorläufigen Entziehung der Fahrerlaubnis die Teilnahme an einem *AI-Programm* und die ausschließliche Nutzung eines ausgerüsteten Kraftfahrzeugs anordnen könnte.

a. Anwendung de lege lata

Die Vorschrift des § 111a StPO ist auf ihrer Rechtsfolgenseite abschließend formuliert, sodass einer alternativen Programmanordnung de lege lata die Rechtsgrundlage fehlt. Die Teilnahme an einem *AI-Programm* lässt sich daher nur aufgrund eines zu erlassenden Gesetzes anordnen.

b. Anwendung de lege ferenda

Es gilt zu untersuchen, ob und inwiefern die Teilnahme an einem *AI-Programm* anstelle des vorläufigen Fahrerlaubnisentzugs aufgrund eines zu erlassenden Gesetzes angeordnet werden könnte. Der infragestehenden Alternative dürfen de lege ferenda die Wertigkeiten des § 111a StPO nicht entgegenstehen, welche im Wege der Auslegung ermittelt werden. Die Auslegung des § 111a StPO erfolgt insbesondere anhand der gesetzgeberischen Zielrichtung der Norm unter der Berücksichtigung ihrer systematischen Stellung.

aa. Telos

Der vorläufige Fahrerlaubnisentzug stellt eine Präventionsmaßnahme dar, welche zum Schutz der Allgemeinheit und des Straßenverkehrs die Sicherung des gefährlichen Täters vorsieht. Zugleich wird dadurch der prognostizierte Führerscheineinzug bei der Verurteilung im Hauptverfahren gesichert. Da zu diesem Zeitpunkt die Unschuldsvermutung gilt, unterliegt die Eilmaßnahme in besonderem Umfang der Verhältnismäßigkeit.[393]

Aufgrund der zu beachtenden Unschuldsvermutung könnte der vorläufige Fahrerlaubnisentzug zu diesem Zeitpunkt „zu weit" gehen. Der *Alkohol-Interlock* würde hingegen ebenso zuverlässig die Allgemeinheit vor einer weiteren Trunkenheitsfahrt schützen, dabei aber weniger intensiv in die Rechte des Beschuldigten eingreifen. Die alternative Anordnung, ausschließlich mit einer eingebauten Zündsperre am Straßenverkehr teilzunehmen, stellt somit ein milderes Mittel bei gleicher Wirksamkeit dar.

Die alternative Anordnung einer Programmteilnahme entspricht im Ergebnis der gesetzgeberischen Zielrichtung des § 111a StPO.[394]

bb. Systematik

Da die Anwendung des § 111a StPO auf den Wertungen des § 69 StGB basiert, stellt sich die Frage, ob eine alternative Programmanordnung de lege ferenda diesen Wertungen widersprechen würde. Grundlegendes Problem ist die prognostizierte Ungeeignetheit für die Zeit der Fahrerlaubnisentziehung, welche eine Programmteilnahme mit *Alkohol-Interlock* während dieser Zeit verhindert. Fraglich ist daher, ob die Regelvermutung des § 69 StGB der ausschließlichen Nutzung eines ausgerüsteten Kraftfahrzeugs durch den Beschuldigten entgegenstehen würde.

Da zum Zeitpunkt der Entscheidung über die vorläufige Fahrerlaubnisentziehung noch keine gerichtlich festgestellte Anlasstat i.S.d. § 69 StGB vorliegt, ist auch der Anwendungsbereich der Maßregel nicht eröffnet. Zu dem entscheidenden Zeitpunkt des § 111a StPO greift also nicht die regelvermutete Ungeeignetheit gemäß § 69 II StGB. Die vorläufige Entziehung wird vielmehr von der Prognose gerechtfertigt, dass die Fahrerlaubnis im anschließenden Hauptverfahren entzogen wird. Ein Wertungswiderspruch zur Regelvermutung gemäß § 69 II StGB ergibt sich deshalb in diesem Verfahrensstadium nicht.[395]

---

393 MüKoStVR-*Krafka*, § 111a StPO Rn. 1.

394 *Zopfs*, BA 2019, 120 (128).

395 S/S-*Kinzig*, § 69 Rn. 19 ff.

cc. Gesetzliche Implementierung

Nachfolgende Modifizierung des § 111a I 1 StPO könnte de lege ferenda die alternative Anordnung einer Programmteilnahme und die ausschließliche Nutzung eines Kraftfahrzeugs mit installierter Wegfahrsperre gebieten: „Sind dringende Gründe für die Annahme vorhanden, daß die Fahrerlaubnis entzogen werden wird (§ 69 des Strafgesetzbuches), so kann der Richter dem Beschuldigten durch Beschluß die Fahrerlaubnis vorläufig entziehen" *oder die Beschränkung der Fahrerlaubnis auf Kraftfahrzeuge mit atemalkoholsensitiver Wegfahrsperre und die Teilnahme an einem AI-Programm anordnen.*

dd. Ergebnis

Abschließend ist festzustellen, dass de lege lata einer Programmteilnahme als Alternative zum vorläufigen Fahrerlaubnisentzug die nötige Rechtsgrundlage fehlt. De lege ferenda erscheint jedoch eine Implementierung dieser Alternative als dogmatisch umsetzbar. Insbesondere steht in diesem Stadium des Strafverfahrens gerade nicht die regelvermutete Ungeeignetheit des Täters einer Implementierung entgegen. Für eine Implementierung bedürfte es ausschließlich einer Modifikation des § 111a I 1 StPO und einer verwaltungsrechtlichen Norm, die die entsprechende Beschränkung der Fahrerlaubnis durch die zuständigen Fahrerlaubnisbehörden gebieten würde.

2. Ausnahme bestimmter Kraftfahrzeugarten

Die Ausnahmevorschrift des § 111a I 2 StPO könnte ebenfalls den nötigen Raum für die gesetzliche Implementierung des *Alkohol-Interlocks* bieten. § 111a I 2 StPO erlaubt den Gerichten, bestimmte Kraftfahrzeugarten von der vorläufigen Entziehung der Fahrerlaubnis auszunehmen, sofern besondere Umstände die Annahme rechtfertigen, dass der Zweck der Maßnahme dadurch nicht verfehlt wird. Fraglich ist also, ob ein Kraftfahrzeug, welches mit einer alkoholsensitiven Wegfahrsperre ausgerüstet wurde, von der vorläufigen Entziehung der Fahrerlaubnis ausgenommen werden könnte.[396]

---

[396] *Hentschel/Krumm*, Fahrerlaubnis Alkohol/Drogen, 2. Teil Rn. 386 f.; *Zopfs*, BA 2019, 120 (128).

a. Anwendung de lege lata

Da § 111a I 2 StPO die infragestehenden Kraftfahrzeugarten nicht abschließend regelt, erscheint die Ausnahme eines ausgerüsteten Kraftfahrzeugs von dem vorläufigen Fahrerlaubnisentzug bereits de lege lata möglich. Fraglich ist demnach, ob ein Kraftfahrzeug mit installierter Wegfahrsperre unter den Anwendungsbereich des § 111a I 2 StPO zu subsumieren ist.

Doch wie bereits festgestellt ergibt sich durch den Einbau einer atemalkoholsensitiven Wegfahrsperre keine eigene Kraftfahrzeugart i.S.d. Strafrechts.[397] Dementsprechend kann das Gericht nach geltendem Recht kein Kraftfahrzeug mit installierter Wegfahrsperre gemäß § 111a I 2 StPO von dem vorläufigen Fahrerlaubnisentzug ausnehmen. Die Ausnahme eines ausgerüsteten Kraftfahrzeugs kommt somit nur aufgrund eines zu erlassenden Gesetzes in Betracht.

b. Anwendung de lege ferenda

Es ist zu prüfen, ob und inwiefern ein Kraftfahrzeug mit installierter Wegfahrsperre aufgrund eines zu erlassenden Gesetzes gemäß § 111a I 2 StPO Berücksichtigung finden könnte. Das zu erlassende Gesetz müsste sich dabei in die Wertungen des gegenwärtigen § 111a I 2 StPO einfügen. Die Wertungen der Norm ergeben sich insbesondere anhand der gesetzgeberischen Zielrichtung unter Berücksichtigung der systematischen Stellung.

aa. Telos

Die Ausnahme bestimmter Kraftfahrzeugarten unterliegt ebenfalls einer gerichtlichen Prognoseentscheidung. Es müssen besondere Gründe des Einzelfalls dafürsprechen, dass der Zweck der Maßnahme durch die Gewährung der Ausnahme nicht gefährdet wird. Die Gestattung der weiteren Verkehrsteilnahme darf insbesondere kein unvertretbares Risiko für die Allgemeinheit bedeuten. Dabei gelten die gleichen Grundsätze zur Gefahrabschirmung wie im Rahmen des § 69a II StGB.[398] Da die vorläufige Entziehung der Verfahrenssicherung gilt, darf die Teilentziehung nur angeordnet werden, wenn diese ebenfalls ausreichend das Verfahren sichert. In der Rechtsprechung gelten für die Anwendung der Ausnahme jedoch strenge Maßstäbe. So erstreckt

---

[397] Zum Begriff der Kraftfahrzeugart vgl. Kap. 5 A. III. 2. a. aa.

[398] Zur Gefahrabschirmung gemäß § 69a II StGB vgl. Kap. 5 A. IV. 2. b. aa.

sich in den Fällen des § 69 II StGB die vorläufige Fahrerlaubnisentziehung in der Regel auf alle Kraftfahrzeugarten.[399]

Die Teilnahme an einem *AI-Programm* kann die Allgemeinheit vor einer weiteren Trunkenheitsfahrt schützen und eine ausreichende Sicherung des anstehenden Verfahrens leisten. Der Verbau einer Zündsperre entspricht insbesondere den objektiven Anforderungen an die Gefahrabschirmung, da die auszunehmenden Kraftfahrzeuge eine geringeres Gefährdungspotenzial aufweisen.[400] Außerdem spricht das Programm als milderes Mittel besonders die Verhältnismäßigkeit der Maßnahme an. Der *Alkohol-Interlock* entspricht somit der gesetzgeberischen Zielrichtung des § 111a I 2 StPO.

bb. Systematik

Zum Zeitpunkt der vorläufigen Fahrerlaubnisentziehung wurde die ausschlaggebende Trunkenheitsfahrt noch nicht gerichtlich festgestellt, sodass die regelvermutete Ungeeignetheit gemäß § 69 II StGB nicht anwendbar ist. Eine Implementierung des *Alkohol-Interlocks* in das Regelwerk des § 111a I 2 StPO würde somit nicht von den Wertungen des § 69 I, II StGB tangiert werden.

Der Erweiterung des Kraftfahrzeugartenbegriffs steht jedoch die abschließende Regelung des § 6 I FeV entgegen.[401] Um eine Verwerfung mit dem ausdefinierten Begriff zu vermeiden, bietet es sich deshalb an den *Alkohol-Interlock neben* die Formulierung der Kraftfahrzeugarten zu integrieren.

cc. Gesetzliche Implementierung

Folgende Modifizierung des § 111a I 2 StPO könnte de lege ferenda die Ausnahme von Kraftfahrzeugen mit eingebauter Zündsperre gebieten: „Von der vorläufigen Entziehung können bestimmte Arten von Kraftfahrzeugen“ *oder Kraftfahrzeuge mit installierter atemalkoholsensitiver Wegfahrsperre, sofern die Teilnahme an einem AI-Programm angeordnet wird,* „ausgenommen werden, wenn besondere Umstände die Annahme rechtfertigen, daß der Zweck der Maßnahme dadurch nicht gefährdet wird.“

---

399 H/K/D-*König*, § 111a StPO Rn. 5a; MüKoStVR-*Krafka*, § 111a StPO Rn. 7 f.; *Hentschel/Krumm*, Fahrerlaubnis Alkohol/Drogen, 2. Teil Rn. 387.

400 Siehe hierzu Kap. 5 A. IV. 2. b. aa.

401 Siehe Kap. 5 A. III. 2. a. aa. zum Begriff der Kraftfahrzeugart.

dd. Ergebnis

Die Berücksichtigung eines mit einer Zündsperre ausgerüsteten Kraftfahrzeugs kommt de lege lata nicht Betracht. De lege ferenda würden jedoch einer Erweiterung der Ausnahmevorschrift gemäß § 111a I 2 StPO keine dogmatischen Widersprüche entgegenstehen. Da die Ausnahme eine Beschränkung der Fahrerlaubnis zur Folge hätte, wäre eine verwaltungsrechtliche Norm zu schaffen, die eine entsprechende Beschränkung durch die zuständigen Fahrerlaubnisbehörden gebieten würde.

3. Zusammenfassung

De lege ferenda wäre sowohl eine Erweiterung der Ausnahmevorschrift gemäß § 111a I 2 StPO als auch eine Alternative zu § 111a I 1 StPO denkbar. Rechtsdogmatisch würden sich aufgrund dieser Implementierungen keine Wertungswidersprüche – insbesondere zu § 69 StGB – ergeben. Dem Beschuldigten entstehen durch die Programmteilnahme zwar gewisse Kosten und ein zeitlicher Aufwand, jedoch erhält dieser die Möglichkeit, bis zur gerichtlichen Entscheidung im Hauptverfahren mit einem ausgerüsteten Kraftfahrzeug weiterhin am Straßenverkehr teilzunehmen. Eine Programmteilnahme in diesem Verfahrensstadium kann daher (vor allem für Berufskraftfahrer) eine mildere Alternative zum vorläufigen Fahrerlaubnisentzug darstellen und somit insbesondere dem Verhältnismäßigkeitsgrundsatz genügen.[402]

Beide Implementierungen sehen die Beschränkung der Fahrerlaubnis des Beschuldigten auf Kraftfahrzeuge mit installiertem *Alkohol-Interlock* vor, sodass die Mitwirkung der zuständigen Fahrerlaubnisbehörden erforderlich wird. Für diese Mitwirkung bedürfte es eine entsprechende Vorschrift im Fahrerlaubnisrecht, welche die Beschränkung der Fahrerlaubnis gebieten würde. Für den rechtssicheren Einsatz sowohl als Alternative als auch für die Ausnahme von der vorläufigen Entziehung wären daher überschaubare Modifikationen der FeV und der StVG von Nöten.

II. Verfahrenseinstellung durch die Erteilung von Weisungen

Bereits im Ermittlungsverfahren oder im Zwischenverfahren kann gemäß § 153a StPO ein Strafverfahren durch die zuständige Staatsanwaltschaft oder

[402] *Zopfs*, BA 2019, 120 (128).

das Gericht vorläufig eingestellt werden. In Fällen geringer Schuld wird den staatlichen Gewalten dadurch eine gewisse Flexibilität eingeräumt, um ein gerichtliches Verfahren und eine kriminalisierende Strafe zu vermeiden. Dem Beschuldigten können dabei Auflagen und Weisungen erteilt werden, wenn diese geeignet sind, das öffentliche Interesse an der Strafverfolgung zu kompensieren. Außerdem darf die Schwere der Schuld diesem Vorgehen nicht entgegenstehen. Werden sodann die Auflagen und Weisungen innerhalb einer festgesetzten Frist durch den Beschuldigten erfüllt, so wird das Verfahren endgültig eingestellt.[403] Speziell bei Trunkenheitsdelikten im Straßenverkehr könnte die Anordnung, ausschließlich mit einem ausgerüsteten Kraftfahrzeug am Straßenverkehr und an einem *AI-Programm* teilzunehmen, unter Umständen die Einstellung eines Strafverfahrens rechtfertigen.[404]

1. Anwendung de lege lata

Es ist zu untersuchen, ob die Staatsanwaltschaft oder das Gericht bereits aufgrund der geltenden Rechtslage eine Programmteilnahme als verfahrenseinstellende Weisung oder Auflage aussprechen könnten.

Die zu erteilenden Weisungen und Auflagen, wobei die terminologische Unterscheidung für den Anwendungsbereich unerheblich ist,[405] sind in § 153a I 2 StPO geregelt und insoweit nicht abschließend aufgezählt. Sowohl die Staatsanwaltschaft als auch die Gerichte können daher eigene Auflagen oder Weisungen bestimmen. Speziell in § 153a I 2 Nr. 7 StPO findet sich bereits eine verkehrsrechtliche Weisung zur Teilnahme an einem Aufbau oder Fahreignungsseminar. Vielleicht könnte die Teilnahme an einem *AI-Programm* als vergleichbare Rehabilitationsmaßnahme ebenfalls unter den Anwendungsbereich des § 153a StPO subsumiert werden.

Der Anwendungsbereich der Norm bestimmt sich dabei anhand der gesetzgeberischen Zielrichtung unter Berücksichtigung der systematischen Stellung.[406]

---

403 Vgl. dazu im Ganzen: MüKoStPO-*Peters*, § 153a Rn. 1 f.

404 *BASt Bericht*, „Alkohol-Interlocks für alkoholauffällige Kraftfahrer", S. 52.

405 MüKoStPO-*Peters*, § 153a Rn. 63.

406 Vgl. insofern: MüKoStPO-*Peters*, § 153 a Rn. 94 und 95 ff.; *BASt Bericht*, „Alkohol-Interlocks für alkoholauffällige Kraftfahrer", S. 52.

a. Telos

Die Programmteilnahme müsste also insbesondere der gesetzgeberischen Zielrichtung einer Weisung i.S.d. § 153a StPO entsprechen.

Der Weisungskatalog in § 153a I 2 StPO ist ausschließlich spezialpräventiver Natur und dient dazu, dass der Beschuldigte in der Zukunft nicht mehr straffällig wird. Für die Zulässigkeit einer Weisung ist entscheidend, dass sie geeignet ist, das öffentliche Interesse zu kompensieren, an den Beschuldigten gerichtet ist und keine Umgehung spezialgesetzlicher Normen beinhaltet. Daneben muss die Weisung grundrechtskonform sein und nicht die Grenze der Unzumutbarkeit überschreiten. Zur Kompensation des öffentlichen Interesses ist bei der Bestimmung der Weisung ein konkreter Bezug zur gegenständlichen Tat sinnvoll.[407]

Im Falle einer Trunkenheitsfahrt würde die Teilnahme an einem *AI-Programm* explizit an die zugrundeliegende Tat anknüpfen. Die installierte Zündsperre sichert auch die Allgemeinheit, indem der Beschuldigten davon abgehalten wird weitere Trunkenheitsfahrten zu begehen. Die rehabilitativen Inhalte unterstützen den Beschuldigten bei der Vermeidung zukünftiger Alkoholdelinquenz. Außerdem wäre sichergestellt, dass das *AI-Programm* auch mit der nötigen Ernsthaftigkeit verfolgt wird, da der Beschuldigte ein erhebliches Interesse an der endgültigen Verfahrenseinstellung hat. Die Teilnahme an einem *AI-Programm* entspricht somit der gesetzgeberischen Zielrichtung einer Weisung gemäß § 153a I StPO.

b. Systematik

Anschließend gilt es zu klären, inwiefern die Teilnahme an einem *AI-Programm* als verfahrenseinstellende Weisung der systematischen Stellung des § 153a StPO entspricht.

aa. Wertungswiderspruch

In Fällen strafbewehrter Trunkenheitsfahrten ist grundsätzlich der weitere Erhalt der Fahrerlaubnis fraglich, da es zwingend zur Prüfung der Geeignetheit des Täters gemäß § 69 StGB kommt. Der Programmteilnahme als

---

407 Vgl. dazu im Ganzen: MüKoStPO-*Peters*, § 153a Rn. 63 und 95.

Weisung könnte deshalb die vorangegangene Trunkenheitsfahrt und den damit zwingenden Wertungen des § 69 I, II StGB zuwiderlaufen.

Im Falle einer strafbewehrten Trunkenheitsfahrt droht dem Beschuldigen unweigerlich die regelvermutete Ungeeignetheit gemäß § 69 II StGB. Dies hat zur Folge, dass für eine Programmteilnahme die erforderliche Geeignetheit und das Bestehen einer Fahrerlaubnis zu verneinen wäre. Für die Regelvermutung gemäß § 69 II StGB bedarf es jedoch einer gerichtlich festgestellten Anlasstat. Der Fahrerlaubnisentzug als Maßregel ist also die Folge einer Verurteilung.[408] Die vorläufige Einstellung gemäß § 153a StPO setzt jedoch zeitlich vor einem gerichtlichen Urteil an. Zu diesem Zeitpunkt wurde die zu untersuchende Trunkenheitsfahrt noch nicht i.S.d. § 69 I, II StGB festgestellt. Wird das Verfahren durch die Erfüllung der angeordneten Weisungen also eingestellt, so fehlt es an der ausschlaggebenden Anlasstat. Die Regelvermutung gemäß § 69 II StGB kommt in diesem Fall daher erst gar nicht zur Anwendung. Folglich ergibt sich in der Verfahrenssituation des § 153a StPO auch kein Widerspruch zu den zwingenden Wertungen des § 69 I, II StGB.[409]

Gemäß dem Wortlaut des § 69 I StGB würde die Regelvermutung des § 69 II StGB eine verfahrenseinstellende Weisung mit dem Inhalt einer Programmteilnahme nicht tangieren. Auch die systematische Stellung des § 153a StPO spricht somit für eine Zulässigkeit der infragestehenden Weisung nach geltendem Recht.

bb. Gesetzesbegründung zu § 153a I 2 Nr. 7 StPO

Trotz der Unanwendbarkeit des § 69 II StGB gilt es gerade die Fälle zu beachten, in denen die Regelvermutung im Hauptverfahren die Entziehung der Fahrerlaubnis vorsehen würde.

Nach der Gesetzesbegründung reicht in den Regelfällen des § 69 II StGB die Erteilung einer verkehrsrechtlichen Weisung gemäß § 153a I 2 Nr. 7 StPO (Teilnahme an einem Aufbau oder Fahreignungsseminar) gerade nicht aus, um das öffentliche Interesse an der Strafverfolgung zu kompensieren. Dadurch verbleibt dem § 153a I 2 Nr. 7 StPO ein Anwendungsbereich, der auf Fälle beschränkt ist, bei denen im Hauptverfahren von einem Fahrerlaubnisentzug

---

408 Bzw. der Täter wurde aufgrund von erwiesener oder nicht auszuschließender Schuldunfähigkeit nicht verurteilt.

409 Vgl. dazu im Ganzen: *Zopfs*, BA 2019, 120 (127).

abgesehen werden würde. Da das *AI-Programm* eine vergleichbare Wirkrichtung wie die Aufbau und Fahreignungsseminare hat, stellt sich daher die Frage, ob die Programmteilnahme die Regelfälle des § 69 II StGB kompensieren könnte.[410]

Für eine hinreichende Kompensation spricht, dass das *AI-Programm* anders, als die bereits bestehenden verkehrsrechtlichen Weisungen tiefgreifender auf den Betroffenen einwirkt. Die Interlock-Weisung hat eine tatsächliche Beschränkung der Fahrerlaubnis zur Folge, sodass der Beschuldigte ausschließlich mit eingebauter Wegfahrsperre am Straßenverkehr teilnehmen darf und somit gesichert von einer weiteren Trunkenheitsfahrt abgehalten wird. Der Beschuldigte wird dadurch einer lückenlosen Überwachung und einer verkehrspsychologischen Intervention unterstellt. Außerdem setzten die verkehrspsychologischen Inhalte expliziter an der tatbestandlichen Alkoholisierung des Beschuldigten an. Im Vergleich zur Weisung des § 153a I 2 Nr. 7 StPO würde das *AI-Programm* also die intensivere Maßnahme darstellen, sodass anzunehmen wäre, dass eine Programmteilnahme die Fälle des § 69 II StGB kompensieren könnte.

cc. Vorwegnahme der Eignungsfrage

Bei einer Verfahrenseinstellung durch die Teilnahme an einem *AI-Programm* ist jedoch der endgültige Charakter des § 153a StPO zu beachten. Durch die Erfüllung der Weisung wird das Strafverfahren eingestellt und es kommt gerade nicht zu einem gerichtlichen Hauptverfahren, sodass auch die tatsächliche Prüfung der Fahreignung des Täters obsolet wird.[411] Durch die Erteilung einer Interlock-Weisung in den Regelfällen des § 69 II StGB wird somit die eigentlich zwingende Eignungsfrage vorweggenommen. Da die Entscheidung über § 153a StPO im Ermittlungsverfahren getroffen wird, können dabei nicht alle Erwägungen des Einzelfalls berücksichtigt werden, die für die Fahreignung des Täters von Bedeutung sind. Diese Umstände sind jedoch auch für die Beurteilung der Geeignetheit und Sachgerechtigkeit einer Programmteilnahme von Belang.

Anders liegt der Fall in der Konstellation des § 111a StPO: Die alternative Teilnahme an einem *AI-Programm* ist nur von vorläufiger Natur und die Prüfung der Fahreignung erfolgt zwingend im Hauptverfahren. Durch die

---

[410] MüKoStPO-*Peters*, § 153a Rn. 94.

[411] MüKoStPO-*Peters*, § 153a Rn. 35 ff. und 44.

Berücksichtigung aller Umstände des Einzelfalls ist sodann eine Korrektur der vorläufigen Maßnahme (Programmteilnahme statt vorläufiger Fahrerlaubnisentzug) möglich. Wird hingegen gemäß § 153a StPO auf die Erteilung einer Weisung entschieden, so fehlt es in den Fällen des § 69 II StGB an dieser nachgeschalteten Prüfung und die Eignungsfrage wird bereits im Ermittlungsverfahren endgültig entschieden. Die Vorwegnahme der zwingenden Eignungsfrage ist bei der praktischen Umsetzung einer Interlock-Weisung de lege ferenda kritisch zu bedenken.

c. Ergebnis

Trotz praktischer Bedenken wäre nach geltender Rechtslage eine Weisung an den Beschuldigten mit dem Inhalt zulässig, befristet an einem *AI-Programm* teilzunehmen und ausschließlich ein Kraftfahrzeug mit Wegfahrsperre im Straßenverkehr zu führen.[412]

2. Gesetzliche Implementierung

Um Rechtssicherheit für den Normanwender zu schaffen, empfiehlt es sich trotzdem, gewisse Normen de lege ferenda zu ergänzen. Würde die gegenständliche Weisung wie beschrieben praktiziert werden, könnten sich insbesondere fahrerlaubnisrechtliche Probleme ergeben.

a. Erweiterung des § 153a I 2 StPO

Zuerst bedarf es der Implementierung einer Nr. 8 in die Auflistung des § 153a I 2 StPO. Die zu erlassende Norm würde ausdrücklich die Teilnahme an einem *AI-Programm* als zulässige Weisung bestimmen. Mit folgendem Wortlaut könnte eine Nr. 8 implementiert werden: *ausschließlich mit einem Kraftfahrzeug mit atemalkoholsensitiver Wegfahrsperre am Straßenverkehr und an einem AI-Programm teilzunehmen.*[413]

b. Verwaltungsrechtlicher Entzug der Fahrerlaubnis

Erlangt die Fahrerlaubnisbehörde Kenntnis von der ausschlaggebenden Trunkenheitsfahrt, könnte dieser Umstand in einem eigenständigen Entziehungsverfahren gemäß § 3 StVG verwertet werden.

---

412 *Zopfs*, BA 2019, 120 (127).
413 *Zopfs*, BA 2019, 120 (127).

Während das Strafverfahren gegen den Inhaber der Fahrerlaubnis anhängig ist, darf die Fahrerlaubnisbehörde den gegenständlichen Sachverhalt gemäß § 3 III StVG nicht in einem Entziehungsverfahren berücksichtigen. Wird das Strafverfahren jedoch endgültig gemäß § 153a StPO eingestellt, kann die Fahrerlaubnisbehörde gemäß § 3 IV StVG von der Entscheidung abweichen. Die Einstellung gemäß § 153a I StPO stellt insofern keine gerichtliche Entscheidung i.S.d. § 3 IV StVG dar und entfaltet für die Fahrerlaubnisbehörde daher keine Bindungswirkung.[414] Dies hätte zur Folge, dass ein verwaltungsrechtlicher Fahrerlaubnisentzug trotz erfolgreicher Programmteilnahme und Verfahrenseinstellung zulässig wäre. Um Rechtssicherheit zu schaffen, ist deshalb eine Ergänzung des § 3 IV 2 StVG ratsam. § 3 IV 2 StVG ist de lege ferenda auf Verfahrenseinstellungen gemäß § 153a StPO zu erweitern. Der zu konzipierende § 3 IV 2 StVG könnte dabei auf den neugeschaffenen § 153a I 2 Nr. 8 StPO verwiesen.[415]

c. Beschränkung der Fahrerlaubnis

Die Weisung, an einem *AI-Programm* teilzunehmen und ausschließlich ein ausgerüstetes Kraftfahrzeug zu benutzen, macht die Beschränkung der Fahrerlaubnis des Beschuldigten notwendig.

Diese Beschränkung erfordert die Mitwirkung der zuständigen Fahrerlaubnisbehörden. Für diese Mitwirkung muss eine entsprechende Norm im Fahrerlaubnisrecht geschaffen werden, die eine Beschränkung der Fahrerlaubnis auf Kraftfahrzeuge mit *Alkohol-Interlock* gebieten würde.[416]

d. Ergebnis

Bereits nach geltender Rechtslage lässt sich eine Weisung gemäß § 153a StPO mit dem Inhalt einer Programmteilnahme realisieren. Die praktische Umsetzung würde jedoch gewisse Unklarheiten für ein verwaltungsrechtliches Entziehungsverfahren mit sich bringen. Rechtssicher könnte diese Weisung praktischen Anklang finden, sofern überschaubare Modifizierungen im Straßenverkehrsrecht vorgenommen werden würden.

---

[414] H/K/Q-*Dronkovic*, § 3 StVG Rn. 15 und 18.

[415] Vgl. dazu: *Zopfs*, BA 2019, 120 (127).

[416] *Zopfs*, BA 2019, 120 (127).

III. Zusammenfassung der Einsatzmöglichkeiten im Strafprozessrecht

Das Strafprozessrecht stellt einen vielversprechenden Anwendungsbereich zur Implementierung der alkoholsensitiven Wegfahrsperre dar. Insbesondere findet in diesem Verfahrensstadium die regelvermutete Ungeeignetheit gemäß § 69 I, II StGB keine Anwendung, sodass sich bei einer Implementierung zumindest kein unmittelbarer Wertungswiderspruch ergibt. Eine Implementierung als milderes Mittel zum vorläufigen Fahrerlaubnisentzug würde dabei vor allem der geltenden Unschuldsvermutung und dem verfassungsrechtlichen Verhältnismäßigkeitsgrundsatz entsprechen. Die Teilnahme an einem *AI-Programm* als Weisung zur Verfahrenseinstellung vermag in Fällen von geringer Schuld eine sachgerechte Lösung darzustellen. Dabei ist jedoch zu bedenken, dass durch eine Interlock-Weisung in den Regelfällen des § 69 II StGB die eigentlich zwingende Eignungsfrage bereits im Ermittlungsverfahren endgültig beantwortet wird.

D. Ordnungswidrigkeitenrecht

Möglicherweise bietet auch das Verkehrsordnungswidrigkeitenrecht Raum für eine Implementierung der atemalkoholsensitiven Wegfahrsperre. Anders als das Strafrecht verfügt das Ordnungswidrigkeitenrecht nicht über eine starre Fahreignungsdogmatik. Daher existieren zwingende Wertigkeiten wie § 69 I, II StGB gerade nicht, wodurch es bei einer Implementierung auch nicht zu den besagten Wertungswidersprüchen kommen würde. Für eine Implementierung des Geräts könnte an den Verstoß gegen den 0,5 ‰-Grenzwert (§ 24a StVG) angeknüpft werden, welcher insbesondere ein Regelfahrverbot gemäß § 25 I 2 StVG zur Folge hat.

I. Fahrverbot

Ähnlich wie das strafrechtliche Fahrverbot scheint auch das Fahrverbot gemäß § 25 StVG eine Implementierung der Rehabilitationsmaßnahme mittels *Alkohol-Interlock* zu ermöglichen. Dabei wird zuerst untersucht, ob und inwiefern das *AI-Programm* eine echte Alternative zum gegenwärtigen Fahrverbot darstellen könnte. § 25 StVG ermöglicht dabei die Beschränkung des Fahrverbots auf bestimmte Kraftfahrzeugarten, sodass die Ausnahme eines mit einer Zündsperre ausgerüsteten Kraftfahrzeugs u.U. bereits de lege lata in Frage kommen würde.[417]

1. Alternative zum Fahrverbot

Das Regelbeispiel gemäß § 25 I 2 StVG normiert ein Regelfahrverbot für Verstöße gegen den 0,5 ‰-Grenzwert des § 24a StVG. Möglicherweise lässt sich dieses Regelfahrverbot dergestalt erweitern, dass alternativ zum Fahrverbot auch die Teilnahme an einem *AI-Programm* angeordnet werden könnte.[418]

a. Anwendung de lege lata

Nach geltender Rechtslage besteht gemäß § 25 StVG keine Rechtsgrundlage für die Anordnung einer Programmteilnahme als Alternative zum Fahrverbot. Die alternative Anordnung des *AI-Programms* kommt deshalb ausschließlich aufgrund eines zu erlassenden Gesetzes in Betracht.

Anwendung de lege ferenda

Das zu erlassende Gesetz müsste den gesetzgeberischen Wertungen des § 25 I 2 StVG entsprechen. Fraglich ist daher, ob und inwiefern die Alternative, an einem *AI-Programm* teilzunehmen, den Wertungen des Regelfahrverbots genügen würde. Diese Wertungen werden vor allem durch die Zielrichtung der Norm unter Berücksichtigung der systematischen Stellung bestimmt.

aa. Telos

Die verhältnismäßig kurze Dauer eines Fahrverbots – von maximal drei Monaten – spricht gegen einen rehabilitativen und für einen repressiven Charakter der Maßnahme. Somit soll durch das Fahrverbot gerade nicht tiefgreifend auf eine problematische Verhaltenseinstellung des Täters eingewirkt werden. Vielmehr zielt das Fahrverbot auf die bloße Sanktionierung des Täters ab und erfüllt im Wesentlichen eine sog. Denkzettelfunktion.[419]

Die Zielrichtung des *AI-Programms* entspricht in seinem Schwerpunkt somit nicht der eines Fahrverbots gemäß § 25 StVG. Von dem *AI-Programm* geht zwar

---

417 *Gehlert,* „Alkohol-Interlock in Deutschland", S. 18 f.

418 Vgl. dazu im Ganzen: *DVR,* BA 2021, 69 (76); *Lohkamp,* BA 2003, 208 (216); *Graw,* NZV 2019, 15 (15f.).

419 H/K/D-*König,* § 25 StVG Rn. 11; MüKoStVR-*Asholt,* § 25 StVG Rn. 2 ff.; Es ist auf die Ausführungen zu § 44 StGB in Kap. 5 A. III. 1. b. aa. zu verweisen.

zumindest auch eine gewisse Sanktionswirkung aus, jedoch liegt der Schwerpunkt auf der Reintegration und Besserung des Täters. Um diese Aufgabe leisten zu können, fordert das Programm eine weitaus längere Interventionszeit als das gegenwärtige Fahrverbot von maximal drei Monaten. Für die Implementierung des *AI-Programms* müsste daher der sachliche Anwendungsbereich des Fahrverbots entsprechend auf mindestens sechs Monate verlängert werden. Eine derartige Novellierung des § 25 StVG hätte eine drastische Neuausrichtung der Norm zur Folge, indem nunmehr auch rehabilitative Ziele verfolgt werden.[420]

bb. Ergebnis

Eine Implementierung des *AI-Programms* als Alternative zum gegenwärtigen Fahrverbot würde auf dogmatischen Widerstand stoßen.

Das *AI-Programm* entspricht in seiner Ausgestaltung nicht der repressiven Zielrichtung des § 25 StVG. Eine Novellierung hätte deshalb eine tiefgreifende Verschiebung des gegenwärtigen Fahrverbots zur Folge, sodass von solch einem Vorhaben abzuraten ist.

2. Beschränkung auf bestimmte Kraftfahrzeugarten

Die Verwaltungsbehörde oder das Gericht hat die Möglichkeit, das Fahrverbot auf bestimmte Arten von Kraftfahrzeugen zu beschränken. Wie bei § 44 I 2 StGB, § 69a II StGB und § 111a I 2 StPO stellt sich auch hier die Frage, ob möglicherweise ein mit einer Zündsperre ausgerüstetes Kraftfahrzeug eine bestimmte Art von Kraftfahrzeug i.S.d. Norm darstellt.[421]

a. Anwendung de lege lata

Wie bereits aufgezeigt ergibt sich aufgrund der Installation einer Wegfahrsperre keine eigene Kraftfahrzeugart.[422] Nach geltender Rechtslage lässt sich somit ein ausgerüstetes Kraftfahrzeug nicht unter den Anwendungsbereich des § 25 I 1 StVG subsumieren, sodass eine Berücksichtigung ausschließlich aufgrund eines zu erlassenden Gesetzes in Frage kommt.

---

420 *Lohkamp*, BA 2003, 208 (213); vergleichend ist auf die Erwägungen zu § 44 StGB in Kap. 5 A. III. 1. b. bb. zu verweisen.

421 *Lohkamp*, BA 2003, 208 (212 f.).

422 § 25 StVG orientiert sich bei dieser Frage ebenfalls an § 6 I 1 FeV (MüKoStVR-*Asholt*, § 25 StVG Rn. 38.); Zum Begriff der Kraftfahrzeugart siehe Kap. 5 A. III. 2. a. aa.

b. Anwendung de lege ferenda

Möglicherweise lässt sich die Ausnahme eines mit einer Zündsperre ausgerüsteten Kraftfahrzeugs durch ein zu erlassendes Gesetz realisieren. Unabhängig von der gesetzgeberischen Zielrichtung der Ausnahmeregelung gilt es auch hier die kurze Dauer des Fahrverbots zu beachten.

Anders als das strafrechtliche Fahrverbot kann das Fahrverbot gemäß § 25 StVG lediglich für eine Dauer von maximal drei Monaten angeordnet werden. Die Dauer verkörpert dabei noch einmal mehr den rein repressiven Charakter des Fahrverbots. Der Täter erfährt durch diese Maßnahme keine tiefgreifende Rehabilitation, sondern lediglich einen Denkzettel, der ihn zum Überdenken seines Verhaltens veranlassen soll.

Angewandt auf das *AI-Programm* ist deshalb festzustellen, dass dieses fast keine repressive, sondern ausschließlich eine rehabilitative Wirkung auf den Teilnehmer entfaltet. Die Ausgestaltung des gegenwärtigen Fahrverbots spricht also gegen eine vergleichbare Interessenlage, sodass einer Implementierung des *AI-Programms* die gesetzgeberische Zielrichtung des § 25 I 1 StVG entgegensteht.[423]

c. Ergebnis

Nach geltender Rechtslage ist die Beschränkung eines Fahrverbots auf Kraftfahrzeuge mit eingebautem *Alkohol-Interlock* gemäß § 25 I 1 StVG nicht zulässig. Eine Berücksichtigung de lege ferenda würde dem repressiven Charakter der Nebenfolge widersprechen. Im Ergebnis kann eine Implementierung der alkoholsensitiven Zündsperre in das Regelungswerk des § 25 StVG nicht empfohlen werden.

II. Zusammenfassung der Einsatzmöglichkeiten im Ordnungswidrigkeitenrecht

Das *AI-Programm* findet nach geltender Rechtslage im Ordnungswidrigkeitenrecht keine Berücksichtigung. Einer Implementierung als Alternative zum Regelfahrverbot gemäß § 25 I 2 StVG oder als Beschränkung widerspricht die repressive Ausrichtung der Nebenfolge. Der ausschließlich sanktionierende Charakter des Fahrverbots wird besonders anhand der kurzen – dreimonatigen – Dauer deutlich. Der Adressatenkreis des Fahrverbots bedarf aufgrund

[423] Insofern ist auf die Erwägungen zu § 25 I 2 StVG in Kap. 5 D. I. 1. b. aa. zu verweisen.

des überschaubaren Alkoholverstoßes daher nicht eines tiefgreifenden Einstellungswandels, sodass die Teilnahme an einem *AI-Programm* in diesen Fällen nicht sachgerecht erscheint.

E. Fahrerlaubnisrecht

Zuletzt sind die Schnittstellen für eine Implementierung der alkoholsensitiven Zündsperre im Fahrerlaubnisrecht zu untersuchen. Das Fahrerlaubnisrecht bietet differenzierte Lösungen im Umgang mit alkoholbedingten Fahreignungsmängeln an. Werden in einem Antrags- oder Entziehungsverfahren einer Fahrerlaubnis alkoholbedingte Eignungsmängel festgestellt, wäre möglicherweise die Teilnahme an einem *AI-Programm* in Erwägung zu ziehen. Dabei ist insbesondere zu prüfen, ob eine Fahrerlaubnis auf Kraftfahrzeuge mit installierter Wegfahrsperre beschränkbar ist. Da die Inhalte des *AI-Programms* unmittelbar auf die Fahreignung des Teilnehmers wirken, bietet sich möglicherweise eine enge Verknüpfung mit der Fahreignungsbegutachtung an. In diesem Zusammenhang wäre eine Wiederherstellung der Kraftfahreignung durch die Teilnahme an einem *AI-Programm* denkbar.[424] Auch für Fahranfänger in der Probezeit könnte das Programm von Interesse sein. Die Zündsperre ließe sich vermutlich auch im Rahmen des Fahreignungs-Bewertungssystems realisieren.

I. Beschränkung einer Fahrerlaubnis auf Kraftfahrzeuge mit *Alkohol-Interlock*

Die atemalkoholsensitive Zündsperre könnte vielleicht bei Zweifeln über die Fahreignung aufgrund von Alkoholauffälligkeiten zum Einsatz kommen. Dabei wäre an Fallgestaltungen zu denken, bei denen die Fahreignungsbegutachtung zu dem Ergebnis kommt, dass der Betroffene aufgrund alkoholbedingter Mängel nicht über die vollumfängliche Fahreignung verfügt. Bis zum Nachweis der vollumfänglichen Eignung könnte dem Betroffenen empfohlen werden, an einem *AI-Programm* teilzunehmen und ausschließlich ein Kraftfahrzeug mit eingebauter Wegfahrsperre im Straßenverkehr zu

[424] *Evers*, BA 2003, 20 (32); *Schöch*, BA 2010, 340 (342); *Lohkamp*, BA 2003, 208 (214).

führen. Die Inhalte des *AI-Programms* würden den Betroffenen sodann bei der Wiederherstellung seiner uneingeschränkten Fahreignung unterstützen.[425]

Die Erst- bzw. Wiedererteilung einer auf Kraftfahrzeuge mit installiertem *Alkohol-Interlock* beschränkten Fahrerlaubnis erscheint bereits nach geltender Rechtslage möglich. Als milderes Mittel zum Fahrerlaubnisentzug ist darüber hinaus die nachträgliche Beschränkung einer bereits bestehenden Fahrerlaubnis denkbar. Fraglich ist jedoch bereits in diesem Zusammenhang, ob eine Fahrerlaubnis im Falle alkoholbedingter Eignungsmängel auf Kraftfahrzeuge mit installierter Wegfahrsperre beschränkt werden kann. Dies würde voraussetzen, dass der Betroffene trotz vorhandener Alkoholprobleme noch über eine ausreichende (bedingte) Eignung verfügt, um am Straßenverkehr und an einem *AI-Programm* teilnehmen zu können.

Im Folgenden ist zu untersuchen, ob die Erteilung einer auf Kraftfahrzeuge mit installierter Wegfahrsperre beschränkten Fahrerlaubnis im Falle alkoholbedingter Fahreignungsmängel zulässig wäre.[426]

1. Voraussetzungen für die Erteilung einer Fahrerlaubnis

Die Voraussetzungen für die Erteilung einer Fahrerlaubnis, sowohl im Erst als auch im Wiedererteilungsverfahren regelt § 2 StVG.[427] Neben der Befähigung und einer abgeschlossenen Fahrprüfung nach der obligatorischen Fahrausbildung ist für die Erteilung einer Fahrerlaubnis insbesondere die Fahreignung von Relevanz.

§ 2 IV StVG konkretisiert die Fahreignung dahingehend, dass der Bewerber die notwendigen körperlichen und geistigen Anforderungen erfüllt und nicht erheblich oder wiederholt gegen verkehrsrechtliche Vorschriften oder gegen Strafgesetze verstoßen hat. Bei der Frage nach der Fahreignung ist insofern zwischen einer körperlichen, einer geistigen und einer charakterlichen

---

425 *Seidl/Feustel-Seidl*, BA 2019, 1 (13 f.).

426 Vgl. im Ganzen: *DVR*, BA 2021, 69 (74); *Graw*, NZV 2019, 15 (15); *Schöch*, BA 2005 Sup. I, 20 (22); *Lohkamp*, BA 2003, 208 (214).

427 Gemäß § 20 I 1 FeV finden in einem Wiedererteilungsverfahren die gleichen Maßstäbe Anwendung wie in einem Ersterteilungsverfahren (MüKoStVR-*Geiger*, § 2 StVG Rn. 23). Die folgenden Erwägungen gelten daher auch für ein Antragsverfahren nach erfolgtem Fahrerlaubnisentzug.

Komponente zu unterscheiden. Die charakterliche Eignung bezieht sich dabei lediglich auf die Verkehrsauffälligkeiten des Bewerbers.[428]

2. Bedenken gegen die Eignung des Bewerbers

Aufgrund vergangenen Verhaltens – welches nicht unbedingt im Zusammenhang mit dem Straßenverkehr stehen muss – kann der Bewerber einen Anlass zum Zweifel an der erforderlichen Fahreignung geben.

Liegen im Antragsverfahren tatsächliche Anhaltspunkte für das Fehlen der Fahreignung vor, so wird diese explizit gemäß § 2 VII StVG und § 22 FeV von Amts wegen geprüft. Anhaltspunkte für Zweifel können sich insbesondere aufgrund von Auszügen aus dem Fahreignungsregister, dem zentralen Fahrerlaubnisregister und dem Bundeszentralregister ergeben. Im Einzelnen ist dann auf die Erforschungsmaßnahmen der §§ 11, 13 und 14 FeV zurückzugreifen. Die Bedenken an der Fahreignung können sich auch erst nach Erteilung einer Fahrerlaubnis ergeben. In diesem Fall sind die Erforschungsmaßnahmen gemäß § 46 III FeV ebenfalls zu ergreifen.[429]

3. Klärung von Eignungszweifeln bei einer Alkoholproblematik

In Fällen übermäßigen Alkoholkonsums im Zusammenhang mit der Verkehrsteilnahme ergeben sich in der Regel Zweifel an der erforderlichen Fahreignung des Antragstellers bzw. des Fahrerlaubnisinhabers. Bei Eignungszweifeln aufgrund von Alkohol regelt § 13 FeV abschließend die zu ergreifenden Maßnahmen. Die MPU und das ärztliche Gutachten[430] stellen dabei die bewährten Instrumente dar, um den Betroffenen hinsichtlich seiner Fahreignung zu untersuchen.[431]

a. Anwendungsbereich

Bei der Frage nach dem Anwendungsbereich und der gebotenen Untersuchungsart wird gemäß § 13 FeV zwischen Alkoholabhängigkeit (Abs. 1 Nr. 1) und Alkoholmissbrauch (Abs. 1 Nr. 2) unterschieden.

---

428 Zur Fahreignung im Ganzen: MüKoStVR-*Geiger*, § 2 StVG Rn. 23, 31 f.; L/E/B-*Ludovisy*, § 7 Rn. 50 ff.

429 MüKoStVR-*Geiger*, § 2 StVG Rn. 23; L/E/B-*Ludovisy*, § 7 Rn. 58, 61.

430 Im Folgenden wird aus Gründen der Übersichtlichkeit nur noch von der MPU gesprochen, gemeint ist jedoch auch das ärztliche Gutachten.

431 L/E/B-*Kalus*, § 7 Rn. 97.

Der Verdacht einer Alkoholabhängigkeit rechtfertigt die Erbringung eines ärztlichen Gutachtens. Ein medizinisch-psychologisches Gutachten soll Fälle des Alkoholmissbrauchs klären. Der Anwendungsbereich ist u.a. bei einer wiederholten Zuwiderhandlung im Straßenverkehr unter Alkoholeinfluss und bei der Feststellung einer bestimmten Blutalkoholkonzentration (1,6 ‰) eröffnet. Eine MPU wird ebenfalls für die Frage angefordert, ob Missbrauch oder Abhängigkeit noch besteht. Wurde die Fahrerlaubnis aufgrund der genannten Gründe entzogen, so wird ebenso die Beibringung einer MPU angeordnet. Sowohl im Falle der Abhängigkeit als auch bei einem Anzeichen für Missbrauch ist die Anwendung nicht auf die tatsächliche Verkehrsteilnahme beschränkt, vielmehr genügt ein Zusammenhang mit dem Führen von Kraftfahrzeugen. Liegen die Voraussetzungen des § 13 FeV vor, so muss die Fahrerlaubnisbehörde das entsprechende Gutachten anfordern.[432]

b. Differenzierung der Alkoholproblematik anhand des kategorischen Ansatzes

Es ist zu klären, unter welchen Voraussetzungen in der Fahreignungsbegutachtung von Alkoholmissbrauch oder Alkoholabhängigkeit gesprochen wird. Die Begutachtung alkoholbedingter Eignungsmängel stützt sich in ihrer Bewertung auf einen kategorischen Ansatz.

Der kategorische Ansatz unterscheidet anhand objektiver Merkmale ausschließlich zwischen Alkoholmissbrauch und Alkoholabhängigkeit.[433] Diese Terminologie bestimmt insbesondere die Frage der Eignung zum Führen von Kraftfahrzeugen und hat in der Anlage 4[434] zur FeV und den Begutachtungsleitlinien zur Kraftfahreignung normativ ihren Niederschlag gefunden. Die Beurteilung der Fahreignung erfolgt letztlich stets anhand dieser Beurteilungsgrundsätze.[435] Für die Formen der Alkoholproblematik ergeben sich ausdrücklich folgende Definitionen:

---

432 B/M/R-*Rebler*, § 13 FeV Rn. 1 ff.; *DVR*, BA 2021, 69 (73 f.); H/K/Q-*Koehl*, § 13 FeV Rn. 1 ff.

433 Zum kategorischen Ansatz: *Graw*, NZV 2019, 15 (16); *Patermann/Reimann/Schubert*, DAR 2019, 11 (12).

434 Die Anlage 4 zur FeV listet Erkrankungen und Mängel auf, die die Eignung zum Führen von Kraftfahrzeugen längere Zeit beeinträchtigen oder aufheben können.

435 H/K/Q-*K.-L. Haus*, Anhang zu § 2 StVG, Rn. 3d.

(a) Alkoholmissbrauch beschreibt einen *schädlichen Gebrauch mit einem Konsummuster, das zu gesundheitlichen physischen oder psychischen Störungen führt*. Die Nr. 8.1 der Anlage 4 zur FeV und die Nr. 3.13.1 der Begutachtungsleitlinien konkretisieren Alkoholmissbrauch dahingehend, dass *das Führen von Fahrzeugen und ein die Fahrsicherheit beeinträchtigender Alkoholkonsum nicht hinreichend sicher getrennt werden kann, ohne dass bereits eine Alkoholabhängigkeit vorliegt*. Anhaltspunkte für einen bestehenden Alkoholmissbrauch ergeben sich insbesondere, wenn wiederholt ein Fahrzeug unter einer unzulässig hohen Alkoholwirkung geführt wurde,[436] einmalig ein Fahrzeug unter einer unzulässig hohen Alkoholwirkung geführt wurde[437] oder aktenkundig belegt ist, dass es bei dem Betroffenen in der Vergangenheit im Zusammenhang mit der Verkehrsteilnahme zu einem Verlust der Kontrolle über den eigenen Alkoholkonsum gekommen ist.[438]

(b) Alkoholabhängigkeit liegt gemäß Nr. 3.13.2 der Begutachtungsleitlinien bei einem starken bis übermächtigen Verlangen vor, Alkohol zu konsumieren-, mit verringerter Kontrollfähigkeit hinsichtlich Beginn, Beendigung und Umfang des Trinkens. Dazu kommen weitere Kriterien wie Toleranzentwicklung, Entzugssyndrom, Vernachlässigung anderer Tätigkeiten und Konsum trotz schädlicher Folgen.[439]

c. Rechtsfolgen einer MPU und Konsequenzen für den Alkohol-Interlock

Nach dem Anwendungsbereich gilt es zu klären, wie die Begutachtung alkoholbedingter Eignungsmängel in der Entscheidung durch die Fahrerlaubnisbehörden berücksichtigt werden könnte und welche Konsequenzen sich

---

436 Darunter sind zwei Trunkenheitsfahrten i.S.d. § 24a I StVG zu verstehen (H/K/Q-*Koehl*, § 11 FeV Rn. 18).

437 Gemeint ist eine Trunkenheitsfahrt mit einer Blutalkoholkonzentration von 1,6 ‰ oder mehr (H/K/Q-*Koehl*, § 11 FeV Rn. 18).

438 Zu Alkoholmissbrauch: MüKoStVR-*Hahn/Kalus*, § 13 FeV Rn. 14 ff. und *BASt*, Begutachtungsleitlinien zur Kraftfahreignung, S. 76 f.

439 Zu Alkoholabhängigkeit: MüKoStVR-*Hahn/Kalus*, § 13 FeV Rn. 9 f. und *BASt*, Begutachtungsleitlinien zur Kraftfahreignung, S. 76 f.

daraus für eine Anwendung der alkoholsensitiven Wegfahrsperre ergeben würden.

aa. Rechtsfolgen einer MPU

Wird das geforderte Gutachten durch den Betroffenen erbracht, so ist auf dieser Grundlage die Fahreignung durch die Fahrerlaubnisbehörde zu beurteilen.[440] Abhängig von der Begutachtung des Betroffenen sieht die Entscheidung der Fahrerlaubnisbehörde vier unterschiedliche Szenarien vor: Die Eignung (1) und die Ungeeignetheit (2) zum Führen eines Kraftfahrzeugs im Straßenverkehr, sowie die Ungeeignetheit mit Kursempfehlung (3) als auch die bedingte Eignung (4).[441]

Die bedingte Eignung setzt insofern voraus, dass der Betroffene wegen der körperlichen oder geistigen Mängel zwar nicht im vollen Umfang über die erforderliche Eignung verfügt, jedoch durch adäquate Beschränkungen der Fahrerlaubnis oder Auflagen hierzu gewährleistet werden kann, dass er ein Kraftfahrzeug sicher führen kann und wird. Außerdem müssen zum Zeitpunkt der Entscheidung Tatsachen vorliegen, welche eine überwiegende Unwahrscheinlichkeit eines individuellen Rückfalls vermuten lassen. § 2 IV 2 StVG i.V.m. § 23 II FeV erlaubt in diesen Fällen die Erteilung einer Fahrerlaubnis unter Auflagen oder Beschränkungen, soweit der festgestellte Eignungsmangel ausgleichbar ist. Die Beschränkungen und Auflagen müssen sodann mit hinreichender Wahrscheinlichkeit dazu führen, dass der verbleibende Mangel ausgeglichen wird und somit die uneingeschränkte Fahreignung gewährleistet werden kann.[442]

bb. Konsequenzen für das AI-Programm

Die Fahreignungsbegutachtung gemäß §§ 11, 13 FeV und die Beurteilung durch die Fahrerlaubnisbehörde könnte also bereits de lege lata ergeben, dass der Betroffene aufgrund alkoholbedingter Eignungsmängel nur bedingt geeignet zum Führen eines Kraftfahrzeugs ist. Die Fahrerlaubnis wäre sodann auf Kraftfahrzeuge mit eingebautem *Alkohol-Interlock* zu beschränken, sofern dadurch der festgestellte Eignungsmangel ausgeglichen wird.

---

440 H/K/Q-*Koehl*, § 13 FeV Rn. 28.

441 *Bode/Winkler*, Fahrerlaubnis, § 9 Rn. 7 ff.

442 *Geiger*, DAR 2009, 414 (414 f.); *Krismann*, NZV 2011, 417 (418).

cc. Der Alkohol-Interlock als fahrerlaubnisrechtliche Beschränkung

§ 23 II 2 FeV lässt insbesondere die Beschränkung der Fahrerlaubnis auf Kraftfahrzeuge mit besonderen Einrichtungen zu. Eine Beschränkung kann dabei als inhaltliche Modifizierung der Fahrerlaubnis verstanden werden. Die Modifizierung der Fahrerlaubnis ist aus dem Grund gerechtfertigt, dass durch die Maßnahme der festgestellte Eignungsmangel ausgeglichen wird. Die Fahrerlaubnisbehörde ist bei der Entscheidung über eine Beschränkung oder Auflage an die Aufzählung der Anlage 9 zur FeV gehalten, die für jede zulässige Beschränkung oder Auflage eine entsprechende Schlüsselzahl vorsieht. Der *Alkohol-Interlock* als technisches und fahrzeugbezogenes Gerät entspricht dabei der Terminologie einer Beschränkung. Dies hat zur Folge, dass bei Nichtbeachtung der Beschränkung – also Fahren ohne *Alkohol-Interlock* – der Straftatbestand des § 21 StVG erfüllt wird. Die verkehrspsychologischen Inhalte des Programms knüpfen hingegen an die Person des Fahrerlaubnisinhabers an und entsprechen daher der Terminologie einer Auflage. Das *AI-Programm* wäre dementsprechend eine Kombination[443] aus beiden Ansätzen.[444]

Das *AI-Programm* entspricht also sowohl einer Auflage als auch einer Beschränkung und könnte durch die zuverlässige Verhinderung alkoholisierter Verkehrsteilnahmen und der Aufarbeitung der Hintergrundproblematik einen Ausgleich des verbleibenden Eignungsmangels leisten. Außerdem besteht bereits für die fahrerlaubnisrechtliche Beschränkung auf Kraftfahrzeuge mit *Alkohol-Interlock* die Schlüsselzahl „*69*" in der Anlage 9 zur FeV. In diesem Zusammenhang wäre auch eine einzutragende Befristung denkbar, bis die Fahrerlaubnisbehörde von der uneingeschränkten Fahreignung überzeugt ist. Die bedingte Eignung könnte somit bereits nach geltender Rechtslage den Einbau der Wegfahrsperre als zulässige Beschränkung der Fahrerlaubnis gebieten.[445]

---

443 Im Folgenden wird aus Gründen der Übersichtlichkeit von einer Beschränkung gesprochen.

444 *Weigelt/Buchholtz/Preusser*, NZV 1991, 55 (58); H/K/Q-*K.-L. Haus*, § 23 FeV Rn. 10 ff.; *Krismann*, NZV 2011, 417 (419).

445 Vgl. dazu im Ganzen: *BASt Bericht*, „Alkohol-Interlocks für alkoholauffällige Kraftfahrer", S. 48; *Geiger*, DAR 2009, 414 (416); *Gehlert*, „Alkohol-Interlock in Deutschland", S. 19; *Lohkamp*, BA 2003, 208 (214 f.); *Ternig*, SVR 2019, 15 (17); *Krismann*, NZV 2011, 417 (419).

Jedoch ist fraglich, ob und inwiefern sich alkoholbedingte Eignungsmängel überhaupt ausgleichen lassen, damit eine bedingte Fahreignung angenommen werden kann. Sowohl die Begutachtungsstelle als auch die Fahrerlaubnisbehörde müsste rechtlich in der Lage sein, in Fällen alkoholbedingter Eignungsmängel eine bedingte Fahreignung zu rechtfertigen. Erst dann könnte die Fahrerlaubnis des Betroffenen auf Kraftfahrzeuge mit installierter Wegfahrsperre beschränkt werden.[446]

d. Bedingte Fahreignung bei alkoholbedingten Eignungsmängeln

Es ist nun zu prüfen, ob der Betroffene trotz alkoholbedingter Eignungsmängel noch über eine bedingte Eignung zum Führen von Kraftfahrzeugen verfügt und entsprechend die Fahrerlaubnis einzuschränken wäre.

Diese Frage ist für den Einsatz der Wegfahrsperre als fahrerlaubnisrechtliche Beschränkung von wesentlicher Bedeutung. Ausschlaggebend für die Ausgleichbarkeit des Eignungsmangels und der bedingten Fahreignung ist vor allem die Einordnung von Alkoholmissbrauch und abhängigkeit in die Eignungsdifferenzierung des § 2 IV 1 StVG. Eine bedingte Fahreignung und eine Beschränkung der Fahrerlaubnis kommt nämlich gemäß § 2 IV 2 StVG nur bei körperlichen oder geistigen Mängeln, nicht jedoch bei Mängeln charakterlicher Art in Frage.[447]

aa. Einordnung in die Eignungsdifferenzierung

Die Einteilung von Alkoholmissbrauch und Alkoholabhängigkeit in die Systematik des § 2 IV 1 StVG ist umstritten. Die festgestellte Alkoholproblematik könnte sowohl den körperlichen/geistigen als auch den charakterlichen Anforderungen an die Fahreignung zugeschrieben werden.[448]

(1) Klassifizierung als körperlicher/geistiger Mangel

Für die Einstufung von Alkoholmissbrauch und Alkoholabhängigkeit als körperlicher/geistiger Mangel gemäß der Eignungsdogmatik des § 2 IV 1 StVG sprechen unterschiedliche Gründe.

---

446 *DVR*, BA 2021, 69 (74).

447 *DVR*, BA 2021, 69 (74); *Lohkamp*, BA 2003, 208 (214).

448 *Patermann/Reimann/Schubert*, DAR 2019, 11 (14 f.); *Frenz*, BA 2007, 144 (150).

Ein Anhaltspunkt kann sich aus dem Verweis des § 11 I 2 FeV auf die Anlage 4 der FeV ergeben. Gemäß dieser Norm werden die körperlichen und geistigen Anforderungen gerade nicht erfüllt, wenn Erkrankungen oder Mängel gemäß der Anlage 4 vorliegen. In Satz 3 der Vorschrift wird dann *außerdem* das Nichtvorliegen von Verkehrsauffälligkeiten gefordert. Dadurch werden die Anforderungen an die geistige und körperliche Geeignetheit von den Anforderungen an die charakterliche Geeignetheit ausdrücklich getrennt.

Gemäß der 1. Vorbemerkung der Anlage 4 zur FeV werden nachfolgend häufiger vorkommende Erkrankungen und Mängel aufgelistet, die die Eignung zum Führen von Kraftfahrzeugen beeinträchtigen oder aufheben können. Die Nr. 8 der Anlage 4 zählt dabei alkoholbedingte Mängel (Alkoholmissbrauch und Alkoholabhängigkeit) auf. Der Verordnungsgeber ordnet durch diese Regelungstechnik ein Verhalten, welches meist einen Verstoß gegen verkehrsrechtliche Bestimmungen darstellt und damit eher einer charakterlichen Eignung entgegensteht, ausdrücklich den körperlichen/geistigen Anforderungen zu. Der Verweis auf die Anlage 4 und die Anordnung der Sätze des § 11 I FeV lassen den Schluss zu, dass die alkoholbedingten Mängel der körperlichen bzw. geistigen Eignung zuzuschreiben sind.[449]

Außerdem lässt sich diese Klassifikation der Alkoholproblematiken auch unter medizinischen Aspekten begründen. Ein körperlicher bzw. geistiger Mangel kann u.U. bei einem besonders unkontrollierten Alkoholkonsum bejaht werden, der insofern einer Alkoholsucht gleicht und durch den Betroffenen weder körperlich noch geistig beherrscht wird.

Diese Auffassung lässt sich durch die internationale Klassifikation[450] psychischer krankhafter Störungen bestätigen.[451]

---

449 *Patermann/Reimann/Schubert*, DAR 2019, 11 (14); *Geiger*, DAR 2009, 414 (414 f.); H/K/Q-*Koehl*, § 2 StVG Rn. 30 und 32.

450 ICD 10 „F10.1 Psychische und Verhaltensstörungen durch Alkohol: Schädlicher Gebrauch".

451 *Frenz*, BA 2007, 144 (150); *Patermann/Reimann/Schubert*, DAR 2019, 11 (14); H/K/Q-*Kalus*, § 13 FeV Rn. 9.

(2) Klassifizierung als charakterlicher Mangel

Trotzdem wird vorherrschend angenommen, dass sowohl Formen des Alkoholmissbrauchs als auch der Alkoholabhängigkeit gemäß der Differenzierung des § 2 IV 1 StVG als charakterlicher Mangel aufzufassen sind.[452]

Aufgrund des Wortlauts des § 2 IV 2 StVG hat die Klassifizierung als charakterlicher Mangel zur Folge, dass im Falle von Alkoholmissbrauch oder Alkoholabhängigkeit der Eignungsmangel nicht auszugleichen ist und entsprechend keine bedingte Fahreignung angenommen werden kann. Eine bedingte Fahreignung ist gemäß § 2 IV 2 StVG nur bei körperlichen und geistigen Mängeln zulässig, nicht jedoch bei Mängeln charakterlicher Art. Da die Annahme einer bedingten Fahreignung im Falle alkoholbedingter Mängel ausgeschlossen ist, hat dies zur Folge, dass auch eine Beschränkung der Fahrerlaubnis nicht zulässig wäre. Die Ausrüstung eines Kraftfahrzeugs mit einer alkoholsensitiven Wegfahrsperre setzt jedoch die Beschränkbarkeit der betroffenen Fahrerlaubnis und damit die bedingte Fahreignung trotz alkoholbedingter Eignungsmängel voraus. Im Ergebnis ist nach geltender Rechtslage im Falle alkoholbedingter Eignungsmängel eine fahrerlaubnisrechtliche Beschränkung, nur mit einer Wegfahrsperre am Straßenverkehr teilzunehmen, nicht zulässig, da keine bedingte Fahreignung angenommen und die Fahrerlaubnis entsprechend nicht beschränkt werden kann.[453]

bb. Bedingte Eignung bei charakterlichen Mängeln

Ob sich der Begriff der bedingten Fahreignung nicht doch auch auf charakterliche (alkoholbedingte) Eignungsmängel beziehen kann, wird allerdings nicht einheitlich beurteilt.[454]

(1) Wortlaut des § 2 IV 2 StVG

Die Untersuchung des Wortlauts des § 2 IV 2 StVG lässt in dieser Hinsicht nur eine Deutung zu.

§ 2 IV 2 StVG nennt bei der Frage nach der Beschränkbarkeit ausdrücklich nur körperliche und geistige Mängel. Da die Beschränkung der Fahrerlaubnis

---

452 H/K/Q-*Koehl*, § 2 StVG Rn. 32 f.

453 *Bartelt-Lehrfeld*, BA 2019, 105 (107); ebenso *Eisenmenger*, BA 2007, 159 (160).

454 Zur Frage der bedingten Eignung bei charakterlichen Mängeln: H/K/Q-*Koehl*, § 2 StVG Rn. 44; *Krismann*, NZV 2011, 417 (417 ff.) und *Lohkamp*, BA 2003, 208 (214 f.).

nur bei einer bedingten Fahreignung in Frage kommt, kann sich diese also nur auf körperliche oder geistige Eignungsmängel beziehen. Dabei ist insbesondere auf die gesetzgeberische Annahme zu verweisen, die von der Unteilbarkeit der charakterlichen Eignung ausgeht. Eignungsmängel, die sich durch Verstöße gegen Verkehrsvorschriften oder Straftaten gezeigt haben, sind demnach nicht durch Auflagen oder Beschränkungen ausgleichbar.[455]

(2) Normen der FeV

Betrachtet man die systematische Einordnung des § 2 IV 2 StVG anhand der konkretisierenden Normen der FeV, so könnte sich jedoch auch ein erweiterter Anwendungsbereich ergeben.

Die aktuelle Auflage der FeV spricht an mehreren Stellen (§§ 23 II, 46 II FeV) den Begriff der bedingten Eignung ohne Beschränkung auf körperliche oder geistige Mängel an. Gemäß dieser Formulierung kann sich eine bedingte Eignung also auch auf charakterliche Mängel erstrecken. Dabei ist jedoch zu beachten, dass der Verordnungsgeber nicht ermächtigt ist, über die Regelung des § 2 IV 2 StVG hinaus die Erteilung einer beschränkten Fahrerlaubnis auch für die Fälle der charakterlichen Eignungsmängel zu regeln. Trotzdem kann der konstitutionelle Verzicht einer Beschränkung auf körperliche oder geistige Mängel als ein Abrücken von der angenommenen Unteilbarkeit charakterlicher Eignungsmängel verstanden werden. Der Gesetzgeber hat den Wortlaut des § 2 IV 2 StVG insoweit vielleicht noch nicht nachgebessert.[456]

(3) § 69a II StGB

Auch der Blick auf § 69a II StGB lässt zunächst eine bedingte Fahreignung im Falle einer Alkoholproblematik vermuten.

Zwar kennt das Strafrecht gerade nicht ausdrücklich eine bedingte Fahreignung, so lässt die Norm jedoch eine Ausnahme bestimmter Kraftfahrzeugarten bei der Bestimmung der Sperrfrist zu, obwohl von der Unteilbarkeit alkoholbedingter Fahreignungsmängel ausgegangen wird. In der Folge kann

---

455 *Schöch*, BA 2010, 340 (342); *Lohkamp*, BA 2003, 208 (214); *Geiger*, DAR 2009, 414 (414); *Krismann*, NZV 2011, 417 (417); H/K/Q-*K.-L. Haus*, § 23 FeV Rn. 2; H/K/D-*Dauer*, § 2 StVG Rn. 71.

456 *Schöch*, BA 2005 Sup. I, 20 (22); *Frenz*, BA 2007, 144 (150); H/K/D-*Dauer*, § 23 FeV Rn. 12.

der eigentlich für ungeeignet erklärte Täter für eine bestimmte Kraftfahrzeugart eine beschränkte Fahrerlaubnis beantragen und am Straßenverkehr teilnehmen. Der Täter ist also trotz vorangegangener Trunkenheitsfahrt nicht ungeeignet zum Führen sämtlicher Kraftfahrzeugarten. Obwohl alkoholbedingte Eignungsmängel in der Person des Täters festgestellt wurden, wird ihm trotzdem ein gewisse Fahreignung in einem abgegrenzten Bereich zugesprochen.[457] Die gesetzliche Regelung des § 69a II StGB lässt somit die Vermutung zu, dass auch alkoholbedingte Eignungsmängel i.S.e. bedingten Fahreignung ausgleichbar sind und eine Beschränkung der Fahrerlaubnis zulässig ist. Diese Auffassung muss entsprechend auch im Fahrerlaubnisrecht gelten. Anderweitig würde die Ausnahme des § 69a II StGB ins Leere laufen, da der Strafrichter von der Sperrfrist zwar bestimmte Kraftfahrzeugarten ausnehmen, die Fahrerlaubnisbehörde jedoch aufgrund von § 2 IV 2 StVG keine entsprechende Beschränkung der Fahrerlaubnis vornehmen könnte.[458]

Dem ist jedoch entgegenzuhalten, dass dem § 69a II StGB im Falle einer strafbaren Trunkenheitsfahrt nahezu gänzlich der Anwendungsbereich entzogen ist. Zwar stellt § 69a II StGB möglicherweise eine Abkehr von der Grundannahme der Unteilbarkeit alkoholbedingter Eignungsmängel dar, jedoch ist dieser Ausnahme gerade nicht eine bedingte Fahreignung im Falle alkoholbedingter Eignungsmängel zu entnehmen. § 69a II StGB ist im Lichte der Wertungen des § 69 StGB auszulegen, sodass vielmehr von einer partiellen Geeignetheit bzw. Ungeeignetheit des Täters auszugehen ist. Im Ergebnis stellt § 69a II StGB kein Argument für die Annahme einer bedingten Fahreignung im Falle alkoholbedingter Eignungsmängel dar.[459]

(4) Aussagen der Begutachtungsleitlinien zur Kraftfahreignung

Die Begutachtung der Fahreignung erfolgt durch die zuständigen Begutachtungsstellen anhand der Begutachtungsleitlinien zur Kraftfahreignung.[460]

Unter der Ziffer 3.13 treffen diese Leitlinien Aussagen zu alkoholbedingten Fahreignungsmängeln. Insbesondere werden die Voraussetzungen für einen

---

457 Vgl. hierzu auch Kap. 5 A. IV. 2. b. bb. (2) (b).

458 Vgl. dazu im Ganzen: *Schöch*, BA 2010, 340 (342); *Krismann*, NZV 2011, 417 (417 f.); H/K/Q-*Koehl*, § 2 StVG Rn. 44; H/K/D-*Dauer*, § 2 StVG Rn. 71.

459 Vgl. hierzu Kap. 5 A. IV. 2. b. bb. (2) (c).

460 H/K/Q-*K.-L. Haus*, Anhang zu § 2 StVG Rn. 3d.

fahreignungsrelevanten Alkoholmissbrauch oder einer Alkoholabhängigkeit konkretisiert. Das gleiche gilt für die Anforderungen an die Wiederherstellung der Kraftfahreignung. Liegen die Voraussetzungen für Alkoholmissbrauch oder Alkoholabhängigkeit jedoch vor, so ist der Begutachtete gemäß den Begutachtungsleitlinien als ungeeignet zum Führen von Kraftfahrzeugen im Straßenverkehr anzusehen. In keinem der beiden Fälle wird dabei eine differenziertere Bewertung angeboten. Letztlich unterscheiden die Begutachtungsleitlinien bei alkoholbedingten Fahreignungsmängeln ausschließlich zwischen der Geeignetheit und der Ungeeignetheit.

Die Begutachtungsleitlinien sprechen somit ausdrücklich gegen die Annahme einer bedingten Fahreignung bei alkoholbedingten Eignungsmängeln. Da die Leitlinien maßgeblich bei der Begutachtung der Fahreignung eingehalten werden, kommt somit eine bedingte Fahreignung bei Alkoholproblemen in der MPU nicht infrage. Darauf aufbauend wird auch die Fahrerlaubnisbehörde keine bedingte Fahreignung in den Fällen alkoholbedingter Eignungsmängel anerkennen.[461]

(5) Aussagen der Nr. 8 Anlage 4 der FeV

Fraglich ist, ob die Nr. 8 der Anlage 4 der FeV eine bedingte Fahreignung bei Alkoholmissbrauch oder Alkoholabhängigkeit zulassen würde.

Die Anlage 4 der FeV enthält eine Aufstellung häufiger vorkommender Erkrankungen und Mängel, die die Eignung zum Führen von Kraftfahrzeugen längere Zeit beeinträchtigen oder aufheben können. Unter den Erkrankungen und Mängel finden sich unter der Nr. 8 Regelungen und Bewertungen in Bezug auf Alkohol. Neben der Definition von Alkoholmissbrauch und Alkoholabhängigkeit trifft die Nr. 8 auch Wertungen bzgl. der Fahreignung im Falle einer Alkoholproblematik. Bei der Bewertung der Fahreignung wird zwischen bestehendem und beendetem Missbrauch bzw. zwischen bestehender und behandelter Abhängigkeit unterschieden. Die Anlage stellt in den jeweiligen Fällen klar, inwiefern eine vollumfängliche Fahreignung oder eine bedingte Fahreignung in Frage kommt. Ist die Annahme einer bedingten Fahreignung in bestimmten Fällen zulässig, so listet die Anlage 4 entsprechende Beschränkungen und Auflagen auf.

---

[461] Vgl. dazu im Ganzen: *BASt*, Begutachtungsleitlinien zur Kraftfahreignung, S. 74 f.

Besteht Alkoholmissbrauch (8.1) oder Alkoholabhängigkeit (8.3), so wird in beiden Fällen eine Eignung oder eine bedingte Eignung ausdrücklich verneint. Der Betroffene wird also in beiden Fällen als ungeeignet angesehen und entsprechend ist die Fahrerlaubnis zu entziehen oder eine Erteilung zu versagen.

Im Falle eines beendeten Alkoholmissbrauchs (8.2) oder einer behandelten Alkoholabhängigkeit (8.4) wird unter bestimmten Voraussetzungen die Wiederherstellung der vollumfänglichen oder bedingten Eignung erwogen. Jedoch ist dabei unklar, ob die Wiederherstellung ausschließlich die vollumfängliche Eignung oder auch die bedingte Eignung betreffen kann. Sowohl bei der Nr. 8.2 als auch bei der Nr. 8.4 ist in der Spalte „Eignung oder bedingte Eignung“ lediglich ein „Ja“ zzgl. der entsprechenden Voraussetzungen vermerkt. Der Wortlaut der Nr. 8.2 und Nr. 8.4 enthält diesbezüglich keine Differenzierung und ist insoweit nicht eindeutig. Ob in den Fällen des beendeten Missbrauchs bzw. der behandelten Abhängigkeit auch eine bedingte Fahreignung in Erwägung zu ziehen ist, wird aufgrund des unklaren Wortlauts der Nr. 8.2 und der Nr. 8.4 der Anlage 4 der FeV nicht deutlich.

Es ist jedoch festzustellen, dass in den Fällen des beendeten Missbrauchs (8.2) bzw. der behandelten Abhängigkeit (8.4) unter der Spalte „Beschränkungen/Auflagen bei bedingter Eignung“ keine zulässigen Auflagen oder Beschränkungen vorzufinden sind. Da Beschränkungen oder Auflagen jedoch nur bei einem ausgleichbaren Eignungsmangel bzw. einer bedingten Eignung in Frage kommen, steht dieser Umstand einer bedingten Fahreignung bei alkoholbedingten Eignungsmängeln entgegen. Gegen eine bedingte Eignung spricht also das Fehlen von zulässigen Beschränkungen und Auflagen bei der Nr. 8.2 und der Nr. 8.4, welche einen Eignungsmangel entsprechend ausgleichen könnten. Folglich wird in den Fällen von beendetem Alkoholmissbrauch (8.2) und behandelter Alkoholabhängigkeit (8.4) ebenfalls nur zwischen der Geeignetheit und der Ungeeignetheit des Betroffenen differenziert.[462]

Gemäß der Anlage 4 der FeV ist also sowohl bei bestehendem oder beendetem Missbrauch als auch bei bestehender oder behandelter Abhängigkeit eine bedingte Fahreignung nicht zulässig.[463]

---

462 *Patermann/Reimann/Schubert,* DAR 2019, 11 (13 f.).

463 Vgl. dazu im Ganzen: *Geiger,* SVR 2013, 281 (288); *Geiger,* DAR 2009, 414 (414 f.); H/K/Q-*Koehl,* § 2 StVG Rn. 43.

(6) Fehlende Rechtsgrundlage einer erneuten MPU

Lässt man im Falle von Missbrauch und Abhängigkeit eine bedingte Fahreignung zu, so würde sich außerdem folgendes Problem ergeben: Wird die bedingte Eignung anerkannt, so ist fraglich, wie nach einer bestimmten Zeit die wiedererlangte uneingeschränkte Eignung festzustellen wäre.[464] Möglicherweise bedarf es für diese Feststellung einer erneuten Fahreignungsbegutachtung. Die gegenwärtige FeV bietet in § 13 FeV für diesen Fall jedoch keine ausdrückliche Rechtsgrundlage. Damit ist der rechtliche Übergang von der bedingten zur unbedingten Fahreignung nicht geregelt und unklar. Dieser fehlende Übergang ist ein weiteres Indiz gegen die Annahme einer bedingte Fahreignung bei alkoholbedingten Eignungsmängeln.[465]

(7) Abweichung vom Regelfall

Für die Zulässigkeit einer bedingten Fahreignung käme daher ausschließlich eine Abweichung vom Regelfall gemäß der 3. Vorbemerkung zur Anlage 4 der FeV in Betracht. Die 3. Vorbemerkung beinhaltet in Bezug auf die Wertungen der Anlage 4 folgende Regelungen:

> Die nachstehend vorgenommenen Bewertungen gelten für den Regelfall. Kompensationen durch besondere menschliche Veranlagung, durch Gewöhnung, durch besondere Einstellung oder durch besondere Verhaltenssteuerungen und umstellungen sind möglich. Ergeben sich im Einzelfall in dieser Hinsicht Zweifel, kann eine medizinisch-psychologische Begutachtung angezeigt sein.

Die Anlage 4 zur FeV ist also weder in Bezug auf die eignungsbeeinträchtigenden Krankheiten noch bzgl. deren Bewertung abschließend geregelt. Dasselbe gilt auch für die anzuordnenden Auflagen oder Beschränkungen im Falle einer bedingten Fahreignung.[466] Die Annahme einer bedingten Fahreignung bei alkoholbedingten Eignungsmängel könnte also möglicherweise eine Abweichung vom Regelfall darstellen. Da auch die Aufzählung der infragestehenden Auflagen und Beschränkungen nicht abschließend ist, wäre somit eine Beschränkung auf Kraftfahrzeuge mit installierter Wegfahrsperre möglich.

---

464 Siehe dazu später in Kap. 5 E. I. 6. e.

465 *Geiger*, DAR 2009, 414 (416).

466 L/E/B-*Kalus*, § 7 Rn. 98; H/K/Q-*K.-L. Haus*, § 23 FeV, Rn. 33.

Für eine solche Abweichung müssen jedoch besondere Gründe sprechen, die grundsätzlich gemäß Satz 3 durch eine MPU nachzuweisen sind. Unter Berücksichtigung der aufgezeigten Wertungen bleiben deshalb nur wenige Fallgestaltungen, in denen eine bedingte Eignung unter Beschränkung der Fahrerlaubnis in Frage kommen würde. Unabhängig davon wäre in diesem Fall der Übergang von der bedingten zur unbedingten Fahreignung nicht geregelt. Auch durch die Abweichung vom Regelfall kann also nach geltender Rechtslage keine Fahrerlaubnis auf Kraftfahrzeuge mit installierter Zündsperre beschränkt werden.[467]

(8) Zwischenergebnis zur bedingten Fahreignung bei alkoholbedingten Eignungsmängeln

Das Fahrerlaubnisrecht kennt das Konstrukt einer bedingten Fahreignung, jedoch findet dieses auf alkoholbedingte Fahreignungsmängel nach geltender Rechtslage keine Anwendung.

Für diese Auslegung sprechen insbesondere die Begutachtungsleitlinien zur Kraftfahreignung und die Nr. 8 der Anlage 4 zur FeV. In diesem Sinne wird sowohl bei Alkoholmissbrauch als auch bei Alkoholabhängigkeit lediglich zwischen Geeignetheit und Ungeeignetheit unterschieden. Diese Auffassung fußt auf der Annahme einer generellen Unbehebbarkeit bzw. Unausgleichbarkeit alkoholbedingter Eignungsmängel. Liegen die Voraussetzungen für einen Alkoholmissbrauch oder eine Alkoholabhängigkeit vor, so ist zwingend von der Ungeeignetheit des Begutachteten auszugehen und in der Folge wäre eine Fahrerlaubnis zu entziehen bzw. die Erteilung zu versagen. Dasselbe gilt für den Fall eines beendeten Alkoholmissbrauchs oder einer behandelten Alkoholabhängigkeit.

Im Ergebnis kann de lege lata die Entscheidung der Fahrerlaubnisbehörde im Falle einer Alkoholproblematik ausschließlich die Geeignetheit oder die Ungeeignetheit zum Inhalt haben, nicht aber eine bedingte Eignung.

---

467 *Geiger*, DAR 2009, 414 (415); *Geiger*, SVR 2013, 281 (288); *Patermann/Reimann/Schubert*, DAR 2019, 11 (14); H/K/Q-*Koehl*, § 2 StVG Rn. 43.

4. Zusammenfassung der geltenden Rechtslage

Der Einsatz der Wegfahrsperre als fahrerlaubnisrechtliche Beschränkung setzt gemäß § 2 IV 2 StVG die bedingte Eignung zum Führen von Kraftfahrzeugen voraus.

Gegenwärtig wird im Falle alkoholbedingter Eignungsmängel eine bedingte Fahreignung nicht anerkannt. Unabhängig davon, ob Alkoholprobleme im Terminus des § 2 IV 1 StVG als körperliche/geistige oder charakterliche Mängel zu klassifizieren sind, sprechen die Begutachtungsleitlinien und die Anlage 4 zur FeV eindeutig gegen die Zulässigkeit einer bedingten Fahreignung. Trotzdem liegen in der FeV auch Anhaltspunkte für eine Ausgleichbarkeit alkoholbedingter Eignungsmängel vor, da insbesondere §§ 23 II, 46 II FeV den Anwendungsbereich der bedingten Fahreignung nicht auf körperliche bzw. geistige Eignungsmängel beschränken. Letztlich erscheint eine fahrerlaubnisrechtliche Beschränkung auf Kraftfahrzeuge mit installierter Wegfahrsperre nur in Ausnahmefällen denkbar. Unter dieser Annahme würde sich jedoch ein weiteres Problem ergeben: Der Übergang von der bedingten zur unbedingten Fahreignung ist rechtlich nicht geregelt.

Somit kann nach geltender Rechtslage eine Fahrerlaubnis bei Alkoholproblemen nicht dahingehend beschränkt werden, dass der Betroffene ausschließlich mit einer installierten Wegfahrsperre am Straßenverkehr teilnimmt. Der *Alkohol-Interlock* kann also de lege lata im Neu bzw. Wiedererteilungsverfahren einer Fahrerlaubnis nicht berücksichtigt werden. Auch eine nachträgliche Beschränkung der Fahrerlaubnis als mildere Alternative zum Fahrerlaubnisentzug kommt nicht in Betracht. Eine Berücksichtigung der Zündsperre im fahrerlaubnisrechtlichen Verfahren erscheint ausschließlich aufgrund eines zu erlassenden Gesetzes zulässig.

5. Wiederherstellung der Fahreignung

Kommt die Prüfung der Fahreignung zu dem Ergebnis, dass Alkoholmissbrauch oder Alkoholabhängigkeit vorliegen, so ist umgehend von der Ungeeignetheit des Betroffenen auszugehen.[468] In der Folge ist eine bestehende Fahrerlaubnis zu entziehen oder die Erteilung zu versagen. Es stellt sich daher die Frage, wie der Betroffene in solchen Fällen seine vollumfängliche

---

[468] Das Gleiche gilt für beendeten Alkoholmissbrauch bzw. behandelter Alkoholabhängigkeit.

Fahreignung wiederherstellen kann. Da in Fällen der Alkoholproblematik das Fahrerlaubnisrecht lediglich zwischen Geeignetheit und Ungeeignetheit entscheidet, kommt auch nur die Wiederherstellung der vollumfänglichen Fahreignung infrage.

Die Nr. 8 der Anlage 4 zur FeV stellt Bedingungen zur Wiederherstellung der Fahreignung auf, welche darüber hinaus von den Begutachtungsleitlinien konkretisiert werden. Möglicherweise könnte das *AI-Programm* den Betroffenen aufgrund eines zu erlassenden Gesetzes bei der Wiederherstellung seiner uneingeschränkten Fahreignung unterstützen.

a. Wiederherstellung der Eignung bei Alkoholabhängigkeit

Begründen Tatsachen die Annahme einer Alkoholabhängigkeit, so bedarf es der Beibringung eines ärztlichen Gutachtens gemäß § 13 S. 1 Nr. 1 FeV. Liegt demnach tatsächlich eine Alkoholabhängigkeit vor, so kann erst wieder von einer uneingeschränkten Fahreignung ausgegangen werden, wenn die Abhängigkeit nicht mehr besteht und mindestens ein Jahr Abstinenz nachgewiesen wurde. Unerlässlich für die Behandlung einer Abhängigkeit ist das Durchlaufen einer Entwöhnungsbehandlung, wodurch die Ursachen der Abhängigkeit beseitigt werden.[469] Die einjährige Abstinenz ist durch mehrere, zufällige Kontrolluntersuchungen nachzuweisen. Außerdem wird das Fehlen sonstiger Eignungsmängel vorausgesetzt. In einer erneuten Begutachtung (§ 13 S. 1 Nr. 2e FeV) wird sodann geprüft, inwiefern der Begutachtete die Abhängigkeit überwunden hat und in der Zukunft nicht mit einem Rückfall zu rechnen ist.[470]

b. Wiederherstellung der Eignung bei Alkoholmissbrauch

Ist aufgrund von Tatsachen ein bestehender Alkoholmissbrauch anzunehmen, so fordert die Fahrerlaubnisbehörde die Beibringung einer MPU gemäß § 13 S. 1 Nr. 2 FeV. Wird daraufhin Alkoholmissbrauch festgestellt, so kann der Betroffene seine vollumfängliche Fahreignung wiedererlangen, wenn der Missbrauch beendet und die Änderung des Trinkverhaltens gefestigt wurde. Dabei bedarf es einer sicheren Trennung zwischen dem Führen von

---

469 In diesem Zusammenhang wird von einer behandelten Alkoholabhängigkeit gesprochen.

470 H/K/Q-*K.-L. Haus*, § 20 FeV, Rn. 58b; *Geiger*, SVR 2013, 281 (285 f.).

Kraftfahrzeugen und einen die Fahrsicherheit beeinträchtigenden Alkoholkonsum. Die Untersuchung des Betroffenen muss ergeben, dass alle körperlichen Befunde auf eine Beendigung des Missbrauchs schließen und alkoholbedingte Leistungsbeeinträchtigungen fehlen. Obwohl in der Anlage 4 zur FeV nicht ausdrücklich gefordert, bedarf es auch in den meisten Fällen des Missbrauchs zur Wiedererlangung der Fahreignung eine hinreichend lange Alkoholabstinenz. Dabei wird ein Verzicht von sechs Monaten als Minimum angesehen. Die Rückkehr zu einem kontrollierten Trinkverhalten kommt bei der Wiederherstellung der Fahreignung nur in Ausnahmefällen in Frage.[471] Eine positive Prognose aufgrund einer erneuten MPU (§ 13 S. 1 Nr. 2e FeV) muss einen zukünftigen Alkoholmissbrauch ausschließen.[472]

c. Unterstützung durch das AI-Programm de lege ferenda

De lege ferenda könnte das *AI-Programm* den Betroffenen bei der Wiederherstellung seiner vollumfänglichen Fahreignung unterstützen.

Insbesondere die Zeit der Abstinenz nach Behandlung der Abhängigkeit oder Beendigung des Missbrauchs könnte sowohl durch die Daten des AI als auch durch die regelmäßigen medizinischen Untersuchungen untermauert werden. Durch den Einbau der atemalkoholsensitiven Zündsperre erhält der Betroffene die Möglichkeit, die hinreichende Trennung zwischen dem Führen von Kraftfahrzeugen und einer die Fahrsicherheit beeinträchtigenden Alkoholisierung unter gesicherten Bedingungen zu erlernen. Die gewünschte Verhaltensänderung kann dabei durch die verkehrspsychologischen Inhalte des *AI-Programms* herbeigeführt und attestiert werden.[473]

Das *AI-Programm* könnte also aufgrund eines zu erlassenden Gesetzes den Betroffenen maßgeblich bei der Wiederherstellung der vollumfänglichen Kraftfahreignung unterstützen. Um das zu ermöglichen, muss das zu erlassende Gesetz insbesondere eine bedingte Fahreignung in Fällen alkoholbedingter Eignungsmängel vorsehen, damit der Betroffene bis zum Eintritt der vollumfänglichen Eignung an einem *AI-Programm* teilnehmen kann.

---

471 Bei Trunkenheitsfahrten im Bereich der Ordnungswidrigkeiten (zwischen 0,5 und 1,09 ‰) wird meistens keine Abstinenz gefordert (*Geiger*, SVR 2013, 281 (287)).

472 *Geiger*, SVR 2013, 281 (286 f.); sowie H/K/D-*Dauer*, § 2 StVG Rn. 50; H/K/Q-*K.-L. Haus*, § 20 FeV, Rn. 58a.

473 Vgl. dazu: *Reimann/Schubert*, DAR 2016, 16 (18); *Bartelt-Lehrfeld*, BA 2019, 105 (107).

6. Umsetzung de lege ferenda

Die Anwendung des *AI-Programms* aufgrund eines zu erlassenden Gesetzes erscheint vielversprechend. Bereits argumentativ sprechen viele Gründe[474] dafür, dass auch bei Alkoholproblemen – also charakterlichen Eignungsmängeln – eine bedingte Fahreignung u.U. anzunehmen wäre. Es gilt daher zu prüfen, welche gesetzlichen Modifikationen vorzunehmen sind, damit eine Fahrerlaubnis auf Kraftfahrzeuge mit *Alkohol-Interlock* beschränkt werden und der Inhaber zur Wiederherstellung der vollumfänglichen Fahreignung an einem *AI-Programm* teilnehmen kann.

a. Erweiterung der Begutachtungsleitlinien zur Kraftfahreignung

Da die Fahreignungsbegutachtung durch die zuständigen Stellen anhand der Begutachtungsleitlinien erfolgt, bedarf es hier einer ausdifferenzierteren Lösung bei der Eignungsfrage in Fällen alkoholbedingter Eignungsmängel.

Gegenwärtig unterscheiden die Leitlinien bei Alkoholmissbrauch und Alkoholabhängigkeit lediglich zwischen der Geeignetheit und der Ungeeignetheit des Betroffenen. Die Voraussetzungen für eine bedingte Fahreignung im Falle von Missbrauch oder Abhängigkeit müssen also Einzug in die Begutachtungsleitlinien finden. In der Folge könnten die zuständigen Begutachtungsstellen im Einzelfall diese Voraussetzungen prüfen und dem Begutachteten eine bedingte Eignung zum Führen von Kraftfahrzeugen attestieren.

In der Fachliteratur wird das Konstrukt der bedingten Fahreignung in Fällen von Alkoholabhängigkeit oder Alkoholmissbrauch als durchaus denkbar angesehen.[475] Zumal der Begriff der bedingten Fahreignung bereits im gegenwärtigen Fahrerlaubnisrecht angelegt ist. Es ist deshalb nicht ersichtlich, weshalb Menschen mit Alkoholproblemen eine ausdifferenziertere Lösung im Einzelfall verwehrt bleibt, wenn das Gesetz doch in Fällen der körperlichen oder geistigen Mängel eine solche Differenzierung bereits kennt.[476] Insbesondere der Verhältnismäßigkeitsgrundsatz spricht für eine flexible

---

[474] Vgl. dazu insbesondere Kap. 5 E. I. 3. d. bb. (2) und (3).

[475] *Koehl*, NZV 2016, 16 (19).

[476] Gemäß der Nr. 9.5 der Anlage 4 zur FeV kann im Falle von Drogenkonsum nach der Entgiftung und Entwöhnung bei regelmäßigen Kontrollen auch eine bedingte Fahreignung angenommen werden (H/K/Q-*Koehl*, § 11 FeV Rn. 52 und 58).

Lösung im Einzelfall durch eine Beschränkung der Fahrerlaubnis, wenn diese sachgerecht und vertretbar erscheint. Im Gegensatz zum vollständigen Entzug oder der Verweigerung einer Fahrerlaubnis stellt die Beschränkung auf Kraftfahrzeuge mit installierter Wegfahrsperre das wohl mildere Mittel dar.

Sowohl in Fällen des Missbrauchs als auch der Abhängigkeit könnte eine bedingte Fahreignung in Frage kommen, wenn der Betroffene bereits einen gewissen Einstellungswandel vollzogen hat, der jedoch für die Wiederherstellung der vollumfänglichen Fahreignung noch nicht ausreichend ist. Um für die Programmteilnahme die Zeit der Abstinenz anzusprechen, empfiehlt sich daher, dass zumindest die Abhängigkeit behandelt wurde oder der Missbrauch nicht mehr besteht und ein gewisser Einstellungswandel bereits zu erkennen ist. Auch bei bestehendem Missbrauch ist eine bedingte Eignung denkbar, sofern durch die Programmteilnahme das Trennungsvermögen zwischen Alkoholkonsum und der Verkehrsteilnahme unterstützt werden kann. Weiterer Bestandteil der bedingten Eignung ist, dass die Wiederherstellung der vollumfänglichen Eignung durch die Teilnahme an einem *AI-Programm* als aussichtsreich bewertet wird. Letztlich sind für die Ausarbeitung der ausschlaggebenden Kriterien die sachzuständigen Fachgremien heranzuziehen.[477]

b. Erweiterung der Nr. 8 Anlage 4 zur FeV

Ebenso grundlegend für die Zulässigkeit einer bedingten Fahreignung im Falle einer Alkoholproblematik ist die Regelung der Nr. 8 der Anlage 4 zur FeV.

Gemäß der voranstehenden Erweiterung der Begutachtungsleitlinien könnten die Regelungen bzgl. Alkoholmissbrauch und Alkoholabhängigkeit ebenso modifiziert werden. Folglich würde die Nr. 8 auch die Annahme einer bedingte Fahreignung unter bestimmten Voraussetzungen rechtfertigen und die Fahrerlaubnis könnte entsprechend mit Beschränkungen/Auflagen versehen werden. Im Wesentlichen kann dabei auf den Vorschlag von *Schubert/Stewin/Nickel*[478] verwiesen werden, die sich bereits mit einer sachgerechten Modifizierung der Nr. 8 der Anlage 4 zur FeV auseinandergesetzt haben. Erweiternd empfiehlt sich eine ausdrückliche Nennung der bedingten

477 Vgl. dazu im Ganzen: *Geiger*, DAR 2009, 414 (415); *Bode/Winkler*, Fahrerlaubnis, § 3 Rn. 55; *Klipp*, BA 2009, 190 (193); *Bartelt-Lehrfeld*, BA 2019, 105 (107).

478 „Best Practice Alkohol-Interlock"-*Schubert/Stewin/Nickel*, S. 105 Tab. 4.1.

Fahreignung und der alkoholsensitiven Wegfahrsperre bei der Neuformulierung des Wortlauts.[479]

aa. Alkoholmissbrauch

(1) Bei bestehendem Alkoholmissbrauch gemäß Nr. 8.1

Bei bestehendem Alkoholmissbrauch ist der Eintrag unter der Spalte „Eignung oder bedingte Eignung" wie folgt zu modifizieren: „Bedingte Eignung, wenn das Trennungsvermögen durch den Verbau einer atemalkoholsensitiven Wegfahrsperre und der Teilnahme an einem ‚AI-Programm' unterstützt werden kann". Unter der Spalte „Beschränkungen/Auflagen bei bedingter Eignung" könnten folgende Regelungen eingefügt werden: „Einbau einer atemalkoholsensitiven Wegfahrsperre. Teilnahme an einem ‚AI-Programm' mit regelmäßigen Kontrollen."

(2) Nach Beendigung des Missbrauchs gemäß Nr. 8.2

Im Falle der Beendigung des Missbrauchs vermag die Spalte „Eignung oder bedingte Eignung" wie folgt modifiziert zu werden: „Bedingte Eignung, wenn die Änderung des Trinkverhaltens noch nicht gefestigt ist und diese durch den Verbau einer atemalkoholsensitiven Wegfahrsperre und der Teilnahme an einem ‚AI-Programm' unterstützt werden kann." In der Spalte der „Beschränkungen/Auflagen bei bedingter Eignung" könnte folgende Formulierung eingefügt werden: „Einbau einer atemalkoholsensitiven Wegfahrsperre. Teilnahme an einem ‚AI-Programm' mit regelmäßigen Kontrollen."

bb. Alkoholabhängigkeit

(1) Bei bestehender Alkoholabhängigkeit gemäß Nr. 8.3

Gegenwärtig verneint die Nr. 8.3 der Anlage 4 zur FeV im Falle einer Alkoholabhängigkeit die Eignung zum Führen von Kraftfahrzeugen.

Daran kann insofern festgehalten werden, dass der Betroffene für eine bedingte Fahreignung erst infrage kommt, wenn er gewisse Schritte zur Entwöhnung unternommen hat. Für eine Entwöhnung bedarf es einer stationären oder ambulanten Behandlung bzw. Entgiftung. Im Ergebnis sprechen

---

479 *Krismann*, NZV 2011, 417 (420); *Ternig*, SVR 2019, 15 (18); *Bode/Winkler*, Fahrerlaubnis, § 3 Rn. 55; *BASt Bericht*, „Alkohol-Interlocks für alkoholauffällige Kraftfahrer", S. 46 Tab. 5; *Geiger*, SVR 2013, 281 (288).

wissenschaftliche Erkenntnisse wohl gegen eine bedingte Fahreignung, sofern eine Alkoholabhängigkeit akut besteht.

(2) Nach behandelter Alkoholabhängigkeit gemäß Nr. 8.4

Nach erfolgreicher Entwöhnung kann für die Zeit der Abstinenz über eine bedingte Fahreignung nachgedacht werden. Zur Unterstützung und Nachweisbarkeit der Enthaltsamkeit könnte der Begutachtete ausschließlich mit einer Wegfahrsperre am Straßenverkehr teilnehmen. Folgende Modifizierung ergibt sich für die Nr. 8.4 in der Spalte „Eignung oder bedingte Eignung": „Bedingte Eignung, wenn Alkoholabhängigkeit nicht mehr besteht und die Abstinenz durch den Verbau einer atemalkoholsensitiven Wegfahrsperre und der Teilnahme an einem ‚AI-Programm' unterstützt werden kann". In der Spalte der „Beschränkungen/Auflagen bei bedingter Eignung" wäre folgende Formulierung einzufügen: „Einbau einer atemalkoholsensitiven Wegfahrsperre. Teilnahme an einem ‚AI-Programm' mit regelmäßigen Kontrollen."[480]

c. Erweiterung des § 2 IV 2 StVG

§ 2 IV 2 StVG regelt gegenwärtig die Beschränkung der Fahrerlaubnis bei bedingter Eignung aufgrund von geistigen oder körperlichen Fahreignungsmängeln.

Aufgrund des abweichenden Wortlauts der konkretisierenden Normen der FeV (§§ 23 II, 46 II FeV) herrscht für den Rechtsanwender allgemeine Unklarheit in welchen Fällen tatsächlich eine bedingte Kraftfahrteignung in Frage kommt. Konsens besteht für die Fälle der körperlichen und geistigen Fahreignungsmängel, jedoch ist unklar, ob eine bedingte Fahreignung auch bei charakterlichen Eignungsmängeln anzunehmen wäre. Unabhängig von der Einordnung der Alkoholmängel in die Dogmatik des § 2 IV 1 StVG bedarf es de lege ferenda einer Klarstellung durch den Gesetzgeber. Die verfassungskonforme Auslegung gebietet die Anerkennung einer bedingten Fahreignung auch bei charakterlichen Mängeln, zumal diese Annahme bereits normativ verankert wurde.[481] Im Ergebnis müssen die Erwägungen, welche bereits zu

---

480 Zur Modifizierung der Nr. 8 der Anlage 4 zur FeV vgl. im Ganzen: „Best Practice Alkohol-Interlock"-*Schubert/Stewin/Nickel*, S. 105 Tab. 4.1; *Krismann*, NZV 2011, 417 (422); *Bode/Winkler*, Fahrerlaubnis, § 3 Rn. 55.

481 Vergleiche dazu Kap. 5 E. I. 3. d. bb. (2) und (3).

den Begutachtungsleitlinien und der Anlage 4 zur FeV angestellt wurden, auch in § 2 IV 2 StVG ihren Niederschlag finden. De lege ferenda ist deshalb bei der Formulierung des § 2 IV 2 StVG auf die Beschränkung des Anwendungsbereichs zu verzichten.[482]

d. Zuweisung durch die Begutachtungsstellen

Die bedingte Fahreignung ist zwingend durch eine Fahreignungsbegutachtung zu prüfen,[483] sodass die Begutachtung alkoholbedingter Eignungsmängel (§§ 11, 13 FeV) ein wichtiges Bindeglied zwischen der Alkoholauffälligkeit und der anschließenden Programmteilnahme darstellt. Die MPU als Schnittstelle zur Programmteilnahme würde einen Adressatenkreis bestehend aus Wiederholungstätern (§ 13 Nr. 2b FeV) und Ersttätern mit einer BAK von mindestens 1,6 ‰ (§ 13 Nr. 2c FeV) bedeuten. Dazu kommen Personen mit Fahrerlaubnisentzug (§ 13 Nr. 2d FeV). Unabhängig von dieser Differenzierung werden auch Personen mit vorliegendem und beendetem Alkoholmissbrauch erfasst. Außerdem könnten auch Personen mit behandelter Alkoholabhängigkeit an dem *AI-Programm* teilnehmen.

aa. Kosten

Wird die Programmteilnahme mit der MPU verknüpft, ist zu beachten, dass dadurch ein Mehr an Kosten für den Betroffenen entsteht. Gemäß der gegenwärtigen Rechtslage müssen Personen mit negativer Begutachtung lediglich zweimal eine MPU[484] leisten, vorausgesetzt die erneute MPU verläuft positiv.[485] Dem stehen de lege ferenda die Kosten der programmzuweisenden MPU zzgl. der Kosten des *AI-Programms* gegenüber. Zudem ist fraglich, ob nach dem Abschluss des *AI-Programms* eine erneute MPU zum Nachweis der wiederhergestellten Fahreignung zu erbringen wäre.[486] Das *AI-Programm* und die bedingte Fahreignung ermöglicht jedoch gerade den Personen, die nach gegenwärtiger Rechtslage aufgrund verbleibender Eignungsmängel

---

482 *Bode/Winkler*, Fahrerlaubnis, § 3 Rn. 49 f.; *Schöch*, BA 2005 Sup. I, 20 (22 f.).

483 H/K/D-*Dauer*, § 2 StVG, Rn. 70.

484 Die Kosten einer MPU belaufen sich dabei auf 400–800 Euro (https://t1p.de/1y4iz, abgerufen am 18.09.2025).

485 H/K/Q-*Koehl*, § 11 FeV, Rn. 117; H/K/Q-*K.-L. Haus*, § 20 FeV, Rn. 46.

486 Zur Neubewertung der Fahreignung nach Programmabschluss vgl. Kap. 5 E. I. 6. e.

eigentlich negativ zu beurteilen wären, bis zur Wiederherstellung der vollumfänglichen Kraftfahreignung weiterhin am Straßenverkehr teilzunehmen. Außerdem ist das Interlock-Angebot freiwillig, sodass es den Betroffenen weiterhin freisteht, statt einer beschränkten Verkehrsteilnahme die erneute Fahreignungsbegutachtung abzuwarten.

bb. Empfehlung

Richtungsweisend für den Einsatz des *Alkohol-Interlocks* wäre darüber hinaus eine Empfehlung des Gutachters, die Fahrerlaubnis des Betroffenen dahingehend zu beschränken, dass dieser für die Zeit der bedingten Eignung nur mit eingebauter Zündsperre am Straßenverkehr teilnehmen darf und sich währenddessen einem *AI-Programm* zu unterziehen hat. Diese Empfehlung könnte sich sowohl an den Begutachteten als auch an die Fahrerlaubnisbehörde richten. Der Betroffene wird dadurch auf die Möglichkeit zur freiwilligen Wiederherstellung der Kraftfahreignung angesprochen. Zusammen mit der Fahrerlaubnisbehörde kann sodann das weitere Verfahren koordiniert werden.[487]

Eine Empfehlung zur Programmteilnahme könnte insbesondere in Fällen gerechtfertigt sein, in denen der Betroffene einen ernsthaften Wandel seiner Einstellung und seines Trinkverhaltens bereits angestoßen hat, dieser jedoch noch nicht ausreichend stabil ist, damit ein Kurs zur Wiederherstellung der Kraftfahreignung gemäß § 11 X FeV i.V.m. § 70 FeV infrage kommt. Dadurch würde man gerade den Anteil an Fahrern erreichen, der nach gegenwärtiger Rechtslage eigentlich negativ zu beurteilen wäre und nur knapp eine Wiederherstellung durch Kursempfehlung verfehlt hätte.[488]

e. Neubewertung der Fahreignung

Da während der Programmteilnahme lediglich eine bedingte Fahreignung vorliegt und entsprechend die Verkehrsteilnahme unter einer Beschränkung stattfindet, wird der betroffene Fahrer nach erfolgreichem Programmverlauf die Erteilung einer unbeschränkten Fahrerlaubnis beantragen. Dabei stellt

---

487 Dabei empfiehlt sich ein vergleichbares Verfahren wie in § 11 X S. 1 Nr. 2 FeV. Vgl. dazu H/K/Q-*Koehl*, § 11 FeV, Rn. 118

488 *Patermann/Reimann/Schubert*, DAR 2009, 11 (12); *Gehlert*, „Alkohol-Interlock in Deutschland", S. 19; *Krismann*, NZV 2011, 417 (422).

sich die Frage, wie die wiederhergestellte Fahreignung in diesem Antragsverfahren nachzuweisen wäre.

aa. Erfordernis einer erneuten Fahreignungsbegutachtung

Der Nachweis der wiederhergestellten Fahreignung könnte die Erbringung einer weiteren – positiven – Fahreignungsbegutachtung erforderlich machen.

Findet § 13 FeV Anwendung, obliegt es den Fahrerlaubnisbehörden, erst nach einer positiven Fahreignungsbegutachtung eine Fahrerlaubnis auszustellen. Durch diese Fahreignungsbegutachtung müssen sämtliche Zweifel an der vollumfänglichen Fahreignung des Antragstellers ausgeräumt werden. Problematisch erscheint in diesem Zusammenhang, dass durch die für die Programmzuweisung ausschlaggebende MPU gerade nicht sämtliche Eignungszweifel ausgeräumt werden konnten. Entsprechend liegt gerade kein durchgehend positives Eignungsgutachten vor, sodass nach geltender Rechtslage eine unbeschränkte Fahrerlaubnis zu versagen ist. Voraussetzung für die Erteilung einer unbeschränkten Fahrerlaubnis wäre daher wohl die Erbringung einer weiteren – positiven – MPU durch den Betroffenen. Da in der programmzuweisenden MPU eine Form der Alkoholabhängigkeit oder des Alkoholmissbrauchs festgestellt wurde, ergibt sich die Rechtsgrundlage der erneuten Beibringungsanordnung möglicherweise gemäß § 13 S. 1 Nr. 2e FeV.[489]

Dabei ist jedoch zu beachten, dass de lege ferenda der Betroffene über eine bedingte Fahreignung und einer beschränkten Fahrerlaubnis verfügt. Das geltende Recht bietet zur Feststellung, ob die Voraussetzungen für eine bedingte Fahreignung weggefallen sind, insofern keine Rechtsgrundlage für die Erbringung einer MPU. Der Übergang von der bedingten zur vollumfänglichen Fahreignung ist also nicht explizit geregelt. Das Erfordernis einer erneuten MPU wäre daher allenfalls auf Grund einer Analogie zu § 13 S. 1 Nr. 2e FeV denkbar.[490]

---

[489] H/K/Q-*K.-L. Haus*, § 20 FeV, Rn. 46; *Geiger*, DAR 2009, 414 (415).

[490] *Geiger*, DAR 2009, 414 (415).

Letztlich ist es fraglich, wie die wiederhergestellte Fahreignung in einem Antragsverfahren für eine unbeschränkte Fahrerlaubnis nachzuweisen wäre und ob dafür eine erneute MPU in Frage kommen würde.[491]

bb. Modifizierung des § 11 X FeV

Für den Nachweis der wiederhergestellten Fahreignung könnte eine Modifizierung der fahrerlaubnisrechtlichen Verfahrensvorschriften Klarheit schaffen.

Da das *AI-Programm* ähnlich wie § 11 X FeV eine Maßnahme zur Wiederherstellung der Kraftfahreignung darstellt, wäre möglicherweise eine vergleichbare Verfahrensvorschrift zu erlassen. Zumal bei der Auswahl der betreuenden Verkehrspsychologen ohnehin bereits auf die Kriterien des § 70 FeV zurückgegriffen wird.[492] Diese geschulten Verkehrspsychologen verfügen über eine hinreichende Fachexpertise zur Bewertung einer wiederhergestellten Fahreignung. Eine vergleichbare Regelung zu § 11 X FeV hätte de lege ferenda zur Folge, dass der Nachweis über die wiederhergestellte Fahreignung durch eine Teilnahmebescheinigung erfolgen könnte.

Wird die entsprechende Bescheinigung vorgelegt, so hat die Fahrerlaubnisbehörde ohne Erbringung einer erneuten MPU die unbeschränkte Fahrerlaubnis zu erteilen.

Eine Erweiterung des § 11 X FeV könnte also das Nachweisverfahren bei der Beantragung einer unbeschränkten Fahrerlaubnis nach der Programmteilnahme regeln. Durch einen zu erlassenden Verweis auf § 11 X FeV würden die Verfahrensvorschriften entsprechend auf das *AI-Programm* Anwendung finden. Da der Betroffene bei der Antragstellung über eine beschränkte Fahrerlaubnis verfügt, muss § 11 X S. 1 Nr. 3 FeV bei der Verweisung ausdrücklich ausgeklammert werden. § 11 X S. 1 Nr. 3 FeV beschränkt den Anwendungsbereich der Vorschrift nämlich auf Personen, die *nicht* Inhaber einer Fahrerlaubnis sind. Der Verweis auf § 11 X S. 1 Nr. 4 FeV würde außerdem die Programmteilnahme von der Zustimmung der Fahrerlaubnisbehörde abhängig machen. Liegt eine Empfehlung für das *AI-Programm* durch die Begutachtungsstelle vor, so wäre i.d.R. diese Zustimmung zu erteilen. Der zu

---

491 Vgl. dazu *Patermann/Reimann/Schubert*, DAR 2009, 11 (13) und *Geiger*, DAR 2009, 414 (415) zur erneuten Begutachtung nach Abschluss des *AI-Programms*.

492 Zur Auswahl der betreuenden Verkehrspsychologen siehe Kap. 4 B. IV.

erlassende § 11 X S. 3 FeV könnte also folgende Formulierung beinhalten: *Mit Ausnahme von Satz 1 Nr. 3 findet dieser Absatz auf die Teilnahmebescheinigung eines AI-Programms entsprechende Anwendung.*

Auch die Regelung über die Teilnahmebescheinigung gemäß § 11 XI FeV könnte durch folgenden Satz erweitert werden: *Dieser Absatz findet auf die Teilnahmebescheinigung eines ‚AI-Programms' entsprechende Anwendung.*

f. Ergebnis

Das Konstrukt der bedingten Fahreignung lässt sich bereits argumentativ auch für alkoholbedingte Eignungsmängel begründen.[493] Die Umsetzung de lege ferenda lässt sich durch überschaubare Modifikationen im Fahrerlaubnisrecht realisieren. Für eine ausdrückliche Zulässigkeit einer bedingten Fahreignung bei alkoholbedingten Eignungsmängeln müssten insbesondere die Begutachtungsleitlinien zur Kraftfahreignung und die Anlage 4 zur FeV erweitert werden.[494] Um Rechtssicherheit zu schaffen, sollte auch § 2 IV 2 StVG um die charakterlichen Eignungsmängel ergänzt werden.[495] Durch diese Modifikationen wird die Fahreignungsbegutachtung in die Lage versetzt, bei alkoholbedingten Eignungsmängeln u.U. eine bedingte Fahreignung anzuerkennen. Voraussetzung dafür ist, dass bereits ein gewisser Einstellungswandel in der Person des Betroffenen vorliegt und die Wiederherstellung der vollumfänglichen Fahreignung durch die Teilnahmen an einem *AI-Programm* vielversprechend erscheint. Entsprechend könnten die Fahrerlaubnisbehörden eine Fahrerlaubnis sodann auf Kraftfahrzeuge mit installierter Wegfahrsperre beschränken. Dadurch erhält der alkoholauffällige Kraftfahrer die Möglichkeit, beschränkt am Straßenverkehr teilzunehmen und durch das *AI-Programm* seine vollumfänglichen Fahreignung wiederherzustellen. Um die wiederhergestellte Fahreignung nach dem Programmabschluss in einem Antragsverfahren nachweisen zu können, bedarf es einer vergleichbaren Regelung zu § 11 X, XI FeV. Finden die Vorschriften des § 11 X, XI FeV durch eine Erweiterung auf das *AI-Programm* entsprechende Anwendung, so kann die wiederhergestellte Fahreignung durch eine

---

[493] Vgl. dazu insbesondere Kap. 5 E. I. 3. d. bb. (2) und (3).

[494] Zur Modifikation der Begutachtungsleitlinien und der Anlage 4 zur FeV vgl. Kap. 5 E. I. 6. a. und b.

[495] Zur Modifikation des § 2 IV 2 StVG vgl. Kap. 5 E. I. 6. c.

Teilnahmebescheinigung nachgewiesen werden – ohne dass es einer erneuten Fahreignungsbegutachtung bedarf.[496]

II. Fahranfänger in der Probezeit

Das Alkoholverbot[497] für Fahranfänger in der Probezeit könnte ebenfalls durch die atemalkoholsensitive Wegfahrsperre unterstützt werden. Möglicherweise lässt sich das *AI-Programm* als Ergänzung zum obligatorischen Aufbauseminar in das Maßnahmenbündel für alkoholauffällige Fahranfänger integrieren. Der *Alkohol-Interlock* könnte vor allem für die Dauer der verlängerten Probezeit Bedeutung erlangen.[498]

1. Ergänzung zum obligatorischen Aufbauseminar

Der Aufbaukurs gemäß §§ 2a II 1 Nr. 1 i.V.m. 2b StVG ist zwingend anzuordnen, wenn es innerhalb der Probezeit zu einer Straftat oder Ordnungswidrigkeit durch den Fahrerlaubnisinhaber kommt, welche nach § 28 III Nr. 1 oder 3 Buchstabe a oder c StVG in das Fahreignungsregister einzutragen ist. Die Zulässigkeit des Aufbauseminars setzt insbesondere die Ahndung *einer* schwerwiegenden oder *zwei* weniger schwerwiegender Zuwiderhandlungen[499] voraus. Beruht die Zuwiderhandlung auf einer Alkoholauffälligkeit, so wird die Teilnahme an einem besonderen Aufbauseminar gemäß § 2b II 2 StVG gefordert.[500]

Neben dem besonderen Aufbauseminar für Alkoholauffällige könnte im Falle einer Trunkenheitsfahrt auch die Teilnahme an einem *AI-Programm* angeordnet werden.

a. Anwendung de lege lata

Die gegenwärtige Rechtsordnung gebietet im Falle eines Alkoholverstoßes keine Rechtsgrundlage für Fahranfänger in der Probezeit die Teilnahme an einem *AI-Programm* anzuordnen. Die Anordnung einer Programmteilnahme kommt somit nur aufgrund eines zu erlassenden Gesetzes in Betracht.

---

496 Zur Erweiterung des § 11 X, XI FeV vgl. Kap. 5 E. I. 6. e. bb.

497 Das Alkoholverbot gemäß § 24c StVG gilt für Personen in der Probezeit bzw. vor Vollendung des 21. Lebensjahrs.

498 *Gehlert*, „Alkohol-Interlock in Deutschland“, S. 19.

499 Die Bewertung der Verstöße erfolgt anhand § 34 I FeV i.V.m. Anlage 12 der FeV.

500 H/K/D-*Dauer*, § 2a StVG Rn. 24 ff., 27 und § 2b StVG Rn. 11 ff., 14.

b. Anwendung de lege ferenda

Fraglich ist, ob und inwiefern die Teilnahme an einem *AI-Programm* als Ergänzung zum obligatorischen Aufbauseminar für alkoholauffällige Fahranfänger implementiert werden kann. Für eine sachgerechte Ergänzung müsste das Programm den Wertungen des besonderen Aufbauseminars entsprechen. Um diese Wertungen zu ermitteln, ist die gesetzgeberische Zielrichtung unter Beachtung des Anwendungsbereichs zu untersuchen.

aa. Telos

Die Teilnahme an dem besonderen Aufbauseminar verfolgt einen präventiven Zweck, um zukünftige Verkehrsverstöße durch den Fahranfänger vorzubeugen. Im Mittelpunkt des Seminars steht deshalb eine verkehrspsychologische Beratung, welche bestehende Einstellungsmängel des Fahranfängers zum Straßenverkehr aufzeigt und die Bereitschaft zur Aufarbeitung und Korrektur entwickelt. Die Beratung setzt sich insbesondere mit den ursächlichen Hintergründen des delinquenten Verhaltens auseinander. Ziel des Seminars ist eine risikobewusstere Einstellung zum Straßenverkehr, damit sich der Fahranfänger dort zukünftig entsprechend verkehrssicher und rücksichtsvoll verhält.[501]

Das *AI-Programm* entspricht in seiner inhaltlichen Ausgestaltung der gesetzgeberischen Zielrichtung des besonderen Aufbauseminars gemäß § 2b II 2 StVG. Auch das *AI-Programm* korrigiert ein sicherheitsgefährdendes Fehlverhalten des Fahrers, indem die Hintergründe des delinquenten Verhaltens aufgearbeitet werden und ein tiefgreifender Einstellungswandel herbeigeführt wird.

bb. Bewertung

Es ist jedoch fraglich, ob eine Implementierung des *AI-Programms* in das Regelungswerk des §§ 2a II 1 Nr. 1 i.V.m. 2b II 2 StVG sachgerecht erscheint.

(1) Anwendungsbereich

Gegen eine obligatorische Programmteilnahme de lege ferenda in der Probezeit spricht der Umstand, dass durch das gegenständliche Aufbauseminar eine Vielzahl an unterschiedlichen Fallkonstellationen erfasst werden.

---

[501] MüKoStVR-*Knop*, § 2a StVG Rn. 56 ff. und § 2b StVG Rn. 3.

Die Teilnahme an einem besonderen Aufbauseminar wird gerade unabhängig von der Fahreignung des Fahranfängers angeordnet. Somit verfügen die Adressaten des besonderen Aufbauseminars über unterschiedlich stark ausgeprägte Alkoholprobleme, die nicht zwangsläufig die Fahreignung beeinträchtigen. Entsprechend leistet das obligatorische Aufbauseminar keine tiefgreifende Rehabilitation des Fahranfängers, sondern vielmehr eine kurze und intensive Beratung zu verkehrssicherem Verhalten. Das *AI-Programm* richtet sich jedoch aufgrund seiner verkehrspsychologischen Inhalte, der Mindestdauer und der Beschränkung der Fahrerlaubnis vor allem an Personen mit umfangreichen Alkoholproblemen. Für einen Fahranfänger, der vielleicht erstmalig gegen den 0,5 ‰-Grenzwert verstoßen hat und damit weiterhin über die vollumfängliche Fahreignung verfügt, wäre die Teilnahme an dem mindestens sechs Monate dauernden *AI-Programm* nicht geboten. Auf der anderen Seite könnte die Programmteilnahme für einen Fahranfänger mit Fahrerlaubnisentzug aber ein milderes Mittel darstellen. Die Ergänzung des obligatorischen Aufbauseminars durch die Teilnahme an einem *AI-Programm* wäre somit nicht in allen, sondern nur in ausgewählten Fällen sachgerecht.

Letztlich spricht der weite Anwendungsbereich des besonderen Aufbauseminars gegen die Implementierung des *AI-Programms*, da dieses eine sachgerechte Geeignetheitsprüfung im Einzelfall erforderlich macht.

(2) Verknüpfung mit der Fahreignungsbegutachtung

Das *AI-Programm* bedarf für eine sachgerechte Anwendung einer Geeignetheitsprüfung des potenziellen Teilnehmers. Diese Geeignetheitsprüfung kann – wie oben bereits beschrieben[502] – die Fahreignungsbegutachtung leisten.

Auch die Probezeit bietet gemäß § 2a IV StVG eine Verknüpfung zur Fahreignungsbegutachtung. So bleiben neben den speziellen Maßnahmen für Fahranfänger die allgemeinen Regelungen über die Entziehung der Fahrerlaubnis oder die Begutachtung des Fahrers unberührt. Wird das *AI-Programm* also wie beschrieben in das Fahrerlaubnisrecht implementiert, so stellt diese Verknüpfung sicher, dass auch Fahranfänger in der Probezeit durch den Anwendungsbereich des § 13 FeV der Intervention zugeführt

[502] Siehe Kap. 5 E. I. 6. d.

werden. Die Verknüpfung mit der Fahreignungsbegutachtung gewährt sodann die Sachgerechtigkeit einer Programmteilnahme im Einzelfall und sorgt dafür, dass nur Fahranfänger mit entsprechenden Alkoholproblemen an dem *AI-Programm* teilnehmen. Nicht erfasst werden hingegen Personen aufgrund derer überschaubaren Alkoholauffälligkeit lediglich eine kurze und intensive Intervention mittels des besonderen Aufbauseminars geboten ist.

Macht der Alkoholverstoß des Fahranfängers also eine Begutachtung gemäß § 13 FeV erforderlich, so könnte de lege ferenda auch für ihn die Teilnahme an einem *AI-Programm* empfohlen werden.

cc. Ergebnis

Gemäß § 2a IV StVG erstreckt sich der Anwendungsbereich des *AI-Programms* durch die Modifizierung der Begutachtungsleitlinien, der Nr. 8 der Anlage 4 der FeV und des § 2 IV 2 StVG auch auf alkoholauffällige Fahranfänger.[503] Einer zusätzlichen Implementierung in die Regelungen über das besondere Aufbauseminar bedarf es daher nicht.

Allenfalls könnte eine Novellierung des § 2a V StVG Rechtsunklarheiten vorbeugen. Eine Fahrerlaubnis kann im Falle des Entzugs in der Probezeit gemäß § 2a V 1 StVG nur erteilt werden, wenn die Teilnahme an dem obligatorischen Aufbauseminar nachgewiesen wurde.[504] Damit der Betroffene zumindest eine beschränkte Fahrerlaubnis für die Teilnahme an einem *AI-Programm* beantragen kann, sollte eine Erweiterung des § 2a V StVG eine Ausnahme von diesem Erfordernis vorsehen. Wird das *AI-Programm* durch die Fahreignungsbegutachtung empfohlen, so wäre von der Voraussetzung des § 2a V 1 StVG abzusehen. Entsprechendes muss für die Beantragung der unbeschränkten Fahrerlaubnis nach erfolgreicher Programmteilnahme gelten. Für diesen Fall könnte auf die ausgestellte Teilnahmebescheinigung bei Beendigung des Programms abgestellt werden. Da die Teilnahme an einem *AI-Programm* die intensivere Intervention darstellt, scheint der Verzicht auf ein zusätzliches Aufbauseminar gerechtfertigt.

III. Fahreignungs-Bewertungssystem

Anhand der in das Fahreignungsregister eingetragenen Entscheidungen ist die Fahrerlaubnisbehörde gehalten, entsprechende Maßnahmen

---

503 Zu den Modifizierungen siehe Kap. 5 E. I. 6.

504 MüKoStVR-*Knop*, § 2a StVG Rn. 48.

gemäß § 4 V StVG gegenüber dem Fahrerlaubnisinhaber zu ergreifen. Das *AI-Programm* könnte das zur Verfügung stehende Maßnahmenbündel im Falle alkoholisierter Zuwiderhandlungen ergänzen.

1. Ergänzung des Maßnahmenbündels gemäß § 4 V StVG

Erreicht der Fahrerlaubnisinhaber gegenwärtig einen Punktestand von vier oder fünf Punkten, wird er gemäß § 4 V 1 Nr. 1 StVG von der Fahrerlaubnisbehörde förmlich ermahnt. Durch die Ermahnung wird der Fahrerlaubnisinhaber nicht nur über den aktuellen Punktestand, sondern auch über die Möglichkeit zur freiwilligen Rehabilitation unterrichtet. Der betroffene Fahrer kann sodann durch die Teilnahme an einem Fahreignungsseminar gemäß §§ 4 VII, 4a StVG einen Punkt im Fahreignungsregister abbauen. Auch bei einem Punktestand von sechs oder sieben Punkten enthält die Verwarnung einen Hinweis auf das Fahreignungsseminar. In diesem Fall wird bei einer Teilnahme jedoch kein Punktabzug gewährt.[505]

Die rehabilitative Ausrichtung und die verkehrspsychologischen Inhalte des *AI-Programms* ergeben möglicherweise eine gewisse Überschneidung mit dem Fahreignungsseminar. Die Teilnahme an einem *AI-Programm* könnte daher eine vergleichbare Rehabilitationsmaßnahme darstellen und de lege ferenda als Ergänzung – für alkoholauffällige Kraftfahrer – zu dem gegenwärtigen Fahreignungsseminar implementiert werden. Eine freiwillige Programmteilnahme würde sodann ebenfalls zu einem Punkteabbau im Fahreignungsregister führen. Das *AI-Programm* könnte durch die Beschränkung der Fahrerlaubnis auch ein milderes Mittel zum Fahrerlaubnisentzug darstellen, welcher beim Erreichen von acht Punkten gemäß § 4 V 1 Nr. 3 StVG droht.[506] Durch die Einführung des *AI-Programms* wird also möglicherweise eine sachgerechtere Ausdifferenzierung der gegenwärtigen Eskalationsleiter gemäß § 4 V StVG geschaffen.

Es ist dementsprechend zu prüfen, ob und inwiefern sich das *AI-Programm* in das Maßnahmenbündel des Fahreignungs-Bewertungssystems implementieren lässt.

---

[505] MüKoStVR-*Buchardt*, § 4 StVG Rn. 38 f.; H/K/Q-*Dronkovic*, § 4 StVG Rn. 13 ff. und 17.

[506] MüKoStVR-*Buchardt*, § 4 StVG Rn. 40.

a. Anwendung de lege lata

Nach geltender Rechtslage führt die Teilnahme an einem *AI-Programm* weder zu einem Punkteabbau im Fahreignungsregister noch kann ein drohender Fahrerlaubnisentzug verhindert werden. Eine Programmteilnahme kann daher ausschließlich aufgrund eines zu erlassenden Gesetzes Berücksichtigung finden.

b. Anwendung de lege ferenda

Das zu implementierende *AI-Programm* müsste in seiner Ausgestaltung den gesetzgeberischen Wertungen des Fahreignungsseminars bzw. des Fahrerlaubnisentzugs entsprechen.

Dabei ist insbesondere auf die beabsichtigte Wirkrichtung und den angesprochenen Adressatenkreis einzugehen.

aa. Telos

Das Fahreignungsseminar gemäß § 4a StVG besteht aus einem verkehrspsychologischen und einem verkehrspädagogischen Teil und möchte erreichen, dass sich der Fahrer mit sicherheitsrelevanten Mängeln in seinem Verkehrsverhalten auseinandersetzt. Das Seminar beruht dabei auf der Analyse und der Korrektur von Verkehrs und Fahrverhalten und vermittelt deshalb Kenntnisse zum Straßenverkehrsrecht und zu verkehrssicherem Verhalten.[507]

Grundsätzlich spricht das *AI-Programm* in seiner verkehrspädagogischen Ausgestaltung eine vergleichbare Wirkrichtung wie das Fahreignungsseminar gemäß § 4a StVG an. Auch das *AI-Programm* bewirkt eine Aufarbeitung und Korrektur von Verhaltensfehlern im Straßenverkehr – in Fällen alkoholbedingter Delinquenz.

bb. Bewertung

Das *AI-Programm* entspricht in seiner Ausgestaltung grundsätzlich dem rehabilitativen Gedanken des Fahreignungsseminars, trotzdem ist fraglich, ob eine Implementierung neben den Maßnahmen des Fahreignungs-Bewertungssystems sachgerecht erscheint.

---

[507] MüKoStVR-*Buchardt*, § 4a StVG Rn. 2 ff.; H/K/Q-*Dronkovic*, § 4a StVG Rn. 3.

(1) Anwendungsbereich

Es ist zu beachten, dass ähnlich wie das besondere Aufbauseminar für Fahranfänger, auch das Fahreignungsseminar von einer deutlich geringeren Dauer als das *AI-Programm* ist. Insgesamt beträgt der Zeitraum des Fahreignungsseminars nur 320 Minuten[508], wohingegen das *AI-Programm* eine Teilnahme von mindestens sechs Monaten fordert. Die kurzen Einheiten des Fahreignungsseminars sprechen für eine punktuelle, aber oberflächliche Interventionsmaßnahme, wohingegen das *AI-Programm* in seinem Umfang ein tiefgreifendes Alkoholproblem behandeln möchte. Das Fahreignungsseminar beschränkt sich auf allgemeine Sicherheitsfaktoren im Straßenverkehr, das *AI-Programm* leistet eine verkehrspsychologische Aufarbeitung und Korrektur alkoholbedingter Delinquenz. Der Grund mag darin liegen, dass sich das Fahreignungsseminar an Personen mit vollumfänglicher Fahreignung richtet, wohingegen das *AI-Programm* Fahrer mit erheblichen alkoholbedingten Eignungsmängel erfasst. Der Umfang der Interventionen und die damit beabsichtigte Einwirkung auf den Teilnehmer stehen somit eher konträr zueinander.

Die überschaubare Intensität und der allgemein gehaltene Inhalt beruhen darauf, dass sich das gegenwärtige Fahreignungsseminar nicht nur an alkoholauffällige-, sondern generell an alle auffälligen Kraftfahrer richtet. Die einzutragenden Punkte können sich aufgrund jeglicher Zuwiderhandlungen im Straßenverkehr ergeben und sind nicht auf alkoholbedingte Delinquenz beschränkt. Die Teilnahme an einem *AI-Programm* wäre jedoch nur für alkoholauffällige Kraftfahrer sinnvoll, sodass mit der Implementierung nur ein bestimmter Anteil der Adressaten des Fahreignungsseminars angesprochen werden würde. Die Teilnahme an einem *AI-Programm* wäre daher de lege ferenda lediglich auf Punktetäter zu beschränken, bei denen die Eintragung im Fahreignungsregister auf eine Alkoholisierung im Straßenverkehr zurückzuführen ist.

(2) Vergleichbare Interessenlage

Gegenwärtig führt die Teilnahme an einem Fahreignungsseminar lediglich zum Abbau von einem Punkt im Fahreignungsregister. Dies entspricht dem Mehrwert der kurzen und allgemein gehaltenen Intervention.

---

508 MüKoStVR-*Buchardt*, § 4a StVG Rn. 4.

Würde die Teilnahme an einem *AI-Programm* ebenfalls zum Abbau von nur einem Punkt führen, so ist nicht anzunehmen, dass sich jemand dafür mindestens sechs Monate einer solchen Einschränkung unterzieht und die entsprechenden Kosten trägt. Zumal der Adressat des Fahreignungsseminars nicht über eine bedingte-, sondern über eine vollumfängliche Fahreignung verfügt. Für einen bloßen Punkteabbau stellt das *AI-Programm* also eine zu intensive und eingreifende Maßnahme dar. Das *AI-Programm* wird deshalb nicht von einer vergleichbaren Interessenlage, wie das gegenwärtige Fahreignungsseminar getragen.

Vielmehr wird eine Programmteilnahme nur dann von Interesse sein, wenn dadurch ein drohender Fahrerlaubnisentzug abgewendet werden könnte. So ist gemäß § 4 V 1 Nr. 3 StVG der Fall gelagert, wenn der Betroffene acht Punkte im Fahreignungsregister erreicht. Da das Erreichen von acht Punkten gleichfalls die Ungeeignetheit des Fahrers und den Fahrerlaubnisentzug bedeute, würde es sich anbieten, das *AI-Programm* als milderes Mittel zum Fahrerlaubnisentzug zu implementieren.

(3) Regelungsbedürfnis

Angenommen das *AI-Programm* wird de lege ferenda in das Erteilungs bzw. Entziehungsverfahren einer Fahrerlaubnis integriert und mit der Fahreignungsbegutachtung verknüpft, so fragt es sich, ob darüber hinaus für die Fälle des § 4 V 1 Nr. 3 StVG überhaupt noch ein Regelungsbedürfnis besteht.

Mit dem Erreichen von acht Punkten ist der Fahrerlaubnisinhaber gemäß § 4 V 1 Nr. 3 StVG als ungeeignet anzusehen, woraufhin die Fahrerlaubnis entsprechend für sechs Monate zu entziehen ist. Eine gesonderte Begutachtung der Fahreignung erfolgt beim Erreichen von acht Punkten jedoch nicht. Erreicht der Fahrer also acht Punkte so würde nicht zwangsläufig eine Fahreignungsbegutachtung stattfinden, welche de lege ferenda die Feststellung einer bedingten Fahreignung und die Programmteilnahme zur Folge haben könnte.

§ 4 I 3 StVG regelt jedoch explizit das Verhältnis des Fahreignungs-Bewertungssystems zu den anderen Maßnahmen des Fahrerlaubnisrechts. Das Maßnahmensystem des § 4 StVG kommt dementsprechend nicht zur Anwendung, wenn die Ergreifung anderer die Fahreignung betreffender Maßnahmen notwendig erscheint. Ergeben sich also aufgrund der einzutragenden

Zuwiderhandlung Zweifel an der Fahreignung des Fahrerlaubnisinhabers, so sind ausschließlich die Maßnahmen der §§ 11 ff. FeV zu ergreifen.[509]

Wird die alkoholsensitive Wegfahrsperre also zur Wiederherstellung der Kraftfahreignung in das Verfahren über die Erteilung bzw. Entziehung einer Fahrerlaubnis implementiert, so würde sich auch für Punktetäter – unabhängig vom Erreichen eines gewissen Punktestands – die Möglichkeit einer Programmteilnahme ergeben, vorausgesetzt der Anwendungsbereich des § 13 FeV ist eröffnet. Ist eine Begutachtung erforderlich, so ist der Betroffene hinsichtlich einer bedingten Fahreignung und der Geeignetheit einer Programmteilnahme zu untersuchen. Im Ergebnis können also auch Punktetäter an dem *AI-Programm* teilnehmen, sofern sich aufgrund der Alkoholauffälligkeit Zweifel an ihrer Fahreignung ergeben.

(4) Erweiterung der Fahreignungsbegutachtung

Möglicherweise lässt sich das Anwendungsfeld des *AI-Programms* um die Adressaten des § 4 V 1 Nr. 3 StVG erweitern, welche nicht unter den Anwendungsbereich gemäß § 13 FeV fallen. Ein zu erlassendes Gesetz könnte deshalb bei dem Erreichen von acht Punkten eine Fahreignungsbegutachtung gemäß § 13 FeV gebieten. Damit käme das *AI-Programm* als milderes Mittel auch für Personen in Frage, welche zwar acht Punkte im Fahreignungsregister erreichen, aber gegenwärtig nicht von der Fahreignungsbegutachtung erfasst werden.

Da sich die gemäß § 4 V 1 Nr. 3 StVG zu berücksichtigenden Punkte aufgrund jeglicher Zuwiderhandlungen im Straßenverkehr ergeben können, erscheint es schwierig, allgemeingültige Fälle zu konstruieren, die eine MPU gemäß § 13 FeV gebieten würden. Die zu erlassende Norm müsste ausschließlich die Punktetäter ansprechen, die ihre acht Punkte aufgrund von Alkoholauffälligkeiten im Straßenverkehr erhalten haben. Eine solche Erweiterung erscheint jedoch nicht erforderlich, da in den meisten Fällen von Trunkenheitsfahrten bereits vor dem Erreichen von acht Punkten der Anwendungsbereich des § 13 FeV (insbesondere § 13 Nr. 2 b FeV) ohnehin eröffnet ist. Würde das *AI-Programm* in Verknüpfung mit der Fahreignungsbegutachtung

---

509 H/K/Q-*Dronkovic*, § 4 StVG Rn. 7.

implementiert werden, so ergibt sich also kein Bedürfnis für eine Erweiterung des § 13 FeV um die Fälle des § 4 V 1 Nr. 3 StVG.

cc. Ergebnis

Der Anwendungsbereich des *AI-Programms* erstreckt sich durch die Modifizierung der Begutachtungsleitlinien, der Nr. 8 der Anlage 4 zur FeV und des § 2 IV 2 StVG auch auf alkoholauffällige Punktetäter.[510] Ergeben sich nämlich anhand der einzutragenden Entscheidungen Zweifel an der Fahreignung, so sind gemäß § 4 I 3 StVG die Maßnahmen der §§11 ff. FeV zu ergreifen. Die anschließende Begutachtung hat sodann die bedingte Fahreignung und die Sachgerechtigkeit einer Programmteilnahme zum Gegenstand. Im Ergebnis bedarf es daher keiner gesonderten Implementierung des *AI-Programms* in das Fahreignungs-Bewertungssystem.

IV. Zusammenfassung der Einsatzmöglichkeiten im Fahrerlaubnisrecht

Als fahrerlaubnisrechtliche Beschränkung könnte der *Alkohol-Interlock* bei alkoholbedingten Eignungszweifeln in einem Erteilungs- bzw. Entziehungsverfahren einer Fahrerlaubnis praktische Bedeutung erlangen. Die Beschränkung der Fahrerlaubnis auf Kraftfahrzeuge mit installierter Zündsperre vermag insofern ein milderes Mittel zur Versagung der Fahrerlaubnis bzw. zu ihrem vollumfänglichen Entzug darstellen. Eine gesetzliche Implementierung in die Verfahrensvorschriften des Fahrerlaubnisrechts stellt sich dogmatisch tragfähig dar. Das Verwaltungsrecht scheint für eine Implementierung auch besonders günstig zu sein, da dieses Rechtssystem im Gegensatz zum Strafrecht bereits eine bedingte Fahreignung zum Führen von Kraftfahrzeugen kennt.[511]

Der *Alkohol-Interlock* entspricht einer fahrerlaubnisrechtlichen Beschränkung, sodass sein Einsatz im Fahrerlaubnisrecht nur in den Fällen einer bedingten Fahreignung in Frage kommt.[512] Nach geltender Rechtslage sind alkoholbedingte Eignungsmängel jedoch nicht ausgleichbar, sodass in diesem Zusammenhang auch keine bedingte Fahreignung vorliegen kann. Gegenwärtige Rechtsfolge alkoholbedingter Eignungsmängel ist daher stets die

---

[510] Zu den Modifizierungen vgl. Kap. 5 E. I. 6.
[511] *Gehlert*, „Alkohol-Interlock in Deutschland", S. 20.
[512] Zum *Alkohol-Interlock* als fahrerlaubnisrechtliche Beschränkung vgl. Kap. 5 E. I. 3. c. cc.

zwingende Ungeeignetheit zum Führen von Kraftfahrzeugen.[513] Entsprechend wird die Erteilung einer Fahrerlaubnis versagt bzw. eine bestehende Fahrerlaubnis vollumfänglich entzogen. Überschaubare Modifikationen[514] im Fahreignungsrecht würden jedoch dahingehend Klarheit schaffen, dass auch in Fällen alkoholbedingter Fahreignungsmängel eine bedingte Fahreignung zugelassen wird. Durch die Ausweitung der bedingten Fahreignung auf alkoholbedingte Eignungsmängel, kann eine differenziertere Lösung im Einzelfall und vor allem ein milderes Mittel i.S.d. Verhältnismäßigkeitsgrundsatzes geboten werden.

Da die Voraussetzungen einer bedingten Fahreignung zwingend durch eine Fahreignungsbegutachtung zu prüfen sind, erscheint es sinnvoll, auch die Programmzuweisung mit dem Anwendungsbereich der §§ 11, 13 FeV[515] zu verknüpfen. Bestandteil der Fahreignungsbegutachtung ist sodann nicht nur die bedingte Fahreignung, sondern auch die Geeignetheit und Sachgerechtigkeit einer Programmteilnahme im Einzelfall. Um die verbleibenden Eignungsmängel zu beseitigen und die vollumfängliche Fahreignung wiederherzustellen, wird dem Betroffenen die ausschließliche Nutzung eines ausgerüsteten Kraftfahrzeugs und die Teilnahme an einem *AI-Programm* empfohlen.[516] Aufgrund der Empfehlung und der bedingten Fahreignung kann der Betroffene sodann bei der zuständigen Fahrerlaubnisbehörde eine Fahrerlaubnis beschränkt auf Kraftfahrzeuge mit installierter Wegfahrsperre beantragen und zur Wiederherstellung der vollumfänglichen Fahreignung an einem *AI-Programm* teilnehmen.

Fraglich erscheint, wie nach dem Programmabschluss die wiederhergestellte vollumfängliche Fahreignung in einem Antragsverfahren für eine unbeschränkte Fahrerlaubnis nachzuweisen wäre. Eine verfahrensökonomische Lösung bietet dabei die Erweiterung der Verfahrensvorschriften gemäß § 11 X, XI FeV.[517] Durch die entsprechende Anwendung auf das *AI-Programm* kann der Programmteilnehmer seine wiederhergestellte Fahreignung durch

---

513 Zur gegenwärtigen Bewertung alkoholbedingter Eignungsmängel siehe Kap. 5 E. I. 3. d. bb.

514 Zur bedingten Fahreignung bei alkoholbedingten Eignungsmängel de lege ferenda vgl. Kap. 5 E. I. 6. a., b. und c.

515 Zum Anwendungsbereich des §§ 11, 13 FeV siehe Kap. 5 E. I. 3. a.

516 Zur Empfehlung durch die Fahreignungsbegutachtung vgl. Kap. 5 E. I. 6. d. bb.

517 Zur Erweiterung des § 11 X, XI FeV siehe Kap. 5 E. I. 6. e. bb.

eine Teilnahmebescheinigung nachweisen, ohne dass es einer erneuten Fahreignungsbegutachtung bedarf.

Wird die Programmzuweisung mit der Fahreignungsbegutachtung verknüpft, so erhalten auch Fahranfänger in der Probezeit gemäß § 2a IV StVG die Möglichkeit, an einem *AI-Programm* teilzunehmen. Durch den Vorrang anderer die Fahreignung betreffender Maßnahmen werden auch alkoholauffällige Punktetäter in den Anwendungsbereich des *AI-Programms* miteinbezogen, sofern sich durch die einzutragenden Zuwiderhandlungen Zweifel an der Fahreignung ergeben.

Im sechsten und abschließenden Kapitel werden die vielversprechenden Implementierungsüberlegungen einer kritischen Bewertung unterzogen. Die nachfolgende Empfehlung richtet sich an den Gesetzgeber.

Empfehlung und Ausblick

Im letzten Kapitel werden die einzelnen Implementierungsmöglichkeiten anhand ihres gesetzgeberischen Aufwands und ihrer Sachgerechtigkeit kritisch bewertet. Darauf folgt eine Empfehlung der vielversprechendsten Implementierung der alkoholsensitiven Zündsperre in das Verkehrsrecht. Im Anschluss wird der Blick auf die rechtliche und technische Entwicklung in der nahen Zukunft gerichtet.

A. Bewertung

Um die aufgezeigten Implementierungsmöglichkeiten einer kritischen Bewertung zu unterziehen, sind folgende Fragen zu stellen: Wäre die Implementierung in den jeweiligen Rechtsbereich sachgerecht? Wie umfangreich müsste der Gesetzgeber in die vorherrschende Rechtsdogmatik eingreifen? Wie aufwändig würde sich das konstitutionelle Verfahren darstellen?

I. Einsatz im Strafrecht

Eine Implementierung der Wegfahrsperre als milderes Mittel kommt für die Fälle des Fahrerlaubnisentzugs und des Fahrverbots in Frage. Für eine gesetzliche Umsetzung ist dabei vor allem die strafrechtliche Fahreignungsdogmatik und der Charakter der Nebenstrafe von Bedeutung. Möglicherweise ergeben sich bei einer strafrechtlichen Implementierung jedoch auch verfahrensrechtliche Hindernisse.

1. Strafrechtliche Fahreignungsdogmatik

Tatbestandliche Trunkenheitsfahrten werden in der gegenwärtigen Ausgestaltung des Strafrechts in weiten Teilen von der strafrechtlichen Fahreignungsdogmatik beherrscht. Diese Fahreignungsdogmatik kommt zur Anwendung, wenn der Strafrichter über den weiteren Verbleib der Fahrerlaubnis des Täters zu entscheiden hat.

a. Unmittelbarer Wertungswiderspruch

Die strafrechtliche Fahreignungsdogmatik wird insbesondere von der Regelvermutung gemäß § 69 II StGB bestimmt, welche bei Trunkenheitsfahrten mit oder ohne konkreter Verkehrsgefährdung zur Anwendung kommt. In den meisten Fällen wird der Täter daher aufgrund der festgestellten Trunkenheitsfahrt für ungeeignet angesehen und verliert somit seine Fahrerlaubnis. Dies hat zur Folge, dass der Täter nach seiner Verurteilung nicht am Straßenverkehr und damit auch nicht an einem *AI-Programm* teilnehmen kann. Der Fahrerlaubnisentzug ist zwingende Rechtsfolge einer strafbaren Trunkenheitsfahrt und steht somit einer Programmteilnahme als milderes Mittel stets entgegen. Dementsprechend kollidieren Implementierungsüberlegungen in das Strafrecht regelmäßig mit der regelvermuteten Ungeeignetheit des Täters. Die Anordnung einer Programmteilnahme anstelle der gegenwärtigen Hauptstrafen, als Bewährungsauflage oder anstelle der Fahrerlaubnisentziehung scheidet deshalb sowohl de lege lata als auch de lege ferenda aus, da diese Regelungen unmittelbar von der zwingenden Rechtsfolge des § 69 I, II StGB tangiert werden.[518]

b. Mittelbarer Wertungswiderspruch

Eine andere Bewertung würde sich auch nicht bei einer Implementierung in die Regelung über die Sperrfrist gemäß § 69a StGB ergeben. Zu diesem Zeitpunkt wurde bereits über den Entzug der Fahrerlaubnis entschieden, sodass die Rechtsfolge des § 69 StGB zumindest nicht unmittelbar zur Anwendung kommt. Trotzdem gilt für diese Implementierungsüberlegungen die prognostizierte Ungeeignetheit des Täters für die Zeit der Sperrfrist.[519] Die

---

518 Vgl. dazu im Ganzen: *Geiger*, BA 2009, 414 (414); *Gehlert*, „Alkohol-Interlock in Deutschland“, S. 20; *Zopfs*, BA 2019, 120 (129); *DVR*, BA 2021, 69 (72).

519 *DVR*, BA 2021, 69 (73).

Regelungen des § 69a StGB werden somit zumindest auch mittelbar durch die regelvermutete Ungeeignetheit tangiert.[520]

Anders stellt es sich auch nicht bei einer Implementierung in den Ausnahmetatbestand des § 69a II StGB dar. Zwar ist hier dogmatisch bereits angelegt, dass ein alkoholbedingter Eignungsmangel nicht zwangsläufig die vollumfängliche Ungeeignetheit des Täters zur Folge hat und sich dieser Eignungsmangel entsprechend auch nicht ausschließlich auf alle Kraftfahrzeugarten bezieht. Diese Ausnahme kann aber nur unter Berücksichtigung des strafrechtlichen Fahreignungsbegriffs gemäß § 69 StGB verstanden werden, sodass auch § 69a II StGB lediglich zwischen der Geeignetheit und der Ungeeignetheit des Täters unterscheidet. Die Möglichkeit einer bedingte Fahreignung im Falle alkoholbedingter Eignungsmängel ist dem Ausnahmetatbestand gemäß § 69a II StGB somit nicht zu entnehmen.[521]

c. *Gesetzgeberischer Aufwand*

Für eine vollumfängliche Implementierung des *AI-Programms* in das Strafrecht bedarf es daher de lege ferenda die Überwindung der Regelvermutung des § 69 I, II StGB.

Diese dogmatische Hürde würde eine umfangreiche Reform des strafrechtlichen Fahreignungsrechts erforderlich machen. Dabei wäre insbesondere das Konstrukt der strafrechtlichen Fahreignung neu auszudifferenzieren. Damit der Täter an dem *AI-Programm* für ein gewisse Zeit teilnehmen kann, müsste man ihm die Fahrerlaubnis trotz vorhandener Eignungsmängel *erhalten*. Dafür ist zumindest der Rechtsbegriff der „bedingten Fahreignung" in das gegenwärtige Strafrecht zu implementieren. Dieser umfassende Eingriff macht jedoch eine tiefgreifende Auseinandersetzung mit der Eignungsdogmatik des § 69 I, II StGB erforderlich.[522] Soll der *Alkohol-Interlock* dennoch in das Strafrecht implementiert werden, so erscheint eine Implementierung in die Ausnahmevorschrift des § 69a II StGB zielführend, da so Kraftfahrzeuge mit installierter Wegfahrsperre von dem Fahrerlaubnisentzug ausgenommen werden können und der Täter in

---

520 Zum mittelbaren Wertungswiderspruch siehe auch: Kap. 5 A. IV. 3. b. bb. (4) (a).

521 Zur Bewertung des § 69a II StGB siehe Kap. 5 A. IV. 2. b. bb. (2).

522 Vgl. im Ganzen: *DVR*, BA 2021, 69 (72); *Gehlert*, „Alkohol-Interlock in Deutschland", S. 20. Zur Überwindung der Regelvermutung gemäß § 69 I, II StGB vgl. Kap. 5 A. IV. 1. b. bb. (3) und (4).

der Folge ausschließlich mit einem ausgerüsteten Fahrzeug am Straßenverkehr teilnehmen kann. Ein solches Vorgehen hätte auch weitreichende Folgen für eine vorzeitige Aufhebung der Sperrfrist gemäß § 69a VII StGB.[523]

2. Aufweichen der Nebenstrafe

Ist der Gesetzgeber nicht gewillt grundlegend in die Eignungsdogmatik des § 69 StGB einzugreifen, verbleiben für eine Implementierung des *Alkohol-Interlocks* Regelungsbereiche, in denen der Strafrichter nicht über die Fahreignung des Täters und den weiteren Verbleib der Fahrerlaubnis zu entscheiden hat. So wird insbesondere der Geltungsbereich des § 44 StGB nicht durch die Regelvermutung gemäß § 69 I, II StGB tangiert. In Fällen des § 44 StGB ist der Täter als geeignet anzusehen und verfügt somit auch über eine Fahrerlaubnis.

Der Alternative zum Fahrverbot widerspricht jedoch die Wirkrichtung des *AI-Programms*. Dieses bewirkt eine tiefgreifende Einstellungs und Verhaltensänderung, wohingegen die Adressaten eines Fahrverbots aufgrund ihres überschaubaren Verstoßes vielmehr einer eindringlichen Warnung (Denkzettel) bedürfen. Der rein repressive Charakter des Fahrverbots lässt sich vor allem an der vorgesehenen Dauer ablesen. Im Kreise dieser Personen ist ein so umfangreiches Rehabilitationsprogramm also wohl nicht sachgerecht. Im Ergebnis hätte die Implementierung des *AI-Programms* eine tiefgreifende Auseinandersetzung mit der Dogmatik der Nebenstrafe zur Folge, da das *AI-Programm* vielmehr rehabilitativ als repressiv wirkt. Die gesetzliche Implementierung als Alternative zum Fahrverbot würde deshalb eine Neuausrichtung der Nebenstrafe durch den Gesetzgeber bedeuten.[524]

3. Fehlende Sachkunde und Zuständigkeit

Einer Implementierung in das Strafrecht steht generell die fehlende Sachkunde und Zuständigkeit der entscheidenden Strafrichter entgegen.

a. Prüfung der Geeignetheit und Sachgerechtigkeit

Die Prüfung der strafrechtlichen Fahreignung erfolgt durch den Strafrichter in eingeschränkter Form. Dabei stehen dem Gericht gerade nicht

---

523 Vgl. dazu Kap. 5 A. IV. 3. a. bb. (2) und Kap. 5 A. IV. 3. b. bb. (4) (b).

524 Zum Aufweichen der Nebenstrafe siehe Kap. 5 A. III. 1. b. bb.

die Erforschungsmaßnahmen der FeV – insbesondere die MPU – zur Verfügung. Die Inhalte des *AI-Programms* knüpfen jedoch explizit an alkoholbedingte Fahreignungsmängel an und unterstützen den Betroffenen bei der Wiederherstellung der vollumfänglichen Fahreignung. Die Teilnahme an einem *AI-Programm* erfordert deshalb gewisse Voraussetzungen in der Person des Teilnehmers, wie eine gewisse Problemeinsicht und eine Bereitschaft zur Verhaltens- und Einstellungsänderung. Aufgrund der fehlenden Sachkenntnis oder der Möglichkeit, diese zu erlangen, erscheint es demnach nicht sachgerecht, dass ein Strafrichter über die Geeignetheit einer Programmteilnahme entscheidet. Diese Voraussetzungen können nur von geschulten Mitarbeitern der Begutachtungsstellen geprüft werden. Deshalb erscheint eine Verknüpfung des *AI-Programms* mit der Fahreignungsbegutachtung als zielführend. Die Beibringungsanordnung obliegt dabei den Fahrerlaubnisbehörden und nicht den Strafrichtern. Die Fahrerlaubnisbehörden sind also aufgrund ihrer Zuständigkeit *näher* an der Fahreignungsbegutachtung der potenziellen Teilnehmer als die Strafgerichte.[525]

b. Beschränkung der Fahrerlaubnis

Die Teilnahme an einem *AI-Programm* und die ausschließliche Nutzung eines ausgerüsteten Kraftfahrzeugs bedeutet eine Beschränkung der Fahrerlaubnis. Bei einer Implementierung in das Strafrecht gilt es jedoch zu beachten, dass der Strafrichter für die Erteilung einer beschränkten Fahrerlaubnis gar nicht zuständig ist.

aa. Fehlende Zuständigkeit

Kommt der Richter bei der Bestimmung der Sperrfrist zu der Annahme, dass die Voraussetzungen des zu erlassenden § 69a II StGB erfüllt sind, so wäre die Ausnahme von Kraftfahrzeugen mit installierter Wegfahrsperre gerechtfertigt. Die tatsächliche Erteilung einer beschränkten Fahrerlaubnis erfolgt sodann anhand der Vorschriften des Fahrerlaubnisrechts. Die Entscheidung über eine solche Erteilung obliegt dabei stets den zuständigen Fahrerlaubnisbehörden. Zwar werden sich die Behörden in den meisten Fällen an den

---

525 H/K/Q-*Kerkmann*, § 69a StGB Rn. 40; *Lohkamp*, BA 2003, 208 (215).

gerichtlichen Erwägungen orientieren, doch kann die Erteilung u.U. von der Erfüllung weiterer Voraussetzungen (z.B. Beibringung einer MPU) abhängig sein. Letztlich würde also kein Rechtsanspruch auf die Erteilung einer beschränkten Fahrerlaubnis aufgrund der Ausnahme durch den Strafrichter bestehen. Dies hat zur Folge, dass die Anordnung einer Programmteilnahme möglicherweise ins Leere laufen könnte, wenn der Täter an den fahrerlaubnisrechtlichen Anforderungen im Antragsverfahren scheitert.[526]

bb. Normkollision

Unter welchen Voraussetzungen eine Beschränkung der Fahrerlaubnis zulässig ist, richtet sich nach den verwaltungsrechtlichen Vorschriften des Fahrerlaubnisrechts. Würde das *AI-Programm* im Strafrecht eine Beschränkung der Fahrerlaubnis vorsehen, so ist diese Beschränkung stets anhand der Zulässigkeitsvoraussetzungen des Fahrerlaubnisrechts zu prüfen.

Da das Fahrerlaubnisrecht bereits abschließend die Voraussetzungen für die Beschränkung einer Fahrerlaubnis regelt, könnten diese Anforderungen dem zu erlassenden Gesetz widersprechen. Eine Implementierung des *Alkohol-Interlocks* in das Strafrecht führt daher möglicherweise zu Widersprüchen im Fahrerlaubnisrecht, sodass der Gesetzgeber sich zwangsläufig auch mit der Fahreignungsdogmatik des Fahrerlaubnisrechts auseinandersetzen müsste. Für eine strafrechtliche Umsetzung der Wegfahrsperre sind also ohnehin die verwaltungsrechtlichen Voraussetzungen für eine fahrerlaubnisrechtliche Beschränkung auf Kraftfahrzeuge mit installiertem *Alkohol-Interlock* zu schaffen. Das Fahrerlaubnisrecht regelt als Spezialgesetz explizit die Fahreignung und die entsprechende Beschränkung einer Fahrerlaubnis bei bedingter Fahreignung, sodass es gesetzgeberisch sinnvoller erscheint, das *AI-Programm* direkt in das Fahrerlaubnisrecht zu implementieren.[527]

4. Durchsetzbarkeit

Den Maßnahmen des Strafrechts ist ein sanktionierender bzw. repressiver Charakter immanent. Damit das *AI-Programm* dieser Wirkrichtung gerecht werden kann, bedarf es für eine Implementierung in das Strafrecht die Auferlegung

---

526 MüKoStVR-*Kretschmer*, § 69a StGB Rn. 19; H/K/Q-*Kerkmann*, § 69a StGB Rn. 40.

527 MüKoStVR-*Kretschmer*, § 69a StGB Rn. 22; H/K/D-*König*, § 69a StGB Rn. 6a; H/K/Q-*Kerkmann*, § 69a StGB Rn. 24.

einer echten Rechtspflicht. Soll die Programmteilnahme also Rechtsfolge einer strafbewehrten Trunkenheitsfahrt sein, so muss der Täter zur Teilnahme tatsächlich verpflichtet werden. Anders gesprochen: Die Rechtsfolge einer strafbewehrten Handlung darf gerade nicht zur Disposition des Täters stehen. Daraus folgt, dass für eine Anwendung der Zündsperre im Strafrecht eine bloße Empfehlung zur freiwilligen Rehabilitation nicht in Frage kommt.

Wie jedoch bereits aufgezeigt, ist eine verkehrspsychologische Rehabilitation mit einer unter Zwang durchsetzbaren Teilnahmepflicht nicht zu vereinbaren. Zumal nicht geklärt ist, wie eine Teilnahmepflicht unter Anwendung von Zwangsmitteln tatsächlich durchzusetzen wäre.[528] Wirksamkeitsstudien belegen außerdem, dass die freiwillige Entscheidung zur Rehabilitation mittels *Alkohol-Interlock* erfolgsversprechender ist, als eine verpflichtende Teilnahme unter Zwang.[529] Die rehabilitative Ausrichtung des *AI-Programms*, welche insbesondere die kooperative Mitarbeit der Teilnehmer voraussetzt, verlangt also nach einer freiwilligen Teilnahme. Die strafrechtlichen Anforderungen an den sanktionierenden Charakter einer Maßnahme sprechen daher gegen eine Verortung des *AI-Programms* im Strafrecht. Die rechtlichen Rahmenbedingungen einer freiwilligen Programmteilnahme erscheinen in einem weniger eingriffsintensiven Rechtsgebiet günstiger.

5. Fazit

Abschließend ist festzustellen, dass die fehlende Flexibilität der strafrechtlichen Fahreignungsdogmatik, der Charakter der Nebenstrafe und die fehlende Kompetenz bzw. Sachkunde der Strafgerichte gegen eine Implementierung der Wegfahrsperre in das Strafrecht sprechen. Würde der *Alkohol-Interlock* in das Strafrecht implementiert werden, so ergeben sich außerdem praktisch Hindernisse bei der Durchsetzbarkeit der Teilnahmepflicht. Eine Implementierung in das gegenwärtige Strafrecht ist daher nicht zu empfehlen.

II. Einsatz im Strafprozessrecht

Das *AI-Programm* könnte als milderes Mittel zum vorläufigen Fahrerlaubnisentzug oder als verfahrenseinstellende Weisung in das Strafprozessrecht implementiert werden. Bei einer Implementierung in das strafrechtliche

---

528 Zur Problematik der Durchsetzbarkeit siehe Kap. 4 C. II. 2. a.

529 Zur Wirksamkeit einer freiwilligen Programmteilnahme siehe Kap. 3 B. III. 2. a.

Vorverfahren sind insbesondere die Gegebenheiten dieser Verfahrenssituation zu berücksichtigen.

1. Vorläufige Entziehung der Fahrerlaubnis

Ob die Teilnahme an einem *AI-Programm* anstelle der vorläufigen Fahrerlaubnisentziehung der Verfahrenskonstellation des § 111a StPO gerecht werden würde und zu diesem Zeitpunkt sachgerecht wäre, ist einer kritischen Bewertung zu unterziehen.

a. Widerlegung der regelvermuteten Ungeeignetheit

Dem Charakter einer vorläufigen Entziehung ist das anschließende Hauptverfahren und der zu erwartende Fahrerlaubnisentzug (§ 69 II StGB) immanent. Warum sollte dem Beschuldigten also die (beschränkte) Fahrerlaubnis bis zum Abschluss des Hauptverfahrens erhalten bleiben, wenn letzten Endes doch ein Entzug stattfinden wird? Dementsprechend stellt sich die Frage, ob die alternative Programmteilnahme in diesem Verfahrensstadium überhaupt von einem praktischen Bedürfnis getragen wird.

Da die Regelvermutung des § 69 I, II StGB zu diesem Zeitpunkt noch nicht greift, wäre es dem Beschuldigten möglich, mit einer beschränkten Fahrerlaubnis an einem *AI-Programm* teilzunehmen. Durch die ausschließliche Nutzung eines ausgerüsteten Kraftfahrzeugs kann der Beschuldigte somit weiterhin mobil im Straßenverkehr bleiben. Vor allem für Berufskraftfahrer hat die weitere Teilnahme am Straßenverkehr existenzielle Bedeutung. Diese Alternative entspricht der zu diesem Zeitpunkt geltenden Unschuldsvermutung in besonderem Maße. Außerdem wird so der Umstand berücksichtigt, dass die für die Entziehung ausschlaggebende Eignungsfrage erst im Hauptverfahren geklärt wird. Zum radikalen Fahrerlaubnisentzug stellt das *AI-Programm* ein milderes Mittel dar und entspricht somit dem Verhältnismäßigkeitsgrundsatz. Durch die Vermeidung der vorläufigen Entziehung wird es auch zu einem geringeren Aufkommen an Fahrten ohne Fahrerlaubnis kommen.

Die Programmteilnahme bis zur Entscheidung im Hauptverfahren ist auch für die anstehende Prognose durch den Strafrichter durchaus von Bedeutung. Der Beschuldigte wird so in die Lage versetzt, eine erfolgreiche Programmteilnahme noch vor Urteilsverkündung vorzulegen. Durch den positiven Programmverlauf lässt sich u.U. der gerichtliche Fahrerlaubnisentzug gemäß

§ 69 I StGB abwenden, da der Beschuldigte die regelvermutete Ungeeignetheit widerlegen kann.[530] Der für eine Programmteilnahme infragestehende Zeitraum ist jedoch beschränkt, da durch die Verurteilung im Hauptverfahren aller Voraussicht nach der Fahrerlaubnisentzug droht und damit die weitere Teilnahme an einem *AI-Programm* unmöglich wird. Fraglich ist daher, inwiefern dieses Zeitfenster ausreichend wäre, damit der Beschuldigte sinnvoll an einem *AI-Programm* teilnehmen könnte.

b. Bewertung

Damit das *AI-Programm* seine rehabilitative Wirkung auf die Fahreignung entfalten kann, wird für die Teilnahme eine Mindestdauer von sechs Monaten gefordert. Im Falle einer strafbaren Trunkenheitsfahrt ist in den Regelfällen ohne besondere Straßenverkehrsgefährdung jedoch davon auszugehen, dass ein Verfahren von der Kenntniserlangung bis zur Verurteilung von geringerer Dauer ist. Grund dafür mag zum einen die eindeutige Beweislage mittels Blutprobe sein. Zum anderen lässt sich das Verfahren in den meisten Fällen in einem Strafbefehlsverfahren abhandeln.[531] Es ist also davon auszugehen, dass von der richterlichen Kenntniserlangung über die Tatbestandsverwirklichung des § 111a StPO bis hin zur Verurteilung und Entziehung gemäß der §§ 69 ff. StGB nicht ausreichend Zeit für eine Programmteilnahme verbleibt. Letztlich bemisst sich diese Zeitspanne auch stets anhand des Einzelfalls, da zu viele Faktoren Einfluss auf die richterliche Entscheidungsfindung im Hauptverfahren haben. Eine Implementierung des *AI-Programms* für die Zeit einer vorläufigen Fahrerlaubnisentziehung erscheint aufgrund dessen nicht sachgerecht und sinnvoll.

Selbst wenn bis zur Urteilsverkündung das *AI-Programm* noch nicht durchlaufen werden konnte, so zeigt der Beschuldigte durch seine Teilnahme möglicherweise trotzdem einen gewissen Einstellungswandel und eine Bereitschaft zur Problemaufarbeitung. Dieser Einstellungswandel kann nicht gemäß § 69a VII StGB verwertet werden, da dieser nicht *nachträglich* – also

530 *Zopfs*, BA 2019, 120 (128 f).

531 Die Entziehung der Fahrerlaubnis gemäß § 69 StGB ist auch im Strafbefehlsverfahren gemäß § 407 II 1 Nr. 2 StPO zulässig, sofern die Sperrfrist nicht mehr als zwei Jahre beträgt. Gemäß § 419 I 3 StPO ist der Fahrerlaubnisentzug auch in einem beschleunigten Verfahren zulässig.

nach Bestimmung der Sperrfrist – hinzugetreten ist. Trotzdem wäre die Programmteilnahme zumindest bei der Bemessung der Sperrfrist positiv zu berücksichtigen. Für die weitere Teilnahme an dem *AI-Programm* könnten de lege ferenda Kraftfahrzeuge mit eingebauter Wegfahrsperre von der Sperrfrist gemäß § 69a II StGB ausgenommen werden, sofern die Programmteilnahme bis zu diesem Zeitpunkt positiv verlaufen ist. Eine Erweiterung des § 69a II StGB erscheint dogmatisch zwar schwierig, wäre unter diesem Aspekt jedoch eine sachgerechte Lösung.

c. Ergebnis

Im Ergebnis ist aufgrund der unsicheren Variable Zeit, während dieser der Beschuldigte das *AI-Programm* durchlaufen kann, von einer Implementierung in das Regelwerk der vorläufigen Fahrerlaubnisentziehung abzuraten. Erst in der Kombination mit einer Modifizierung der Ausnahmeregelung gemäß § 69a II StGB könnte de lege ferenda eine sachgerechte Anwendung des *AI-Programms* als milderes Mittel zum (vorläufigen) Fahrerlaubnisentzug implementiert werden.[532] Trotzdem besteht auch in dieser Konstellation das Problem der fehlenden Zuständigkeit der Strafgerichte. Die Voraussetzungen an eine fahrerlaubnisrechtliche Beschränkung regelt das Fahrerlaubnisrecht und die Entscheidung wird letztlich durch die Fahrerlaubnisbehörden getroffen. Außerdem verfügt der zuständige Richter nicht über eine ausreichende Sachkenntnis, um die Geeignetheit des Teilnehmers und die Sachgerechtigkeit einer Programmteilnahme im Einzelfall abschätzen zu können.[533]

2. Verfahrenseinstellung durch Weisungen

Die Teilnahme an einem *AI-Programm* als Weisung zur Verfahrenseinstellung könnte de lege ferenda in Fällen von geringer Schuld eine sachgerechte Lösung darstellen. Anders als bei § 111a StPO wird jedoch im Falle des § 153a StPO de lege ferenda bereits im Vorverfahren endgültig über die Fahreignung des Beschuldigten entschieden,

obwohl zu diesem Zeitpunkt noch nicht alle relevanten Umstände des Einzelfalls ermittelt wurden.[534] Aufgrund der Vorwegnahme der Eignungsfrage

[532] Siehe dazu später Kap. 6 C. I. 2.

[533] Vgl. zur fehlenden Sachkunde und Zuständigkeit Kap. 6 A. I. 3.

[534] Zur Vorwegnahme der Eignungsfrage vgl. Kap. 5 C. II. 1. b. cc.

und der verfahrensrechtlichen Hindernisse ist von einer Implementierung in den Weisungskatalog gemäß § 153a StPO abzuraten.[535]

3. Fazit

Das Strafprozessrecht stellt einen vielversprechenden Anwendungsbereich zur Implementierung der alkoholsensitiven Wegfahrsperre dar, da insbesondere in diesem Verfahrensstadium die regelvermutete Ungeeignetheit gemäß § 69 I, II StGB keine Anwendung findet. Trotzdem ist eine Implementierung in das Strafprozessrecht nicht zu empfehlen, da eine Programmteilnahme zu diesem Zeitpunkt der Verfahrenssituation nicht gerecht werden und den zuständigen Entscheidungsträgern die notwendige Sachkunde und die fahrerlaubnisrechtliche Kompetenz fehlen würde.

III. Einsatz im Fahrerlaubnisrecht

Die rehabilitative Ausrichtung des *AI-Programms* spricht eindeutig die Wiedereingliederung alkoholauffälliger Kraftfahrer in den Straßenverkehr an. Das Fahrerlaubnisrecht setzt sich explizit mit der Fahreignung und deren Wiederherstellung auseinander. Die zuständigen Fahrerlaubnisbehörden verfügen deshalb über die erforderliche Sachkompetenz und die entsprechenden Erforschungsmaßnahmen im Falle alkoholbedingter Eignungsmängel.

Das *AI-Programm* kann zwischen der alkoholbedingten Ungeeignetheit und der uneingeschränkten Fahreignung eine differenzierte Lösung anbieten, indem es den Betroffenen bei der Wiederherstellung unter gesicherten Bedingungen maßgeblich anleitet und unterstützt. Der erfolgreiche Programmverlauf rechtfertigt sodann die Neubewertung der Fahreignung. Das für die Programmteilnahme erforderliche Konstrukt der bedingten Fahreignung ist in diesem Rechtsbereich bereits angelegt und kann de lege ferenda auch auf alkoholbedingte Eignungsmängel erweitert werden. Besonders der verfassungsrechtliche Verhältnismäßigkeitsgrundsatz gebietet dabei eine ausdifferenziertere Bewertung alkoholbedingter Eignungsmängel, damit eine angemessene und weniger eingriffsintensive Lösung im Einzelfall gefunden werden kann.

Die Beurteilung alkoholbedingter Eignungsmängel und die Wiederherstellung der uneingeschränkten Fahreignung legen eine enge Verzahnung mit der

535 Vgl. zur fehlenden Sachkunde und Zuständigkeit Kap. 6 A. I. 3.

Fahreignungsbegutachtung nahe. De lege ferenda erfolgt im Rahmen einer Begutachtung nicht nur die Untersuchung einer bedingten Fahreignung, sondern bereits eine Prüfung der Geeignetheit und Sachgerechtigkeit einer Programmteilnahme. Die Begutachtungsstelle hat sodann eine Empfehlung zur Teilnahme an einem *AI-Programm* auszusprechen, damit der Betroffene mit dieser Unterstützung seine Fahreignung wiederherstellen kann. Durch die Verknüpfung mit der Fahreignungsbegutachtung wird vor allem gewährleistet, dass ausschließlich Personen dem Programm zugeführt werden, die über die notwendige (bedingte) Fahreignung verfügen und für die das Programm eine sachgerechte Lösung darstellt. Durch die richtige Auswahl an Teilnehmern kann dem Programm zu mehr Wirksamkeit bzw. Effizienz verholfen werden. Das Fahrerlaubnisrecht bietet somit einen ausreichend dogmatischen Boden für die Implementierung der alkoholsensitiven Wegfahrsperre.

B. Empfehlung

Zur Wiederherstellung der Kraftfahreignung stellt das *AI-Programm* eine sinnvolle Unterstützung für alkoholauffällige Kraftfahrer dar und vermag damit einen wesentlichen Beitrag zur Verbesserung der verkehrsrechtlichen Rehabilitation zu leisten. Der *Alkohol-Interlock* kann durch überschaubare Modifikationen in das deutsche Verkehrsrecht eingeführt werden. Die rechtlichen Hürden sind insofern keineswegs unüberwindbar. Die Sachkompetenz und die Fahreignungsbegutachtung sprechen dabei besonders für eine gesetzliche Verankerung in das gegenwärtige Fahrerlaubnisrecht. Bei einer Implementierung in das Fahrerlaubnisrecht ergeben sich insbesondere keine gravierenden Wertungswidersprüche zur bestehenden Systematik, sodass es keiner grundlegende Neuausrichtung der gegenständlichen Normen bedarf.

Rechtsdogmatisch bedeutet eine Implementierung in das Fahrerlaubnisrecht, dass den Betroffenen mit alkoholbedingten Eignungsmängeln durch das Konstrukt der bedingten Fahreignung eine differenziertere Lösung zugestanden wird.[536] Ausreichende Argumente[537] zeigen dabei auf, dass eine Angleichung der verwaltungsrechtlichen Fahreignungsdogmatik

---

536 Der *Alkohol-Interlock* kommt als fahrerlaubnisrechtliche Beschränkung nur in Fällen der bedingten Fahreignung in Frage. Siehe dazu: Kap. 5 E. I. 3. c. cc.

537 Vgl. insbesondere Kap. 5 E. I. 3. d. bb. (2).

im Falle von Alkoholproblemen geboten erscheint.[538] Diese Angleichung gebietet insbesondere der verfassungsrechtliche Verhältnismäßigkeitsgrundsatz. Zur Anerkennung einer bedingten Fahreignung in Fällen alkoholbedingter Eignungsmängel bedarf es überschaubarer Modifikationen der Begutachtungsleitlinien zur Kraftfahreignung[539], der Anlage 4 zur FeV[540] und des § 2 IV 2 StVG[541].

Da das *AI-Programm* eine bedingte Fahreignung voraussetzt und sich auf die verbleibenden (alkoholbedingten) Eignungsmängel auswirkt, ist die Programmzuweisung mit einer vorangehenden Fahreignungsbegutachtung zu verknüpfen. Praktisch ergibt sich dadurch für das *AI-Programm* ein Anwendungsfeld, welches bei eignungsrelevantem Zweifel[542] aufgrund von Alkoholauffälligkeiten eröffnet ist. Die Zweifel an der erforderlichen Fahreignung könne sich dabei in einem Ersterteilungsverfahren einer Fahrerlaubnis, in einem Entziehungsverfahren oder in einem Wiedererteilungsverfahren nach vorangegangenem Fahrerlaubnisentzug ergeben. Mit dem Anwendungsbereich des § 13 FeV als Schnittstelle zur Programmteilnahme ergibt sich ein Adressatenkreis, der aufgrund seines delinquenten Verhaltens über eine entsprechende Alkoholproblematik verfügt, welche ein vollumfängliches Rehabilitationsprogramm rechtfertigt. Durch die zwingende Begutachtung kann nicht nur die bedingte Fahreignung geprüft und der verbleibende Eignungsmangel genau bestimmt werden, sondern es wird auch die Sachgerechtigkeit der Programmteilnahme im Einzelfall sichergestellt.[543] Für den Nachweis der wiederhergestellten Fahreignung in einem Antragsverfahren für eine unbeschränkte Fahrerlaubnis bedarf es einer Erweiterung des § 11 X, XI FeV.[544] Diese Erweiterung hat zur Folge, dass der Teilnehmer nach erfolgreichem Programmabschluss seine wiederhergestellte Fahreignung durch eine Teilnahmebescheinigung nachweisen kann, ohne dass es einer erneuten Fahreignungsbegutachtung bedarf.

---

538 Zur bedingten Fahreignung bei alkoholbedingten Eignungsmängeln im Ganzen: Kap. 5 E. I. 3. d. bb.

539 Zur Modifizierung der Begutachtungsleitlinien zur Kraftfahreignung: Kap. 5 E. I. 6. a.

540 Zur Modifizierung der Anlage 4 zur FeV: Kap. 5 E. I. 6. b.

541 Zur Modifizierung des § 2 IV 2 StVG: Kap. 5 E. I. 6. c.

542 Eignungsrelevante Zweifel i.S.d. §§ 11, 13 FeV.

543 Zur Empfehlung der Programmteilnahme: Kap. 5 E. I. 6. d. bb.

544 Zur Erweiterung des § 11 X, XI FeV vgl. Kap. 5 E. I. 6. e. bb.

Im Ergebnis ist dem Gesetzgeber eine gesetzliche Implementierung des *AI-Programms* in die Vorschriften des Fahrerlaubnisrechts zu empfehlen.

C. Ausblick

Zuletzt ist mit einem Blick in die nahe Zukunft zu fragen, wie sich der verkehrsrechtliche Umgang mit alkoholbedingten Fahreignungsmängeln weiterentwickeln könnte. Grundsätzlich besteht ein Bedürfnis, gegenwärtige Annahmen in der (strafrechtlichen) Fahreignungsdogmatik neu zu bewerten und entsprechend zu aktualisieren. Folgende Entwicklungen hätten auch für den Einsatz der Wegfahrsperre weitreichende Konsequenzen.

I. Weiterführende Implementierung

Etabliert sich die Anwendung des *Alkohol-Interlocks* im Fahrerlaubnisrecht, wäre eine entsprechende Ausweitung auf das Strafprozessrecht anzudenken. Die Einführung der alkoholsensitiven Wegfahrsperre als milderes Mittel zum vorläufigen Fahrerlaubnisentzug würde der im Ermittlungsverfahren geltenden Unschuldsvermutung und der zu diesem Zeitpunkt ungeklärten Eignungsfrage entsprechen. Wurden durch die Programmteilnahme im Ermittlungsverfahren bereits erste Schritte zur Verhaltens und Einstellungsänderung unternommen, stellt die Weiterführung der rehabilitativen Maßnahme eine denklogische Konsequenz dar. Im Anschluss an das Hauptverfahren ließe sich eine weiterführende Programmteilnahme – während der Sperrfrist – durch eine ergänzende Modifikation im Strafrecht realisieren.

1. Milderer Alternative zum vorläufigen Fahrerlaubnisentzug

Durch die empfohlene Implementierung in das Fahrerlaubnisrecht wird die rechtssichere Beschränkung einer Fahrerlaubnis auf Kraftfahrzeuge mit einer Wegfahrsperre in Fällen einer eignungsrelevanten Alkoholproblematik geschaffen.[545] Diese Praxis kann durch eine weitere Modifikation[546] auf die Fälle des § 111a StPO übertragen werden, da die regelvermutete Ungeeignetheit des § 69 StGB einer Beschränkung der Fahrerlaubnis im Ermittlungsverfahren

545 Zur empfohlenen Gesetzesmodifikation im Fahrerlaubnisrecht siehe Kap. 5 E. I. 6.
546 Vergleiche Kap. 5 C. I. 1. b. cc. bzw. Kap. 5 C. I. 2. b. cc zur Modifikation des § 111a StPO.

nicht entgegensteht.[547] Trotz dem zu beachtenden Zeitfenster für eine Programmteilnahme in diesem Verfahrensstadium, kann ein positiver Verlauf für die anstehende Entscheidung gemäß § 69 StGB weitreichende Folgen haben.[548] Auch wenn sich der drohende Fahrerlaubnisentzug im Hauptverfahren nicht abwenden lässt, so gilt es die Entwicklung des Täters bei der Bemessung der Sperrfrist zu berücksichtigen. In Anbetracht der Aufarbeitung des Eignungsmangels und des angestoßenen Einstellungswandels muss die infragestehende Sperrfrist kürzer ausfallen, als im Falle einer vorläufigen Fahrerlaubnisentziehung de lege lata. Durch die beschränkte Verkehrsteilnahme bis zur Entscheidung im Hauptverfahren und der zu erwartenden milderen Sperrfrist ergibt sich für den Täter insgesamt ein kürzerer Zeitraum, in dem er gänzlich von der Verkehrsteilteilnahme ausgeschlossen wird. Für den Täter selbst wird die Programmteilnahme in Anbetracht der anfallenden Kosten letztlich von einer individuellen Kosten-Nutzen-Abwägung abhängen.

2. Ergänzende Modifikation im Strafrecht

Ist der Gesetzgeber darüber hinaus gewillt auch die Ausnahmevorschrift des § 69a II StGB zu erweitern, wäre eine weiterführende Programmteilnahme auch nach der Entscheidung im Hauptverfahren möglich.

Gibt der Täter zum Zeitpunkt der Entscheidung über die Sperrfrist durch einen positiven Programmverlauf Grund zu der Annahme, dass bereits ein gewisser Einstellungswandel stattgefunden hat, der ein geringeres individuelles Rückfallrisiko vermuten lässt (subjektive Komponente[549]), so könnte de lege ferenda ein ausgerüstetes Kraftfahrzeug von der Sperrfrist ausgenommen werden. Die bisherige Teilnahme an einem *AI-Programm* – bis zur Entscheidung im Hauptverfahren – würde sich somit auf die Zeit der laufenden Sperrfrist[550] verlängern. Da der Täter durch die Rehabilitation möglicherweise früher über die vollumfängliche Fahreignung verfügt, wäre eine vorzeitige Aufhebung der Sperrfrist gemäß § 69a VII StGB denkbar.[551] Nach Ablauf

---

547 Zur Systematik des § 111a StPO vergleiche Kap. 5 C. I. 1. b. bb.

548 Zur Sachgerechtigkeit einer Programmteilnahme bis zur Entscheidung im Hauptverfahren vgl. Kap. 6 A. II. 1. a. und b.

549 Vergleiche dazu Kap. 5 A. IV. 2. b. aa.

550 Die Sperrwirkung bezieht sich sodann auf die Erteilung einer unbeschränkten Fahrerlaubnis.

551 Vgl. insofern Kap. 5 A. IV. 3. a. bb. (2).

oder Aufhebung der Sperrfrist obliegt es dem Täter, Antrag auf Erteilung einer unbeschränkten Fahrerlaubnis zu stellen. Die wiederhergestellte Fahreignung kann sodann durch eine Teilnahmebescheinigung nachgewiesen werden – ohne dass es einer erneuten Fahreignungsbegutachtung bedarf.[552]

Für die Verlängerung der Programmteilnahme müsste § 69a II StGB dahingehend modifiziert werden, dass der Strafrichter bei der Entscheidung gemäß § 69a StGB auch Kraftfahrzeuge mit installierter Wegfahrsperre von der Sperrfrist ausnehmen kann. Bei einer Modifizierung des § 69a II StGB kommt es jedoch zu einer Kollision mit der strafrechtlichen Fahreignungsdogmatik gemäß § 69 StGB, die einer bedingten Fahreignung im Falle alkoholbedingter Eignungsmängel entgegensteht.[553] Im Ergebnis bedarf es einer weiteren Ausdifferenzierung des strafrechtlichen Fahreignungsbegriffs, welche unter dem Gesichtspunkt des verfassungsmäßigen Verhältnismäßigkeitsgrundsatzes auch geboten erscheint.[554]

3. Erforderliche Sachkunde des Ermittlungsrichters und des Strafrichters

Problematisch erscheint jedoch nach wie vor die fehlende Sachkunde des zuständigen Ermittlungsrichters bzw. des Strafrichters bezüglich der infragestehenden Fahreignung und der Geeignetheit einer Programmteilnahme.[555] Der Entscheidung über eine alternative Programmteilnahme im Ermittlungsverfahren geht keine Fahreignungsbegutachtung voraus, sodass nicht auf die Fachkompetenzen des Fahrerlaubnisrechts zurückgegriffen werden kann.

Jedoch fällt dieser Kenntnisrückstand im Ermittlungsverfahren nicht erheblich ins Gewicht, da zu diesem Zeitpunkt ohnehin noch nicht alle Umstände des Einzelfalls berücksichtigt werden können und die Maßnahme vielmehr einer (vorerst) wirksamen Gefahrenabwehr dient.[556] Besonders der Verhältnismäßigkeitsgrundsatz und die (noch) nicht festgestellte Ungeeignetheit gebieten dabei eine weniger eingriffsintensive Maßnahme zur

---

552 Zum Nachweis der wiederhergestellten Fahreignung de lege ferenda vgl. Kap. 5 I. 6. e. bb.

553 Zur systematischen Bewertung des § 69a II StGB siehe Kap. 5 A. IV. 2. b. bb. (2).

554 Zur Überwindung des § 69 StGB siehe Kap. 5 A. IV. 1. b. bb. (3) und (4).

555 Zur fehlenden Sachkunde vergleiche Kap. 6 A. I. 3. a. bzw. Kap. 6 A. II. 3.

556 Zum Regelungszweck des § 111a StPO vergleiche Kap. 5 C. I. 1. b. aa.

Gefahrenabwehr als der rigorose (vorläufige) Fahrerlaubnisentzug. Der *Alkohol-Interlock* vermag diese Gefahrenabwehr bei gleicher Effizienz zu leisten. Außerdem ist die Programmteilnahme in diesem Verfahrensstadium ohnehin nur von vorläufiger Natur – wie auch der vorläufige Fahrerlaubnisentzug. Im anstehenden Hauptverfahren werden nämlich zwingend die Voraussetzungen eines Fahrerlaubnisentzugs gemäß §§ 69, 69a StGB geprüft. Bei der zu treffenden Prognoseentscheidung[557] gemäß des modifizierten § 69a II StGB kann der Richter sodann auf die Einschätzung und Fachexpertise der Verkehrspsychologen des *AI-Programms* zurückgreifen. Abhängig von dem bisherigen Programmverlauf obliegt es nun dem Strafrichter im Hauptverfahren durch eine Ausnahme gemäß § 69a II StGB die Fortsetzung des *AI-Programms* anzuordnen oder falls nötig, eine Korrektur vorzunehmen und die Fahrerlaubnis ohne Ausnahme zu entziehen.

II. Entwicklung der strafrechtlichen Fahreignungsdogmatik

Um Trunkenheitstäter in den Straßenverkehr zu reintegrieren, könnte das Verkehrsstrafrecht in seinen Rechtsfolgen mehr und mehr die Spezialprävention und die Rehabilitation des Täters ermöglichen. Um den Täter nachhaltig erreichen zu können, bedarf es mehr als schlichte Verbote und Repressionen. Besonders die strafrechtliche Fahreignungsdogmatik lässt in seiner gegenwärtigen Ausgestaltung eine rehabilitative Zielrichtung vermissen. Vordergründig ist dabei das repressive Fahrverbot bei bestehender Fahreignung und die Sicherung eines gefährlichen und ungeeigneten Täters durch den Entzug der Fahrerlaubnis.

Generell zeigt der strafrechtlich geregelte Fahrerlaubnisentzug deutliche Schwächen auf, da das Strafrecht die infragestehende Fahreignung nur rudimentär behandelt. Grund dafür mag die fehlende Sachkenntnis und Kompetenz der Strafgerichte sein. Durch die fehlende Ausdifferenzierung und die Regelvermutung des § 69 II StGB wird dem erkennenden Richter eine einzelfallgerechte Entscheidung verwehrt. Im Folgenden werden Überlegungen angestoßen, wie die strafrechtliche Fahreignungsdogmatik neu ausgerichtet werden könnte, um eine sachgerechtere Einwirkung auf den

557 Vgl. zur Prognoseentscheidung gemäß § 69a II StGB Kap. 5 A. IV. 2. b. aa.

Täter zu ermöglichen. Eine flexiblere Lösung im Einzelfall vermag dabei die Implementierung des *Alkohol-Interlocks* zu ermöglichen.[558]

1. Ausdifferenzierung des Fahreignungsbegriffs

Ausschlaggebend für eine Neuausrichtung der Fahreignungsdogmatik wäre eine sachgerechtere Ausdifferenzierung des strafrechtlichen Fahreignungsbegriffs. Die gegenwärtige Regelung der Fahreignung zeigt sich als lebensfremd, da im Falle von Trunkenheitsfahrten lediglich zwischen der Geeignetheit und der Ungeeignetheit des Täters entschieden wird. Regelbasierte Tatbestände führen dazu, dass eine gesonderte Prüfung der Fahreignung durch den Strafrichter gerade nicht erfolgt. Ein solches Vorgehen widerspricht jedoch in erheblicher Weise dem Verhältnismäßigkeitsgrundsatz und dem Übermaßverbot.

Durch den zwingenden Fahrerlaubnisentzug wird außerdem die Chance verpasst, rehabilitativ auf den Täter einzuwirken, stattdessen wird dieser lediglich aus dem Straßenverkehr entfernt.[559]

Für ein nachhaltiges Einwirken auf den Täter und einer verhältnismäßigen Entscheidung im Einzelfall bedarf es daher einer Neuausrichtung dieser Fahreignungsdogmatik. Dabei muss insbesondere ein Konstrukt entworfen werden, welches einen Mittelweg zwischen der Geeignet- und der Ungeeignetheit gebietet. Die Lebenswirklichkeit fordert, dass auch Personen mit alkoholbedingten Mängeln unter Umständen nicht gänzlich von der Verkehrsteilnahme auszuschließen sind. Der Gedanke, dass die regelvermutete Ungeeignetheit doch nicht unteilbar ist und sich nicht auf sämtliche Kraftfahrzeuge beziehen muss, ist bereits in § 69a II StGB angelegt. Darauf aufbauend sind Umstände bzw. Fälle zu konstruieren, die eine gesonderte Prüfung der Fahreignung im Einzelfall gebieten, damit geklärt werden kann, ob der alkoholbedingte Eignungsmangel nicht doch auszugleichen wäre.[560]

---

558 Zur kritischen Auseinandersetzung mit der strafrechtlichen Fahreignungsdogmatik: *Mahlberg*, NZV 1992, 10 (10 f.).

559 *Mahlberg*, NZV 1992, 10 (10).

560 *Bode/Winkler*, Fahrerlaubnis, § 12 Rn. 5 ff.; H/K/D-*König*, § 69 StGB Rn. 24; *Mahlberg*, NZV 1992, 10 (11 f.).

2. Dauer der regelvermuteten Ungeeignetheit

Des Weiteren ist die Dauer des strafrechtlichen Fahrerlaubnisentzugs kritisch zu hinterfragen. Maßgeblich für die Dauer der Sperrfrist ist die prognostizierte Ungeeignetheit des Täters. Nach Ablauf der Sperrfrist wird der Täter als nicht mehr ungeeignet angesehen und er kann wieder eine Fahrerlaubnis beantragen.

Es erscheint äußerst fraglich, inwiefern gewährleistet werden kann, dass der Täter nach Ablauf dieser Sperrfrist tatsächlich seine volle Fahreignung wiedererlangt hat. Zumal in dieser Zeit keine Pflicht zur Teilnahme an einer verkehrsrehabilitativen Maßnahme besteht. Eine weitere Überprüfung des Übergangs von der Ungeeignetheit zur Geeignetheit findet nicht statt, sofern der Tatbestand des § 13 FeV nicht eröffnet ist. Letztlich ist für die Wiedererlangung der Fahreignung also allein der Ablauf der Sperrfrist das entscheidende Kriterium. Um diesem Problem begegnen zu können, muss über eine Überprüfung der wiederhergestellten Fahreignung nachgedacht werden. Für diesen Fall wäre z.B. der Anwendungsbereich des § 13 FeV entsprechend zu erweitern.[561]

III. Entwicklung der Fahreignungsbegutachtung

Die Bewertung einer fahreignungsbeeinträchtigenden Alkoholisierung unterliegt stets den wissenschaftlichen Erkenntnissen. Die toxikologische Forschung liefert zur Beantwortung dieser Frage fundierte Ergebnisse, welche den gegenwärtigen Stand der Wissenschaft stets hinterfragen und entsprechend aktualisieren. Gemessen an ihrer Bedeutung für die betroffenen Menschen ist es äußerste Pflicht des Gesetzgebers, die Begutachtungsleitlinien und die Anlage 4 zur FeV regelmäßig anhand des aktuellen Kenntnisstands zu überarbeiten. Die Tatsache, dass die Begutachtungsleitlinien zu Alkohol seit dem Jahr 2000 unverändert bestehen, spricht wohl eindeutig für ein Versäumnis des Gesetzgebers.[562]

---

561 Zur Kritik an der Sperrfristbemessung vgl. *Bode/Winkler*, Fahrerlaubnis, § 12 Rn. 79 ff. bzw. *Mahlberg*, NZV 1992, 10 (10).

562 *Patermann/Reimann/Schubert*, DAR 2019, 11 (15); *BASt*, Begutachtungsleitlinien zur Kraftfahreignung, S. 74 ff.

1. Der dimensionale Ansatz

Im Jahr 2013 veröffentlichte die American Psychiatric Association eine Untersuchung, welche von dem bisherigen kategorischen Ansatz bei der Diagnose schädlichen Alkoholkonsums abweicht. Die vorgestellte Herangehensweise verfolgt weniger eine Problemkategorisierung in Missbrauch oder Abhängigkeit, sondern geht vielmehr von einer einzigen Störungsdiagnose aus. Der sog. *dimensionale* Ansatz versucht, eine vorgefestigte Einteilung in die bisherigen Kategorien zu vermeiden und spricht daher von einer mehr oder weniger starken Ausprägung des Alkoholproblems. Dabei wird insbesondere der Umstand berücksichtigt, dass Alkoholprobleme stets eine individuelle Prägung haben und die Grenzen zwischen Alkoholmissbrauch und Alkoholabhängigkeit entsprechend fließend sind. Der dimensionale Ansatz kann deshalb bei der Beurteilung schädlichen Alkoholkonsums zu einer sachgerechteren Diagnose im Einzelfall führen. Es bleibt jedoch abzuwarten, ob dieser Ansatz bei der weltweiten Klassifizierung von Krankheiten und Gesundheitsproblemen anerkannt und in den entsprechenden Diagnoseschlüssel (ICD[563]) aufgenommen wird. Die internationale Anerkennung hätte zur Folge, dass auch in Deutschland die Begutachtung und Bewertung medizinischer Alkoholprobleme angepasst werden müssten.[564]

2. Voraussetzungen für die Wiederherstellung der Fahreignung

In Fachkreisen werden außerdem die Voraussetzungen für die Wiederherstellung der Fahreignung bei alkoholbedingten Eignungsmängeln diskutiert. Gegenwärtig ist für die Wiederherstellung der Fahreignung das Einhalten von bestimmten Abstinenzzeiträumen erforderlich.

Es wird jedoch in Erwägung gezogen, von der strikten Enthaltsamkeit abzuweichen und eine einzelfallgerechte Zieloffenheit zuzulassen. Demnach muss der gänzliche Verzicht auf Alkohol nicht unbedingt die ausschließliche Lösung zur Wiederherstellung der Fahreignung darstellen. Verkehrspsychologische Untersuchungen haben ergeben, dass ein kontrolliertes Trinken eine nicht weniger Erfolg versprechende Zieloption darstellen kann. Als

---

563 International Statistical Classification of Diseases and Related Health Problems.

564 MüKoStVR-*Hahn/Kalus*, § 13 FeV Rn. 17; *Patermann/Reimann/Schubert*, DAR 2019, 11 (12); vertiefend zum dimensionalen Ansatz: *Batra/Müller/Mann/Heinz*, Deutsches Ärzteblatt 2016 Heft 17, 301 (304 f.).

„kontrolliertes Trinken" wird der selbstkontrollierte Alkoholkonsum durch den Betroffenen verstanden. Der Alkoholkonsum wird dabei an einem zuvor festgelegten Plan ausgerichtet und unterliegt bestimmten Regeln. Dadurch findet ein vorgeplanter, regelorientierter, diszipliniert und limitierter Substanzkonsum statt. Die Inhalte des kontrollierten Trinkens können durch einzelne oder wiederkehrende Sitzungen unter therapeutischer Leitung vermittelt werden. Durch die Sitzungen wird der zukünftige Alkoholkonsum anhand fester Zielgrößen, wie Höchstkonsum am Tag und Maximalkonsum in der gesamten Woche ausgerichtet. Außerdem gilt es, alkoholfreie Tage einzuhalten. Das Führen eines Trinktagebuchs unterstützt den Betroffenen bei der Selbstreflektion und Zielerreichung.[565]

Letztlich sollte die betroffene Person weitestgehend selbst entscheiden können, ob das Ziel „Abstinenz" oder „kontrolliertes Trinken" angestrebt werden möchte. Eine Zieloffenheit in der Behandlung fördert nämlich den eigenständigen Veränderungsprozess und optimiert die Behandlungsergebnisse. Neben der Abstinenz ist die standardmäßige Behandlung von Alkoholproblemen deshalb durch einen kontrollierten Alkoholkonsum zu ergänzen. In welchen Behandlungsfällen jedoch tatsächlich eine Abstinenz zu fordern wäre, sollte stets im Einzelfall geprüft werden.[566]

IV. Technische Entwicklung

Auch in technischer Hinsicht ist eine weitere Erforschung der alkoholsensitiven Zündsperre zu erwarten.

1. Fahreridentifikation

Der zuverlässige Umgang mit dem *Alkohol-Interlock* erfordert eine weitere Entwicklung des Manipulationsschutzes.

Manipulationen jeglicher Art könnten effizienter verhindert werden, wenn eine eindeutige Fahreridentifikation stattfindet. Von elementarer Bedeutung ist dabei die sichere Zuordnung der abgegebenen Atemprobe zur Testperson. Dadurch wäre ein zweifelsfreier Nachweis möglich, dass die analysierte

---

565 Zum „kontrollierten Trinken": *Körkel/Wagner*, BA 2021, 213 (214 f.).

566 *Patermann/Reimann/Schubert*, DAR 2019, 11 (12 f.); *Krismann*, NZV 2011, 417 (420 f.); *Geiger*, SVR 2013, 281 (285); *Batra/Müller/Mann/Heinz*, Deutsches Ärzteblatt 2016 Heft 17, 301 (307 f.); *Körkel/Wagner*, BA 2021, 213 (222 f.).

Atemprobe tatsächlich von dem Teilnehmer des *AI-Programms* stammt. Für diese Verifizierung bedarf es der Untersuchung technischer Mittel, um die Atemprobe mit einem individuellen „Fingerabdruck" versehen zu können. Im Idealfall trägt die Atemprobe des betroffenen Fahrers eine Art Codierung, die eine zweifelsfreie Zuordnung ermöglicht. Daneben ist sicherzustellen, dass auch ausschließlich der Programmteilnehmer die erforderlichen Atemproben zum Starten des Kraftfahrzeugs abgibt. Trotz einer zweifelsfreien Zuordnung der Atemprobe könnte der alkoholisierte Fahrer eine Dritte Person zur Atemabgabe heranziehen.[567] Damit ausschließlich Atemproben des Adressaten analysiert werden, dürfte sich das ausgerüstete Fahrzeug nur durch eine Atemprobe mit der entsprechenden Codierung des Programmteilnehmers starten lassen. Dies würde jedoch zu einer gravierenden Nutzungseinschränkung führen, da so nur noch der Programmteilnehmer und nicht etwa ein weiterer Fahrer das Fahrzeug starten könnte. Letztlich ist davon auszugehen, dass intelligente Technologien der Fahrzeugassistenz zukünftig diesen Anforderungen gerecht werden.

2. Fahrzeugnutzung durch andere Personen

Außerdem gilt es zu klären, wie mit den persönlichen Daten der Fahrzeugnutzer umgegangen wird, die eigentlich gar nicht Adressat der Maßnahme sind.

Gegenwärtig lassen sich die Daten des betroffenen Fahrers nicht von den Daten der sonstigen Nutzer trennen. Dies hat zur Folge, dass bei der Protokollierung und Auswertung nicht zwischen den einzelnen Fahrzeugnutzern unterschieden werden kann. Negative Testergebnisse anderer Nutzer können somit auf den eigentlichen Adressaten der Wegfahrsperre zurückfallen. Lediglich der Abgleich mit einem Fahrtenbuch des Programmteilnehmers könnte zumindest eine gewisse Zuordnung ermöglichen. Ist es technisch realisierbar, die Atemproben zweifelsfrei einer bestimmten Person zuzuordnen, wäre auch die Speicherung und Auswertung ausschließlich dieser Daten möglich. Dadurch würden nur die Daten des Programmteilnehmers gespeichert werden, sodass sich ein eindeutiges Bild des Testverhaltens ergibt. Die datenschutzrechtlichen Bedenken unterstreichen das Bedürfnis nach einer Optimierung der Fahreridentifikation.[568]

---

567 Vgl. *BASt Bericht,* „Alkohol-Interlocks für alkoholauffällige Kraftfahrer", S. 38 f.

568 Vgl. dazu: *BASt Bericht,* „Alkohol-Interlocks für alkoholauffällige Kraftfahrer", S. 41 f.

V. Datenschutz

Durch die Teilnahme an einem *AI-Programm* kommt es zur Erhebung einer Vielzahl von persönlichen Daten. In technischer Hinsicht gilt es daher, ein Netzwerk und einen zentralen Speicherort (insgesamt: Daten-Managementsystem) für diese Informationen zu schaffen. Dabei ist insbesondere zu klären, wer Zugriff auf die erhobenen Daten erhalten soll und wie diese verwendet werden dürfen. Da der Teilnehmer durch einen erfolgreichen Programmabschluss seine Fahreignung wiederherstellen möchte, muss insbesondere der zuständigen Begutachtungsstelle ein vollumfänglicher Einblick in die Dokumentation gewährt werden. Darüber hinaus ist fraglich, ob auch der zuständigen Fahrerlaubnisbehörde ein ebenfalls weitreichender Zugang ermöglicht werden sollte. Erhalten die Fahrerlaubnisbehörden Einblick in die Protokollierung des *AI-Programms*, muss geregelt werden, inwiefern die Behörde diese Informationen bei ihren Entscheidungen berücksichtigen darf. Die Berücksichtigung in anderen fahrerlaubnisrechtlichen Angelegenheiten, als der gegenständlichen Eignungsfrage muss dabei gesetzlich untersagt werden.

Bezüglich der Verwertung der hochsensiblen Daten ergeben sich u.a. auch folgende Fragen: Dürfen die erhobenen Daten z.B. in einem gerichtlichen Verfahren verwertet werden? Oder gilt für die erhobenen Daten sogar die ärztliche Schweigepflicht? Diese Frage ist insbesondere dann von Relevanz, wenn die Daten den Verdacht einer Straftat begründen und Teil der Beweisführung werden. Zudem ist die Weitergabe dieser Daten, z.B. an Versicherer oder andere Behörden zu regeln. Für eine datenschutzrechtlich sichere Ausgestaltung des *AI-Programms* bedarf es daher einer eingehenden Prüfung der datenschutzrechtlichen Vorgaben, die insbesondere die Verwertung und Weitergabe höchstpersönlicher Daten betreffen.

VI. Vertragliche Aufklärungspflicht

Unabhängig von den erhobenen Daten aus dem Datenspeicher der Wegfahrsperre, stellt bereits der Einbau des Geräts eine Information dar, die weitreichende Folgen im Rechtsverkehr haben könnte. Wird die Installation an einem geleasten oder gemieteten Kraftfahrzeug vorgenommen, so stellt sich die Frage, ob der Fahrzeugnutzer den Vermieter oder Leasinggeber über diesen Umstand aufzuklären hätte. Solch eine Aufklärungspflicht könnte den betroffenen Fahrzeughalter auch gegenüber dem Versicherer des Kraftfahrzeugs betreffen.

Die Information über den Einbau könnte von der Anpassung bis hin zur Aufhebung weitreichende Folgen für das Vertragsverhältnis haben. Zwar kommt es durch den Einbau des *Alkohol-Interlocks* nicht zu einer dauerhaften Veränderung oder Beeinträchtigung des Vertragsgegenstands, da sich die Wegfahrsperre auch problemlos deinstallieren lässt, jedoch stellt das Alkoholproblem des Fahrzeughalters eine Risikoerhöhung hinsichtlich einer potenziellen Trunkenheitsfahrt dar. Die Frage in diesem Zusammenhang ist, ob der Vertragspartner ein überwiegendes Interesse an dieser Information hat und darüber entsprechend informiert werden müsste. Würde ein solches, überwiegendes Interesse in diesen Fällen bejaht werden, so wäre der Fahrzeughalter verpflichtet, den Vertragspartner über diesen Umstand aufzuklären. Eine solche Aufklärungspflicht ist jedoch äußerst zweifelhaft, da ein Alkoholproblem – ähnlich wie eine Erkrankung – eine höchstpersönliche Angelegenheit des Betroffenen darstellt. Gegen eine Aufklärungspflicht spricht außerdem, dass die Gefahr einer Trunkenheitsfahrt durch den Leasingnehmer bzw. Mieter jederzeit – auch ohne *Alkohol-Interlock* – gegeben und Teil der allg. Risikoverteilung ist. Die alkoholsensitive Wegfahrsperre stellt sogar einen wirksamen Schutzmechanismus gegen diese Gefahr dar, sodass vielmehr eine Risikominimierung anzunehmen wäre. Zudem ist der Vertragspartner auch nicht schutzlos gestellt,[569] da im Falle einer Trunkenheitsfahrt nach geltender Rechtsordnung[570] der Fahrer für den entstandenen Schaden am Kraftfahrzeug einzustehen hat.[571]

Letztlich ist es zweifelhaft, ob dem Nutzer bzw. Halter eines ausgerüsteten Kraftfahrzeugs aufgrund der Risikoerhöhung vertragliche Aufklärungspflichten erwachsen, trotzdem erscheint eine weiterführende zivilrechtliche Untersuchung geboten.

---

569 Auch der Kraftfahrzeugkaskoversicherer ist nicht schutzlos gestellt, da er im Falle einer (grob fahrlässigen) Trunkenheitsfahrt berechtigt ist, eine Leistungskürzung bis auf null vorzunehmen (BGH, Urteil vom 22.6.2011 – IV ZR 225/10).

570 Vertragliche Schadensersatzansprüche ergeben sich aus dem Miet bzw. Leasingvertrag. Anderweitig greifen deliktische Ansprüche aus §§ 823 ff. BGB.

571 Allg. zu vertraglichen Aufklärungspflichten: MüKoBGB-*Bachmann*, § 241 Rn. 192, 198–202.

VII. Einheitliche Regelung auf europäischer Ebene

Setzt sich die Europäische Union in den kommenden Jahren wieder verstärkt mit der Umsetzbarkeit der alkoholsensitiven Zündsperre auseinander, ist zu erwarten, dass für eine einheitliche Anwendung innerhalb der Europäischen Union eine entsprechende Richtlinie erlassen wird.

Da die straßenverkehrsrechtliche Zulässigkeit und die fahrerlaubnisrechtliche Beschränkbarkeit[572] bereits geregelt wurden, könnte eine EU-Richtlinie die Mitgliedsstaaten dazu verpflichten, ein *AI-Programm* für alkoholauffällige Kraftfahrer in nationales Recht umzusetzen. Vor dem Erlass einer Richtlinie wäre vermutlich ein durch die EU koordinierter Pilotversuch durch die Mitgliedsstaaten sinnvoll.

Letztlich wird die weitere Erforschung und Umsetzung der alkoholsensitiven Wegfahrsperre von dem zukünftigen Alkoholkonsum innerhalb der Gesellschaft bestimmt. Dabei haben vor allem die Auswirkungen von sicherheitsbeeinträchtigendem Alkoholkonsum auf den Straßenverkehr eine erhebliche Aussagekraft. Um die Präsenz von Alkohol im Straßenverkehr abschätzen zu können, gilt es, die statistischen Erhebungen der Verkehrs und Unfallforschung in den kommenden Jahren zu evaluieren.

---

[572] Zumindest liegt eine Schlüsselzahl („69“) für die Beschränkung auf Kraftfahrzeuge mit installierter Wegfahrsperre vor.

Literaturverzeichnis

B/B-[Bearbeiter]

„Handbuch des Straßenverkehrsrechts“, Michael Burmann, Rainer Heß (Hrsg.), Stand: August 2023, München 2023 (zitiert: B/B-[Bearbeiter], Rn.)

Bartelt-Lehrfeld, Renate

„Arbeitskreis V: ‚Alkolock‘“, Blutalkohol 2019, 105–111 (zitiert: *Bartelt-Lehrfeld*, BA 2019, 105)

BASt

„Begutachtungsleitlinien zur Kraftfahreignung“, Bundesanstalt für Straßenwesen (Hrsg.), Stand: 01.06.2022, (zitiert: *BASt*, Begutachtungsleitlinien zur Kraftfahreignung, S.)

BASt Bericht

„Alkohol-Interlocks für alkoholauffällige Kraftfahrer“, Bericht zum Forschungsprojekt FE 82.0514/2010, Bundesanstalt für Straßenwesen (Hrsg.), (zitiert: *BASt Bericht*, „Alkohol-Interlocks für alkoholauffällige Kraftfahrer“, S.)

Batra, Anil; Müller, Christian; Mann, Karl; Heinz, Andreas

„Abhängigkeit und schädlicher Gebrauch von Alkohol“, Deutsches Ärzteblatt, Heft 17, S. 301–310, Köln 2016 (zitiert: *Batra/Müller/Mann/Heinz*, Deutsches Ärzteblatt 2016 Heft 17, 301)

BeckOK StPO-[Bearbeiter]

„Beck’sche Online Kommentar StPO“, 48. Edition, Stand: 01.07.2023, München 2023 (zitiert: BeckOK StPO-[Bearbeiter], Rn.)

BeckOK StGB-[Bearbeiter]

„Beck’sche Online Kommentar StGB“, 60. Edition, Stand: 01.02.2024, München 2024 (zitiert: BeckOK StGB-[Bearbeiter], Rn.)

„Best Practice Alkohol-Interlock“-[Bearbeiter]

„Best Practice Alkohol-Interlock Erforschung alkoholsensitiver Wegfahrsperren für alkoholauffällige Kraftfahrer Literaturstudie, Bewertung und Designperspektiven“, Wolf-Rüdiger Nickel, Wolfgang Schubert (Hrsg.), Bonn 2012 (zitiert: „Best Practice Alkohol-Interlock“-[Bearbeiter], S.)

B/H/H/J-[Bearbeiter]

„Straßenverkehrsrecht Kommentar“, Michael Burmann, Rainer Heß, Katrin Hühnermann, Jürgen Jahnke (Hrsg.), 28. Auflage, München 2024 (zitiert: B/H/H/J-[Bearbeiter], Rn.)

Blum-*Huppertz/Baldarelli*

„Verkehrsstrafrecht“ Heribert Blum, Bernd Huppertz, Marcello Baldarelli, 2. Auflage, München 2021 (zitiert: Blum-*Huppertz/Baldarelli*, Rn.)

B/M/R-[Bearbeiter]

„Verkehrsrecht Kommentar“, Werner Bachmeier, Dieter Müller, Adolf Rebler (Hrsg.), 3. Auflage, München 2017 (zitiert: B/M/R-[Bearbeiter], Rn.)

Bode, Hans Jürgen; Winkler, Werner

„Fahrerlaubnis Eignung/Entzug/Wiedererteilung“, 5. Auflage, Bonn 2006 (zitiert: *Bode/Winkler*, Fahrerlaubnis, Rn.)

DeVol, Don; Schreiber, Fanny

„Alkohol-Interlock – Ein Gewinn für die Verkehrssicherheit?“, Blutalkohol 2019, 112–119 (zitiert: *DeVol/Schreiber*, BA 2019, 112)

E/K-[Bearbeiter]

„Jugendgerichtsgesetz“, Ulrich Eisenberg, Ralf Kölbel (Hrsg.), 24. Auflage, München 2023 (zitiert: E/K-[Bearbeiter], Rn.)

Deutscher Verkehrsgerichtstag

„57. Deutscher Verkehrsgerichtstag – Dokumentation", Deutscher Verkehrsgerichtstag – Deutsche Akademie für Verkehrswissenschaft – e.V. (Hrsg.), Köln 2019 (zitiert: *Deutscher Verkehrsgerichtstag*, 57. Deutscher Verkehrsgerichtstag – Dokumentation 2019, S.)

DVR

„Alkohol-Interlock-Systeme", Blutalkohol 2021, 69–76 (zitiert: *DVR*, BA 2021, 69)

Eisenmenger, Wolfgang

„Rechtsmedizinische Aspekte alkoholsensitiver Zündsperren", Blutalkohol 2005, Supplement I, 17–19 (zitiert: *Eisenmenger*, BA 2005 Sup. I, 17)

Eisenmenger, Wolfgang

„Wegfahrsperren in Deutschland unter strafrechtlichen Aspekten", Blutalkohol 2007, 159–161 (zitiert: *Eisenmenger*, BA 2007, 159)

Evers, Claudia

„Zur Realisierbarkeit einer Einführung atemalkoholsensitiver Zündsperren für alkoholauffällige Fahrer in Europa – Ergebnisse des EU-Projekts ALCOLOCKS", Blutalkohol 2003, 20–36 (zitiert: *Evers*, BA 2003, 20)

Evers, Claudia

„Anwendungsbereiche und praktische Einsatzmöglichkeiten von Alkohol-Interlocks", Blutalkohol 2007, 154–158 (zitiert: *Evers*, BA 2007, 154)

Evers, Claudia

„Ergebnisse eines europäischen Pilotversuches zur Erprobung atemalkoholsensitiver Zündsperren bei verschiedenen Kraftfahrergruppen", Blutalkohol 2007, 14–26 (zitiert: *Evers*, BA 2007, 14)

Fischer, Thomas

„Strafgesetzbuch", 71. Auflage, München 2024 (zitiert: *Fischer*, StGB Rn.)

Frenz, Walter

„Wegfahrsperre: Überflüssige Eigentums und Freiheitsbeschränkung oder notwendiger Schutz?“, Blutalkohol 2007, 144–153 (zitiert: *Frenz*, BA 2007, 144)

Gehlert, Tina

„Alkohol-Interlock in Deutschland“, Unfallforschung kompakt Nr. 97, Gesamtverband der Deutschen Versicherungswirtschaft e.V. (Hrsg.), Berlin 2020 (zitiert: *Gehlert*, „Alkohol-Interlock in Deutschland“, S.)

Geiger, Harald

„Aktuelle Entwicklungen bei der medizinisch-psychologischen Untersuchung“, SVR 2013, 281–289 (zitiert: *Geiger*, SVR 2013, 281)

Geiger, Harald

„Der Einsatz von Alkohol-Interlocks aus verwaltungsrechtlicher Sicht“, DAR 2009, 414–416 (zitiert: *Geiger*, DAR 2009, 414)

Gilg, Thomas; Hutzler, Gerd; Tourneur, Detlef; Eisenmenger, Wolfgang

„Medizinische und technische Evaluation der alkoholsensitiven Zündsperre (Breath Alcohol Ignition Interlock Device, BAIID) ‚alcolock system‘ – Anwendungsmöglichkeiten und Verkehrssicherheitsaspekte“, Blutalkohol 1998, 331–343 (zitiert: *Gilg/Hutzler/Tourneur/Eisenmenger*, BA 1998, 331)

Graw, Matthias

„Alkohol-Interlock – Einsatzmöglichkeiten aus rechtsmedizinischer Sicht“ Zum Arbeitskreis V des 57. Deutschen Verkehrsgerichtstags, NZV 2019, 15–17 (zitiert: *Graw*, NZV 2019, 15)

H/H-[Bearbeiter]

„Handbuch Verkehrsrecht“, Klause Himmelreich, Wolfgang Halm (Hrsg.), 7. Auflage, München 2022 (zitiert: H/H-[Bearbeiter], Kap. Rn.)

Hentschel, Peter; Krumm, Carsten

„Fahrerlaubnis Alkohol/Drogen“, 8. Auflage, Baden-Baden 2023 (zitiert: *Hentschel/Krumm*, Fahrerlaubnis Alkohol/Drogen, Rn.)

H/K/D-[Bearbeiter]

„Straßenverkehrsrecht Kommentar“, Peter Hentschel, Peter König, Peter Dauer (Hrsg.), 47. Auflage, München 2023 (zitiert: H/K/D-[Bearbeiter], Rn.)

H/K/Q-[Bearbeiter]

„Gesamtes Verkehrsrecht“, Klaus-Ludwig Haus, Carsten Krumm, Matthias Quarch (Hrsg.), 3. Auflage, Baden-Baden 2022 (zitiert: H/K/Q-[Bearbeiter], Rn.)

Huppertz, Bernd

„Schlüsselzahlen im Fahrerlaubnisrecht“, NZV 2004, 563–565 (zitiert: *Huppertz*, NZV 2004, 563)

Janker, Helmut

„Der beschwerliche Weg der Atemalkoholmessung in das Strafrecht“, DAR 2009, 1–7 (zitiert: *Janker*, DAR 2009, 1)

KaKoOWiG-[Bearbeiter]

„Karlsruher Kommentar zum Gesetz über Ordnungswidrigkeiten“, Wolfgang Mitsch (Hrsg.), 5. Auflage, München 2018 (KaKoOWiG-[Bearbeiter], Rn.)

KaKoStPO-[Bearbeiter]

„Karlsruher Kommentar zur Strafprozessordnung“, Christoph Barthe, Jan Gericke (Hrsg.), 9. Auflage, München 2023 (zitiert: KaKoStPO-[Bearbeiter], Rn.)

Klipp, Simone

„Der Einsatz atemalkoholgesteuerter Wegfahrsperren in Deutschland: politische und juristische Aspekte sowie Perspektiven der Umsetzung“, Blutalkohol 2009, 190–197 (zitiert: *Klipp*, BA 2009, 190)

Klipp, Simone

„Der Einsatz atemalkoholgesteuerter Wegfahrsperren – Verbreitung in Europa, Forschungsergebnisse und Barrieren der Einführung“, Blutalkohol 2010, 328–333 (zitiert: *Klipp*, BA 2010, 328)

Klipp, Simone; Bukasa, Birgit

„EU-Projekt DRUID: Erste Ergebnisse – Rehabilitation alkohol und drogenauffälliger Fahrer“, ZVS 2009 Nr. 2, 59–63 (zitiert: *Klipp/Bukasa*, ZVS 2009/2, 59)

K/N/P/S-[Bearbeiter]

„Strafgesetzbuch“, Urs Kindhäuser, Ulfrid Neumann, Hans-Ullrich Paeffgen, Frank Saliger (Hrsg.), 6. Auflage, Baden-Baden 2023 (zitiert: K/N/P/S-[Bearbeiter], Rn.)

Koehl, Felix

„MPU unter 1,6 Promille?“, NZV 2016, 16–19 (zitiert: *Koehl*, NZV 2016, 16)

Kosellek, Ronald

„Alkohol-Interlocks auf den Straßen der Bundesrepublik“, Blutalkohol 2007, 291–303 (zitiert: *Kosellek*, BA 2007, 291)

Körkel, Joachim; Wagner, Thomas

„Abstinenz oder kontrolliertes Trinken? Eine evidenzbasierte Betrachtung zur notwendigen Verhaltensänderung bei alkoholauffälligen Kraftfahrern“, Blutalkohol 2021, 211–228 (zitiert: *Körkel/Wagner*, BA 2021, 211)

Kranich, Udo; Pirke, Thomas; Zentgraf, Maritta

„Rehabilitation und Begutachtung von Kraftfahrern mit Verkehrsauffälligkeiten oder sonstiger strafrechtlicher Auffälligkeit", Blutalkohol 2019, 21–30 (zitiert: *Kranich/Pirke/Zentgraf*, BA 2019, 21)

Krismann, Michael

„Die bedingte Eignung zum Führen von Kraftfahrzeugen sowie die beschränkte und mit Auflagen versehene Fahrerlaubnis bei rauschmittelbeeinflusster Straßenverkehrsteilnahme", NZV 2011, 417–422 (zitiert: *Krismann*, NZV 2011, 417)

Krumm, Carsten

„Keine wirkliche Ausnahme – Das Ausnehmen bestimmter Arten von Kraftfahrzeugen von der Sperre gem. § 69a I, II StGB", DAR 2004, 56–59 (zitiert: *Krumm*, DAR 2004, 56)

Krumm, Carsten

„Die Prüfung der Atemalkoholmessung im Bußgeldverfahren", NJW 2012, 1860–1862 (zitiert: *Krumm*, NJW 2012, 1860)

Lagois, Johannes; Sohège, Jürgen

„Interlock – ein Beitrag zur Erhöhung der Sicherheit im Straßenverkehr", Blutalkohol 2003, 199–207 (zitiert: *Lagois/Sohège*, BA 2003, 199)

L/B/M/R-[Bearbeiter]

„Straßenverkehr – Großkommentar zum Straßenverkehrsrecht", Hermann Lütkes, Werner Bachmeier, Dieter Müller, Adolf Rebler (Hrsg.), Stand: September 2023, Köln 2023 (zitiert: L/B/M/R-[Bearbeiter], Rn.)

L/D-[Bearbeiter]

„Lisken/Denninger Handbuch des Polizeirechts", Matthias Bäcker, Erhard Denninger, Kurt Graulich (Hrsg.), 7. Auflage, München 2021 (zitiert: L/D-[Bearbeiter], Rn.)

L/E/B-[Bearbeiter]

„Praxis des Straßenverkehrsrechts“, Michael Ludovisy, Christoph Eggert, Detlef Burhoff (Hrsg.), 6. Auflage, Münster 2015 (zitiert: L/E/B-[Bearbeiter], Rn.)

Leipziger-KO-[Bearbeiter]

„Leipziger Kommentar zum StGB – Band 6“, Gabriele Cirener, Luis Greco, Henning Radtke, Thomas Rönnau, Wilhelm Schluckebier (Hrsg.), 14. Auflage, Berlin 2024 (zitiert: Leipziger-KO-[Bearbeiter], Rn.)

L/K/H-[Bearbeiter],

„Strafgesetzbuch: Kommentar“, Karl Lackner, Kristian Kühl, Martin Heger (Hrsg.), 30. Auflage, München 2023 (zitiert: L/K/H-[Bearbeiter], Rn.)

Lohkamp, Lars

„Gibt es rechtliche Möglichkeiten für den Einsatz von Interlock-Geräten in Deutschland?“, Blutalkohol 2003, 208–219 (zitiert: *Lohkamp*, BA 2003, 208)

Mahlberg, Lothar

„Langzeitrehabilitation charakterlich ‚ungeeigneter‘ Kraftfahrer und frühzeitig-vorläufige Wiedererteilung der Fahrerlaubnis“, NZV 1992, 10–16 (zitiert: *Mahlberg*, NZV 1992, 10)

Mahlberg, Lothar

„Verkehrsverwaltungsrecht in der Praxis“, 1. Auflage, Köln 2014 (zitiert: *Mahlberg*, Verkehrsverwaltungsrecht, Rn.)

Marques, Paul R.

„Atemalkoholgesteuerte Wegfahrsperren (Interlock)“, Blutalkohol 2003, 177–198 (zitiert: *Marques*, BA 2003, 177)

M/R-[Bearbeiter]

„Strafgesetzbuch“, Holger Matt, Joachim Renzikowski (Hrsg.), 2. Auflage, München 2020 (zitiert: M/R-[Bearbeiter], Rn.)

Mrozynski, Peter

„Zur Problematik strafrechtlicher Weisungen“, JR 1983, 397–403 (zitiert: *Mrozynski*, JR 1983, 397)

Müller, Stefan

„Suchtmittel am Arbeitsplatz“, 1. Auflage, Baden-Baden 2020 (*Müller*, Suchtmittel am Arbeitsplatz, Rn.)

Müller, Dieter; Rebler, Adolf; Gehlert, Tina

„Rechtsgutachten zur Implementierung von Alkohol-Interlock-Programmen in Deutschland“, Forschungsbericht Nr. 64, Gesamtverband der Deutschen Versicherungswirtschaft e.V. (Hrsg.), Berlin 2020 (zitiert: *Müller/Rebler/Gehlert*, „Rechtsgutachten“, S.)

MüKoBGB-[Bearbeiter]

„Münchener Kommentar zum Bürgerlichen Gesetzbuch“, Jürgen Säcker, Roland Rixecker, Hartmut Oetker, Bettina Limperg (Hrsg.), 9. Auflage, München 2022 (zitiert: MüKoBGB-[Bearbeiter], Rn.)

MüKoStGB-[Bearbeiter]

„Münchener Kommentar zum Strafgesetzbuch“, Volker Erb, Jürgen Schäfer (Hrsg.), 4. Auflage, München 2020 (Band 6 2022) (zitiert: MüKoStGB-[Bearbeiter], Rn.)

MüKoStPO-[Bearbeiter]

„Münchener Kommentar zur Strafprozessordnung“, Christoph Knauer, Hans Kudlich, Hartmut Schneider (Hrsg.), 2. Auflage, München 2023 (Band 2 2024) (zitiert: MüKoStPO-[Bearbeiter], Rn.)

MüKoStVR-[Bearbeiter]

„Münchener Kommentar zum Straßenverkehrsrecht“, Engelbert Bender, Peter König (Hrsg.), 1. Auflage, München 2016 (zitiert: MüKoStVR-[Bearbeiter], Rn.)

Nickel, Wolf-Rüdiger

„Atemalkoholgesteuerte Wegfahrsperren (Interlock) – internationale Entwicklung, Wirksamkeit, Perspektiven“, Blutalkohol 2005, Supplement I, 8–16 (zitiert: *Nickel*, BA 2005 Sup. I, 8)

Patermann, Andreas; Reimann, Caroline; Schubert, Wolfgang

„Alkoholempfindliche Wegfahrsperren bei der Neuerteilung einer Fahrerlaubnis“, DAR 2019, 11–15 (zitiert: *Patermann/Reimann/Schubert*, DAR 2019, 11)

Paul, Bettina; Egbert, Simon

„Atemalkoholgesteuerte Wegfahrsperren als soziotechnische Vermittler von (automatisierter) Sicherheit“, NK 2019, 93–109 (zitiert: *Paul/Egbert*, NK 2019, 93)

P/Q/R/D-[Bearbeiter]

„Die Fahrerlaubnis in der anwaltlichen Beratung“, Michael Pießkalla, Matthias Quarch, Gesine Reisert, Don DeVol (Hrsg.), 6. Auflage, Bonn 2017 (zitiert: P/Q/R/D-[Bearbeiter], Rn.)

Püschel, Klaus; Klipp, Simone

„Der Einsatz atemalkoholgesteuerter Wegfahrsperren in Deutschland – Expertengespräch in der BASt“, Blutalkohol 2010, 315–317 (zitiert: *Püschel/Klipp*, BA 2010, 315)

Reimann, Caroline; Schubert, Wolfgang

„Alkohol-Interlocks – Ein Modellprojekt für Deutschland?“, DAR 2016, 16–20 (zitiert: *Reimann/Schubert*, DAR 2016, 16)

S-B/K/B-[Bearbeiter]

„Bundesverfassungsgerichtsgesetz Kommentar“, Bruno Schmidt-Bleibtreu, Franz Klein, Herbert Bethge (Hrsg.), Stand: Juni 2023, München 2023 (zitiert: S-B/K/B-[Bearbeiter], Rn.)

Schäfer, Gerhard; Sander, Günther; van Gemmeren, Gerhard

„Praxis der Strafzumessung“, 6. Auflage, München 2017 (zitiert: *Schäfer/Sander/van Gemmeren*, Praxis der Strafzumessung, Rn.)

Schleinitz, Katja; Bräutigam, Patrick; Gehlert, Tina

„Literaturreview zur Akzeptanz und Wirksamkeit von alkoholempfindlichen Wegfahrsperren“, Forschungsbericht Nr. 65, Gesamtverband der Deutschen Versicherungswirtschaft e.V. (Hrsg.), Berlin 2019 (zitiert: *Schleinitz/Bräutigam/Gehlert*, „Literaturreview“, S.)

Schöch, Heinz

„Juristische Aspekte atemalkoholsensitiver Zündsperren“, Blutalkohol 2005, Supplement I, 20–24 (zitiert: *Schöch*, BA 2005 Sup. I, 20)

Schöch, Heinz

„Kriminologische, strafrechtliche und kriminalpolitische Aspekte von Alkohol-Interlocks in Deutschland“, Blutalkohol 2010, 340–344 (zitiert: *Schöch*, BA 2010, 340)

Seidl, Joachim; Feustel-Seidl, Petra

„Alkohol-Interlock: Unterstützung für die verkehrspsychologische Rehabilitation alkoholauffälliger Kraftfahrer“, Blutalkohol 2019, 1–20 (zitiert: *Seidl/Feustel-Seidl*, BA 2019, 1)

Sperhake, Jan; Tsokos, Michael; Püschel, Klaus

„Praktische Erprobung der alkoholsensitiven Zündsperre Alcolock-System“, Blutalkohol 1998, 344–352 (zitiert: *Sperhake/Tsokos/Püschel*, BA 1998, 344)

S/S-[Bearbeiter]

„Schönke/Schröder Strafgesetzbuch: StGB“, Albin Eser (Hrsg.), 30. Auflage, München 2019 (zitiert: S/S-[Bearbeiter], Rn.)

Statistisches Bundesamt

„Unfälle unter dem Einfluss von Alkohol oder anderen berauschenden Mitteln im Straßenverkehr 2021“, 2022 (zitiert: *Statistisches Bundesamt*, Unfälle unter dem Einfluss von Alkohol oder anderen berauschenden Mitteln im Straßenverkehr 2021, S.)

Statistisches Bundesamt

„Statistischer Bericht – Verkehrsunfälle Zeitreihen – 2013–2022“, 2023 (zitiert: *Statistisches Bundesamt*, Statistischer Bericht – Verkehrsunfälle Zeitreihen – 2013–2022, S.)

Ternig, Ewald

„Verkehrsgerichtstag 2019 – Arbeitskreis V: Alkolock“, SVR 2019, 15–18 (zitiert: *Ternig*, SVR 2019, 15)

Weigelt, Klaus-Günther; Buchholtz, Uwe; Preusser, Wolfgang

„Zur bedingten Eignung in der Fahreignungsbegutachtung“, NZV 1991, 55–61 (zitiert: *Weigelt/Buchholtz/Preusser*, NZV 1991, 55)

Will, Martin

„Grenzen der Touchscreen-Nutzung beim Führen von Fahrzeugen – Ein Beitrag zur Dogmatik des § 23 I a StVO“, NZV 2020, 441–449 (zitiert: *Will*, NZV 2020, 441)

Xanke-[Bearbeiter]

„Praxiskommentar Straßenverkehrsrecht“, Peter Xanke (Hrsg.), 1. Auflage, Münster 2009 (zitiert: Xanke-[Bearbeiter], Rn.)

Zopfs, Jan

„Kann der Einsatz eines Alkohol-Interlocks die strafrechtliche Sanktion ersetzen oder ergänzen?“, Blutalkohol 2019, 120–129 (zitiert: *Zopfs*, BA 2019, 120)

Schriften zum Verkehrsstrafrecht

Herausgegeben von Jan Zopfs

Band 1 Sven Henseler: § 142 IV StGB. Ist eine tätige Reue des Gesetzgebers erforderlich? 2011.

Band 2 Martin Hörtz: Die Gefährdung von Tatbeteiligten im Anwendungsbereich der §§ 315 b, 315 c StGB. 2016.

Band 3 Sebastian Tauber: Konkrete Gefährdungen außerhalb des Straßenverkehrs. Zur Gefahr für die Sicherheit des Straßenverkehrs insbesondere beim verkehrsfremden Inneneingriff (§ 315b StGB). 2017.

Band 4 Christine Merkel: Die Strafbarkeit gemäß § 142 StGB wegen vorsatzlosen Sich-Entfernens vom Unfallort. Die Rechtslage de lege lata und de lege ferenda. 2021.

Band 5 Michael Kärcher: „Alkohol-Interlock“- Einsatzmöglichkeiten für alkoholauffällige Kraftfahrer. 2026.

www.peterlang.com

www.ingramcontent.com/pod-product-compliance
Ingram Content Group UK Ltd.
Pitfield, Milton Keynes, MK11 3LW, UK
UKHW021126041026
8980IPUK00026B/630

9 783631 939468